# The Triumph of Injustice

## How the Rich Dodge Taxes and How to Make Them Pay

by Emmanuel Saez, Gabriel Zucman

JN037830

# …た格差

## 不公平税制が生んだ所得の不平等

エマニュエル・サエズ／ガブリエル・ズックマン 著
山田美明 訳

光文社

# The Triumph of Injustice

How the Rich Dodge Taxes and How to Make Them Pay

by Emmanuel Saez, Gabriel Zucman

# つくられた格差

## 不公平税制が生んだ所得の不平等

エマニュエル・サエズ／ガブリエル・ズックマン 著
山田美明 訳

The Triumph of Injustice
by Emmanuel Saez, Gabriel Zucman

Copyright © 2019 by Emmanuel Saez, Gabriel Zucman
Japanese translation rights arranged with
ICM Partners, c/o Curtis Brown Group Ltd.
through Japan UNI Agency, Inc., Tokyo

つくられた格差　目次

序　民主的な税制を再建する　8

不公平税制の勝利／世界の税制の現状／民主主義

第一章　アメリカの所得と税　21

アメリカ人の平均所得――七万五〇〇〇ドル／アメリカの労働者階級の平均所得――一万八五〇〇ドル／上位一パーセントの所得が増えた分だけ、下位五〇パーセントの所得が減る／税金を払っていない人はいない／税金を支払うのは人間のみ／アメリカの税制は累進的なのか？／なぜ貧困層の税率が高くなるのか？／なぜ富裕層の税率が低くなるのか？／金権体制

第二章　ボストンからリッチモンドへ　52

財産への課税の始まり――一七世紀／新世界植民地の二つの側面／所得税が違憲だった時代／累進課税の誕生／最高税率が高ければ格差は縮小する／アイゼンハワー政権下の富裕層の平均税率――五五パーセント

第三章　不公平税制の確立　80

文明社会のための税金／租税回避のビッグバン／租税回避対脱税――不完全な議論／徴税の限界／「貧困層は脱税し、富裕層は租税回避する」と言われるが……／大規模化する租税回避――国境を越えた脱税／脱税への対処――外国口座税務コンプライアンス法の成果

第四章　バミュランドへようこそ　111

大企業が多額の税金を支払っていた時代／利益移転の始まり／バミュランドへよう

こそ／多国籍企業の利益の四〇パーセントがタックスヘイブンに／タックスヘイブンに移転されているのは生産活動なのか帳簿上の利益だけなのか？／国家主権の商品化／租税回避を抑制する取り組み／租税競争の勝利

第五章　悪循環　140

労働と資本――あらゆる所得の源／資本への課税はますます減り、労働への課税はますます増える／医療保険料――目に見えない多大な労働税／資本所得に対する最適な税率はゼロパーセントなのか？／長期的に見た資本課税と資本蓄積／税制ではなく規制が資本蓄積を増やす／崩壊に向かう累進所得税

第六章　悪循環を止めるには　169

これまでなぜ国際的に協調できなかったのか？／各国が自国の多国籍企業を取り締まる／いまこそ国際協調を／企業が回避した税を回収するには／タックスヘイブンへの制裁／「底辺への競争」から「頂点への競争」へ

## 第七章　富裕層に課税する　193

富裕層に課税する理由——貧困層を助けるため／富裕層に最適な平均税率は六〇パーセント／富裕層の租税回避を防ぐには——公衆保護局の創設／抜け穴をふさぐ——同額の所得には同じ税率を／企業の租税回避を終わらせる——所得税の統合／上位一パーセントが支払う税額はどれぐらいになるのか？／富裕税——大富豪への適切な課税方法／財産に課税するには——市場の力を利用する

## 第八章　ラッファー曲線の呪縛を乗り越える　228

ラッファー以前の所得税の最高税率／所得税の最高税率を一〇〇パーセントに近いレベルにすべき根拠／莫大な富が社会にもたらす利益——データなき議論／一九四六〜一九八〇年——公正な高成長／一九八〇〜二〇一八年——経済成長から締め出される労働者階級／労働者階級の所得の成長率——二つの国を比較する／成長は過小評価されているのか？／再分配の限界／富の集中を抑制する——高めの富裕税

**第九章　将来可能な世界**　259
社会制度の発展／民間医療保険——重い人頭税／給与税や付加価値税以外の方法で社会制度をまかなうには／二一世紀の社会制度を支えるために——国民所得税／国民皆保険が可能に

**最終章　いまこそ公平な税制を**　283

**謝辞**　287

**原注**　297

# 序　民主的な税制を再建する

二〇一六年九月二六日夜、民主党の大統領候補ヒラリー・クリントンは幸先のよいスタートを切った。実業家のドナルド・トランプとの最初の大統領候補テレビ討論会で、元国務長官のクリントンは優位に立っていた。テレビ番組のホストとして人気を博し、共和党の大統領候補に指名されていたトランプは、執拗かつ攻撃的に相手の話に口をはさんできた。だが十分に準備を整えてきたクリントンは、落ち着いてそれに対応し、着々と得点を稼いでいった。ところが、話題が納税に移ると、突然潮目が変わった。

トランプは、一九七〇年代初頭にまでさかのぼる伝統を無視し、納税申告書の公開を拒否していた。いま内国歳入庁の監査が行なわれているところだから公開できないのだという。クリントンは、不動産開発業で巨万の富を築いたトランプがこれまでにどれほど納税を回避してきたかを明らかにしようとして、こう述べた。「カジノのライセンスを申請したときに提出した納税申告書しか公開されていませんが、それを見るかぎり、彼は連邦所得税を一銭も支払っていません」。

するとトランプは、誇らしげにそれを認め、「それは私が賢いからだ」と返した。これにはクリントンも二の句が継げなかった。たとえここで、課税の公平性を慎重に考慮して合理的に設計した税制改正案を冷静に述べたとしても、この一言には勝てなかっただろう。

それは、政治的に見ればみごとな一句だった。アメリカ有数の富豪がまったく税金を支払っていないなどというのは、理屈に合わない。だがそれがかえって、トランプの選挙運動の中心テーマをさらに印象づける結果になった。トランプは、首都ワシントンのエリート層がこの国をだめにしたと主張していた。だから、ほかの仕組み同様、税制も不正に操作されているというわけだ。トランプのこの言葉は、ロナルド・レーガン大統領に通じるものがある。レーガンは税制を「日々繰り返される路上強盗」にたとえた。トランプもレーガンもこう考えている。自己利益を追求すれば万人が豊かになる。資本主義では人間の強欲も善になる。税金はその障害になるため回避したほうがいい、と。

だがその一方で、「それは私が賢いからだ」という一句は、この考え方の矛盾も明らかにしている。自己利益ばかりを追求していれば、豊かな社会の核となる信頼や協力が損なわれる。現在のトランプは、自身の所有する高層ビルとほかの世界とをつなぐインフラや、そこから出る汚水を処理する下水設備がなければ存在しない。トランプが弁護士を雇うには、弁護士になる人物に読み書きを教える教師が必要だし、自分の健康を維持するには、医師や公的研究が必要だ。財産を保護してくれる法律や裁判所も欠かせない。社会を発展させるのは、自由競争ではなく、協力や共同行動である。税がなければ、協力も、繁栄も、運命共同体も生まれない。それなら大統領も必要ない。

トランプのあの一言は、アメリカ社会が破綻していることを明らかにしている。富裕層が税金を支払わないのが当然となってしまった結果、大統領候補がそれを堂々と認め、対立候補が明確な解決策を打ち出せない状況が生まれた。つまりアメリカでは、民主社会の最重要制度である税制が機能していない。

本書を執筆した目的は二つある。第一に、アメリカがこのような状態に至った経緯を正確に把握するため、第二に、それを修正するためである。

## 不公平税制の勝利

トランプの言葉以外にも、アメリカで新たな不公平が確立されていることを示す証拠はたくさんある。アメリカの最富裕層の所得はグローバル化の恩恵を受けて急増し、その所有財産はかつてない規模にふくらんでいるのに、最富裕層の税率は低下している。一方、労働者階級の賃金は停滞し、労働条件は悪化し、負債は増加の一途をたどっているのに、その税率は上昇している。

一九八〇年以後、アメリカの税制により、市場経済の勝者はさらに豊かになり、経済成長の恩恵をほとんど受けていない人々はさらに貧しくなった。

どのような民主主義であれ、政府の適切な規模や、理想的な累進税制について議論する必要はある。そのなかで、過去の歴史や諸外国の経験、統計や論理的思考などをもとに、ときには個人や政府が意見を変えることもあるだろう。だが、アメリカで過去数十年間に見られた税制の変更は、そのような情報や考察に基づいたものだったのか？　アメリカ社会は、超富裕層の税率の引き下げを望んでいたのか？

筆者はそうは思わない。こうした税制の変化のなかには、意識的に選択したものもないわけではない。だが大半は、外的な影響によるものだ。租税回避産業が出現し、所得や財産をわかりにくくした。グローバル化に伴い、新たな抜け穴が生まれ、それを多国籍企業が利用した。国際的な租税競争が起き、多くの国が次から次へと税率を引き下げた。税制が変化したのは、国民が富裕層を優遇したいと思ったからではなく、有権者の要求とは関係のないところでこうした影響が広まってきたからだ。減税が経済にプラスの効果をもたらすかどうかはともかく、過去数十年間の大変化は、市民が情報をもとに合理的選択を行なった結果ではない。つまり、この不公平税制は民主主義とは関係ない。

本書ではまず、税制が大きく変化していった経緯を明らかにする。それは、左派対右派の物語でもなければ、小さな政府を支持する保守派が、富の分配を支持するリベラル派に勝利する物語でもない。ニューディール政策により確立された税制が崩壊していく物語である。その崩壊の各段階では、同じパターンが見られる。まずは、租税回避が突発的に増える。次いで政治家が、このどうしようもない問題（タックス・シェルター、グローバル化、タックスヘイブン、不透明な会計など）で身動きがとれなくなり、租税回避をさらに悪化させる。そして最後に政府が、富裕層への課税が困難になったと言って富裕層の税率を引き下げる。

どのような選択をし、どのような選択をしなかったことがこの不公平につながったのかを理解するため、筆者は経済にかかわる調査を徹底的に行なった。過去一世紀の統計を利用し、最貧困層から最富裕層まで、アメリカ社会の各階層が一九一三年以来どれだけの税金を支払っているかを推計した。利用した統計データには、連邦政府・州政府・地方政府に支払われたあらゆる税が含まれる。連邦所得税のほか、州所得税、さまざまな売上税や物品税、法人税、事業用・居住用財産の財産税、給与税などである。「家庭が支払う税」と「企業が支払う税」を区別するのは意味がない。税金はすべて人間が支払う。そのため、過去一世紀以上にわたるすべての税金を既存の個人に割り当てた。

筆者はまた、体系的なアプローチを採用した。トランプ大統領はあまり税金を払っていないと豪語しているが、ほかの富豪はどうなのか？　トランプは例外なのか、それとももっと幅広い現象の一例にすぎないのか？　個々のケースにより認識が深まる場合もあるが、どれほど目を見張る事例であれ、それだけで社会全体の趨勢《すうせい》を見きわめることはできない。そこで筆者は、税制の変化やその影響を理解するため、利用できるデータを一貫した枠組みのなかで系統的に組み合わせることにした。所得税申告書の集計、税務監査の結果、世帯調査データ、アメリカの多国籍企業がオフショア（海外）子会社で計上した利益の報告書、マクロ経済のバランスシート、国民経済計算や国際収支といったデータである。経済統計は完璧なものではなく、筆者が利用した統計にも限界はあるが、それについては追って説明する。それでもこうしたデータを組み合わせれば、どのような選択・法制・政策が不公平税制を悪化させてきたのかが明らかになる。

長年にわたるアメリカ経済の研究から生まれたこの総合的な視点があれば、アメリカの税制全体の累進性が、歴史を通じてどのように変化してきたかを把握できる。これは、いかなる政府機関も研究機関もできなかった取り組みである。そのデータを見れば、ドナルド・トランプ政権の税制改革を含め、過去数十年の間にいかに大きな変化が起きていたかがわかる。

たとえば一九七〇年には、アメリカの最富裕層は、あらゆる税を合算すると、所得の五〇パーセント以上を税金として支払っていた。これは労働者階級の二倍に相当する。ところが、トランプの税制改革後の二〇一八年には、大富豪たちが支払った税金の割合が、製鋼所の労働者や教師、退職者が支払った割合より少なくなった。これは、過去一〇〇年間で初めてのことである。富裕層の税率はいまや、一九一〇年代のレベルにまで戻っている(当時の政府は、現在の四分の一ほどの規模しかなかった)。まるで税制の歴史が一世紀分まるごと消えてしまったかのようだ。

## 世界の税制の現状

これは、一国の政治を超えた、グローバル化の未来や民主主義の未来にかかわる問題である。というのは、税制の変化がアメリカで顕著に進んでいるのは確かだが、不公平税制はアメリカ特有の現象ではないからだ。租税回避や自由な租税競争が活発化した結果、程度の差はあれ、大半の国で格差が拡大し、税制の累進性が低下している。そのため世界中どこでも、次のような切実な課題が表面化しつつある。選挙で選ばれた政治家が決めた税制により、ごく一部の富裕層の所得ばかりが増え続けるとしたら、誰が民主制度をいいと思うだろう? グローバル化により、その勝者だけがかつてないほど低い税率を手に入れ、グローバル化から取り残された人々はかつてないほど高い税率を課されるとしたら、誰がグローバル化をいいと思うだろう? もはや一刻の猶予もない。新たな税制、新たな協力体制を早急に生み出さなければ、民主主義やグローバル化は二一世紀を生き残れない。

だが心配するには及ばない。不公平税制はすぐにでも修正できる。グローバル化が進んだからといって、大企業や富裕層に課税できなくなるわけではない。すべてはわれわれの選択にかかっている。選択次第で、多国籍企業が利益を計上する国を自由に決められるようにすることもできれば、その国を政府が指定することもできる。不透明な会計や、それに付随するさまざまな租税回避を黙認することもできれば、財産をきちんと評価・記録し、それに不足なく課税することもできる。富裕層の租税回避を支援する産業の肥大化を容認することもできれば、それを規制し、租税回避を一掃することもできる。グローバル化と累進税制は両立が可能だ。本書では、これらを両立させていく方法も説明する。

多国籍企業に課税するのはほぼ不可能だと思っている人は、左派にも右派にも多い。課税しようとすれば、アイルランドやシンガポールに拠点を移してしまう（いずれは中国がそのような場所になるかもしれない）。多国籍企業の資本には実体がないため、わずか一ナノ秒でバミューダ諸島に資金を移動できる。このような状況だと、ほかの国が低い税率を採用すれば、自国も税率を下げざるを得なくなる。ほかの国が多国籍企業や高額所得者への課税をあきらめれば、自国もあきらめなければならなくなる。そのため、税制の国際的調和など夢のまた夢であり、未来には「底辺への競争」（訳注：国が外国企業の誘致や産業育成のため、減税や規制の緩和などを競うことで、労働環境や自然環境、社会福祉などが最低水準へと向かうこと）しかないと思い込んでしまう。

しかし、どれだけ多くの人が心の底からそう考えていようと、こうした考え方は間違っている。世界規模の租税競争に参加せず、税制を調和させることは可能だ。実際、国際関係のそのほかの分野ではそれに成功している。現行のグローバル化では、それにより多大な恩恵を受けているのは一部の国や一部の社会階層だけだが、ほかの形のグローバル化もありうる。後に述べるように、一部の国々が共同行動をとれば、ごく一部の人々だけを豊かにするこの租税競争を終わらせることができる。タックスヘイブンを防止することも、現在の「底辺への競争」を「頂点への競争」に置き換えることも可能なのである。

「国際競争」「租税回避」「抜け穴」といった外的・技術的制約により、公平な税制など意味のない幻想でしかなくなったという主張には、説得力がない。今後の税制においてできないことなど何もない。所得税の廃止（過去四〇年の傾向が続けばそれもありうる）から、かつてないレベルの累進税の導入まで、考えうる未来は無限にある。

## 民主主義

富裕層の税率は、現在のアメリカのような二三パーセント程度が望ましいのか、一九七〇年ごろの五〇パーセント前後が妥当なのか？　法人税率は、一九六〇年当時の五二パーセントにすべきなのか、二〇一七年の税制改革以降の二一パーセントでいいのか？　ありがたいことに、これらの問題はデータや科学では解決できない。それは、経済学者が決めるべき問題ではなく、全市民が民主的な討議や投票を通じて決めるべき問題である。経済学者にできるのは、人民の、人民による、人民のための政治に欠かせない情報を集め、可能な方策がいくつもあることを示し、それぞれの方策やその影響を説明することだけだ。具体的には、税負担の配分を変えれば、一人ひとりの生活にどんな影響があるか、現在ある選択をすれば、将来さまざまな社会階層の所得がどう変わるか、といったことである。

本書では、そのための新たなツールも紹介したい。そのツールとは、taxjusticenow.org という税制シミュレーション用ウェブサイトである。政治傾向や学派、経済学に関する知識などに関係なく、政治家や活動家など全市民がアクセスできるこのシミュレーターを使えば、税制の変更により、税負担の配分、各社会階層の所得や財産、格差がどう変化するのかを予測できる。現行の税制で採用されている数値を修正すれば（あるいはもっと大胆な修正を行なえば）社会にどんな影響があるのかを、誰でも簡単に判断できるのである。たとえば、所得税の最高限界税率を七〇パーセントまで引き上げれば、あらゆる税を合算した富裕層の税率は労働者階級の税率を上まわることになるのか？　法人税率を三〇パーセントまで引き上げたり、超富裕層に新たな富裕税を導入したりしたらどうなるのか？　中流階級の税率や赤字はどれだけ削減できるのか？

こうした疑問はいつの時代も政治的な議論における重要なテーマなのに、これまでは大衆がその正確な答えを知る方法がなかった。財務省や議会予算局（予算や経済的問題について議会に情報を提供する）、税政策センターや税制・経済政策研究所などのシンクタンクには、以前から税制シミュレーターがあるが、ジャーナリストや選挙候補者や有権者は利用できなかった。

そのため、税に関する議論はたいていはっきりとした結論が出ないまま終わる。左派はよく、所得階層の上位一パーセントは多大な財産を所有しているため、彼らへの課税を増やせばかなりの額を徴収できると主張する。確かにそのとおりだが、その主張には正確さが欠けている。富裕層への課税を増やせば、どの程度の収入の増加が見込めるのか？　それで、大学教育や医療保険を万人に無料で提供できるのか？　中道派の多くは、既存の税の抜け穴を絶えず批判しており、それをふさぐことさえできれば、ほかの修正は必要ないと主張する。確かに抜け穴をふさぐことは重要だが、それで税負担の配分が実質的に改善されると言えるのか？　右派の正統派は、あらゆる税を合算すれば最高限界税率はすでに高く、これ以上の徴税は過酷であり、経済成長に弊害をもたらすおそれもあるため、むしろ消費税の導入が望ましいと主張する。確かにそれもいいが、そのような税制では、現行の税制より逆進性が増すのではないだろうか？

taxjusticenow.org はこれらの疑問に対し、新たな経済学的アプローチにより事実に基づいた回答を提供する。このシミュレーターは、連邦政府・州政府・地方政府に支払うあらゆる税を考慮している。万人に医療を提供するため累進的な富裕税や包括的な税を導入するといった、抜本的な改革のシミュレーションも可能だ。また、既存のシミュレーターは、税制の変更による税収への影響ばかりに着目しているが、このシミュレーターを使えば、税制の議論で見落とされがちな格差への影響も把握できる。

アメリカでは、所得や富の集中度が高まっているという報道をよく目にする。ほかの階層の富は緩やかにしか増加していないのに、富裕層の富ばかりが急増しているという。これは事実だ。アメリカの上位一パーセントの所得が国民所得に占める割合は、一九八〇年には一〇パーセントだったが、現在ではおよそ二〇パーセントに増えている。この傾向はまだ続くのか？　それは、今後政府がどのような政策を選択するか、どのような税制を実施するかにかかっている。

このまま何も変わらない場合、雪だるま効果により、中期的には所得の集中がさらに高まるおそれがある。富裕層はほかの階層に比べ、所得に対する貯蓄率が高いため、さらに財産を蓄え、それがさらなる所得を生むことになるからだ。二〇世紀の大半は、累進税制や資本課税の強化によりこの悪循環が抑制されていた。だが過去二〇年の税制改革により、この抑制手段が取り除かれてしまった。

格差が極端化するのを防ぐためには、二一世紀の新たな税制が必要だ。本書では後に、この改革を実現するための現実的な案をいくつか提示する。莫大な資産への課税や多国籍企業からの徴税、万人に医療を提供するための財源確保や累進所得税の再構築などである。本書に提示する案が完璧だというわけでもなければ、それ以外に解決策がないというわけでもない。だが少なくともこれらの案は、精度が高く（その導入について慎重に考察し、入念に評価している）、透明性に優れ（税負担の配分の変化や各社会階層の所得や富への影響を誰でもシミュレーションできる）、最新の研究に基づく証拠や理論に裏づけられている。

だが、格差を抑制しようとするこれらのアイデアは、政治的に現実的なものなのか？　あきらめるのは簡単だ。政界では黒い金が幅を利かせ、勝者に都合のいい考え方がまかり通っている。こうした問題があるのは事実だが、そこで望みを捨てるべきではない。現在のような不公平税制に支配される以前、アメリカは公平な税制の手本ともいうべき存在であり、民主主義国ではおそらく世界一累進性の高い税制を導入していた。一九三〇年代には、最富裕層の所得に対する最高限界税率は九〇パーセントだった（それがおよそ半世紀間続いた）。企業利益には五〇パーセント、広大な不動産には八〇パーセント近い税率が課されていた。政府はこれらの税収をもとに学校を建設し、市民の生産性を高め、その生活を向上させた。こうした資金で運営されてきた公立大学は、現在も世界の羨望を集めている。

後に説明するように、課税の歴史には大々的な方針転換が無数にある。過去の歴史を見るかぎり、現在あまり税金を支払っていない「賢い」富豪も、いつまでも安穏《あんのん》としてはいられないだろう。

# 第一章　アメリカの所得と税

アメリカではどのように税負担が配分されているのか？　一部の識者は、アメリカの税制はきわめて累進的だと主張する。つまり、所得が増えれば増えるほど、税率も上がるというわけだ。ヨーロッパ諸国は、税収の多くを付加価値税に頼っている。これはいわば消費に対する税だが、富裕層は消費にまわす所得の割合が低いため、相対的に貧困層の負担が重くなる。一方、アメリカには付加価値税がない。そのため、低所得者が支払わなければならない税金は比較的に少なくなる。この見方に従えば、連邦政府は累進所得税を通じて、ピラミッドの頂点にいる富裕層により多くの税金を支払わせていることになる。

ところが、税の累進性に関する議論を見ると、真実は正反対だと言う人も多い。富裕層は税法に存在する無数の抜け穴や特定の利益に対する優遇措置により、ほとんど租税を回避しているという。

どちらが正しいのだろう？　税制について落ち着いた議論を行なう前に、実際に誰がどれだけの税金を支払っているのかを明らかにしておかなければならない。だがあいにく、議会予算局などの政府機関は、この疑問に対する十分な答えを持ち合わせていない。連邦税負担の配分については情報を公開しているが、州税や地方税は無視している。しかしこれらの税は、アメリカ人が支払う税金の三分の一を占めているうえ、連邦税より累進性がかなり低い。そのためこの統計では、超富裕層に関する具体的な情報が得られず、ドナルド・トランプが例外なのか、富豪に幅広く見られる現象の一例にすぎないのかが判断できない。

まずはこのあいまいな部分をはっきりさせよう。

## アメリカ人の平均所得――七万五〇〇〇ドル

単純な疑問から始めよう。現在のアメリカ人の平均所得はどれぐらいなのか？ それに答えるためには、本書で重要な役割を果たすある概念を持ち出す必要がある。その概念とは、国民所得である。国民所得とは、一年の間にある国の住民のものになったあらゆる所得（所得の法的形態は問わない）の合計を指す。これは、所得のもっとも幅広い概念であり、納税申告書で報告した所得や世帯調査で記録された所得よりも大きな数字になる。たとえば、国民所得には企業が得た利益もすべて含まれる（それが株主に分配されるかどうかに関係なく）。この場合、未分配利益は配当同様、株主の所得と見なされる。ただし実際には、未分配利益は企業に留保され、事業に再投資される。国民所得にはまた、雇用主から労働者に提供される付加給付（民間医療保険の負担金など）もすべて含まれる。

国民所得と密接な関係にあるのが、メディアでよく取り上げられる「国内総生産（GDP）」だ。こちらは、一年間に生み出された財やサービスすべての価値の合計を指す。この概念は、世界恐慌後に初めて現れ、一九五〇年代から一九六〇年代にかけて一般化した。それまでは国民所得が主流だったが、現在では、大統領や評論家が経済成長についてコメントする際には、GDPを引き合いに出す場合が多い。アメリカでは、二〇一九年の成人一人あたりのGDPはおよそ九万ドルだった【注1】。つまり、成人一人ひとりが平均して九万ドル分の財やサービスを生み出したということだ。

GDPから国民所得を導き出すには、二つの点を考慮する必要がある。第一に、資本減耗分を差し引く。資本減耗とは、生産時に使用された建物、機械、設備などの価値の減損分を意味する。これは、GDPには欠かせない要素だが（そのため国内「総」生産と呼ばれる）、誰の所得とも言えない。企業は、賃金を支払い、配当を分配し、新たな機械に投資する前に、まずは老朽化した設備などの資産を交換しなければならない。トラクターが故障したり窓ガラスが割れたりすれば修理する必要がある、といったことだ。国民経済計算で算定されたこの減耗分はかなりの額に上り、GDPのおよそ一六パーセントを占める。だが実際には、それよりはるかに多いと思われる。生産活動はたいてい、天然資源の減少や生態系の悪化といった事態を伴うからだ。厳密に考えれば、こうした減耗分もGDPから差し引くべきだが、現段階ではまだ行なわれていない（ただし、この不備を是正しようとする取り組みが進んでいる【注2】）。

第二に、アメリカが外国から受け取った所得を加え、アメリカが外国に支払った所得を差し引く。一九五〇年代から一九六〇年代にかけては、国際資本市場が確立されておらず、こうした金銭の国際的な流れを無視しても問題はなかった。だが現在では、国境を越えた利子や配当の支払いがかなりの額にのぼる。実際アメリカは、利子や配当といった形で、GDPの三・五パーセントを外国に支払い、GDPの五パーセントを外国から受け取っている。つまり、支払っているより受け取っているほうが多い。

このように、GDPから資本減耗分を差し引き、外国からの所得の正味流入分を加えると、二〇一九年のアメリカの国民所得は、およそ一八兆五〇〇〇億ドルになる。これを、アメリカに住んでいる成人（二〇歳以上）二億四五〇〇万人で平均すると、七万五〇〇〇ドルとなる。この数値は、課税・所得移転前所得で見ても、課税・所得移転後所得で見ても同じである（ちなみに所得移転とは、社会保障の給付金や医療費の公的助成などを指す）。政府が税金として徴収した金銭は、最終的には誰かに再分配される。現金を支給されたり（社会保障の給付金など）、現物を提供されたり（医療費の支払いなど）、警官や兵士など公共機関の従業員の賃金として支払われたりする。ありがたいことに政府は、いかなる所得も損なわない。だが同様に、いかなる所得も生み出さない。

## アメリカの労働者階級の平均所得――一万八五〇〇ドル

だが大半のアメリカ人は七万五〇〇〇ドルも稼いでいない。その一方で、もっと多く稼いでいる人もいる。所得の分布状況をさらに詳細に調べるには、人口を四つのグループに分けて考えるといい。労働者階級（所得階層の下位五〇パーセント）、中流階級（その上の四〇パーセント）、上位中流階級（その上の九パーセント）、富裕層（上位一パーセント）の四グループである。各グループのなかは決して均質ではないが、人口をこのように分割できる点からも、著しい格差の存在が読み取れる。

まずは労働者階級から始めよう。所得階層の下位半分には一億二二〇〇万人の成人がいるが、この階級の二〇一九年の課税・所得移転前平均所得は、一万八五〇〇ドルである。読者がいま目にした数字は、決して間違いではない。アメリカの成人の半数は、一万八五〇〇ドルの年間所得で生活している。ここでしばらく本書を置いて、自分の給与明細の税引き前の所得額を思い出してほしい。読者の多くはすぐに、自分たちと残りの半分の成人との間に大きな隔たりがあることに気づくはずだ。この一億二二〇〇万人は、市場から一年間に総額一万八五〇〇ドルしか受け取っていない。全人口の平均所得である七万五〇〇〇ドルのおよそ四分の一だ。ちなみにこの平均所得は、あらゆる所得を盛り込んだうえでの数値である。所得のもっとも幅広い概念である国民所得を、そこから何も除外することなく、成人の人口で平均している。したがってこの一万八五〇〇ドルには、労働者が政府に即座に支払う金銭（給与税など）も、雇用主が民間保険会社に支払う金銭も含まれる。

所得分布のさらに上の階層を見てみよう。労働者階級の上の四〇パーセント（「中流階級」）の課税・所得移転前平均所得は七万五〇〇〇ドルで、全人口の平均所得と一致している。およそ一億人の成人から成るこのグループはそういう意味で、アメリカの代表的存在と言える。この事実からもわかるように、アメリカの中流階級が消失したという記事をよく目にするが、現実は微妙に異なる。七万五〇〇〇ドルの平均所得を持つアメリカの中流階級は、世界的に見ればいまだ裕福な人々である。それに、この中流階級の所得は一九八〇年以来、年一・一パーセントの割合で増加している。これは、目を見張るほどの数字ではないが、無視できるほどの数字でもない。年率一・一パーセントであれば、七〇年ごとに所得は倍増し、孫世代が祖父母世代の二倍稼ぐことになる。つまり、現在のアメリカ経済において憂慮すべき問題は、中流階級が消失しつつある点にあるのではなく、労働者階級が驚くほど少ない所得しか受け取っていない点にある。

では、中流階級よりさらに稼いでいる人々についてはどうだろう？　所得分布の上位層を見るときには、上位中流階級（上位一〇パーセントから上位一パーセントを除いた層）と富裕層（上位一パーセント）を分けて考える必要がある。というのは、この二つのグループの内容がまったく異なるからだ。確かに、上位中流階級（成人二二〇〇万人）は他人から憐れまれるような存在ではない。平均所得は二二万ドルに及び、郊外に広々とした家を所有し、子どもたちを学費のかかる私立学校に通わせ、十分な年金を積み立て、保障が手厚い医療保険に入っている。それでもグループとして見れば、上位一パーセント（二四〇万人の富豪たち）とはあまり共通点がない。この富裕層の年間平均所得は一五〇〇万ドルに達している。

## 上位一パーセントの所得が増えた分だけ、下位五〇パーセントの所得が減る

「われわれは九九パーセントだ」というスローガンが登場して以来、富裕層が有する富とそのほかの人々が有する富との間に歴然とした差があることは誰もが知っている。だが本書でも、あえてこの問題を取り上げたい。というのは、この問題が、アメリカ経済の根本的真実を反映しているからだ。過去数十年にわたり、所得分布の最上層の所得は急増しているが、それ以外の層の所

得はあまり増えていない。これについては、もともと下位層にいた人が専門職で成功を収めて裕福になり、上位二〇パーセントのあたりに移動したからと考える人もいる【注3】。だが、実際のデータを見ると、アメリカ社会を分断する断層線は、所得分布のもっと上のほうにある。上位一パーセントと下位九九パーセントとの間である。

アメリカ経済の変容は、次に示す事実に如実に表れている。一九八〇年の課税・所得移転前所得を見ると、上位一パーセントの所得は国民所得の一〇パーセントをやや超える程度であり、下位五〇パーセントの所得はおよそ二〇パーセントだった。ところが現在では、これが逆転している。上位一パーセントの所得が国民所得の二〇パーセント以上を占め、労働者階級の所得はわずか一二パーセントにすぎない。つまり上位一パーセントが、それより五〇倍も人口が多い労働者階級全体の倍の所得を手にしている。また、二四〇万人の富豪の手に渡る所得の割合が増えた分だけ、一億人以上の労働者階級の手に渡る所得の割合が減っている。

これほど急激な富の変化を経験したのは、先進国のなかでもアメリカぐらいしかない。所得格差の拡大は間違いなく世界的な現象だが、過去四〇年間に所得の集中が進んだペースは、国によって著しく異なる。試しに、アメリカと西欧諸国を比較してみよう。一九八〇年当時、上位一パーセントの所得が国民所得に占める割合は、アメリカでも西欧諸国でも一〇パーセント程度だった。しかし続く数年の間に起きた格差の変化は、両者の間で大きく異なる。西欧諸国では現

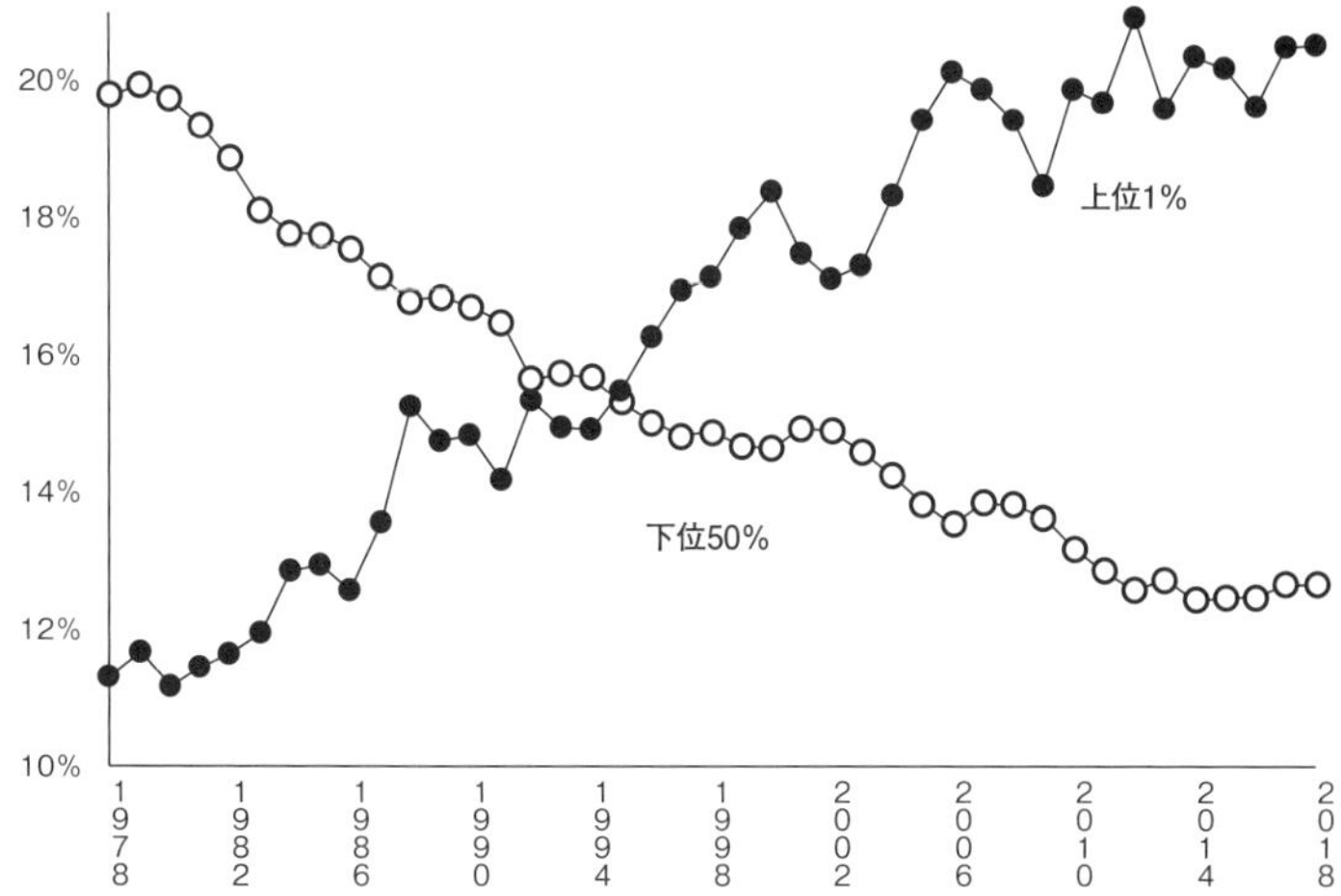


図 1-1　アメリカにおける格差の拡大（1978 ～ 2018 年）（上位 1% および下位 50% の所得が国民所得に占める割合）

注　このグラフは、下位 50% の所得者と上位 1% の所得者の税引前所得が国民所得に占める割合を示している（1978 年以降）。各成人を調査単位としており、夫婦の所得は 2 等分している。グラフが示すように、上位 1% の所得の割合は、1980 年にはおよそ 10% だったが、現在はおよそ 20% に倍増した。逆に、下位 50% の所得の割合は、1980 年にはおよそ 20% だったが、現在はおよそ 12% に減少した。データの詳細については taxjusticenow.org を参照。

在、上位一パーセントの所得の割合は一二パーセントであり、わずか二ポイント増加したにすぎない（アメリカは一〇ポイントの増加）。下位五〇パーセントの所得の割合も、二四パーセントから二二パーセントへと二ポイント減少しただけだ【注4】。世界中を見ても、高所得民主主義国のなかで、アメリカほど格差が拡大している国はない。

## 税金を払っていない人はいない

アメリカでの所得分布が理解で

きたところで、税金の話に移ろう。二〇一九年にアメリカ国民は、地方政府・州政府・連邦政府に対し、国民所得の二八パーセント強に相当する額を税金として支払った。平均すると、成人一人あたりおよそ二万ドルである。実際にはもちろん、それより多い人もいれば、少ない人もいる。だが、税金を一銭も支払っていない人はいない。アメリカでは、人口の四七パーセントは税金を支払っていないという主張がまかり通っている。二〇一二年の大統領選で共和党の大統領候補ミット・ロムニーが厳しく批判していた「テイカーズ（税金に頼って暮らす人）」がそうだ。しかし、この主張は間違っている。アメリカではさまざまな政府を通じて、国全体の金銭的資源の三分の一に近い額を税金として集めており、あらゆる成人がこの取り組みに貢献している。ロムニーは連邦所得税についてのみ言ったのかもしれないが、ほかにも考慮すべき税はいくつもある。

大まかに分けると、アメリカの税は四つの種類に分類できる（ほかの先進国もだいたい同じである）。個人所得税、給与税、資本税、消費税である。これらの税はそれぞれ興味深い歴史を持ち、経済的に重要な役割を果たしている。

連邦個人所得税は一九一三年に創設された。市民なら誰もが知る、アメリカでもっとも税収規模の大きな税であり、その規模は全税収のおよそ三分の一に相当する（国民所得の九パーセント前後）。連邦所得税は本来、労働で得た所得（賃金）から資本の所有により生まれた所得（利子、配当、キャピタルゲインなど）まで、あらゆる所得を対象にしている。だが実際に課税対象となる所得は、国民所得の総額より少ない。この差が生まれる理由の一つが、脱税である。統計の専門家はアメリカの真の所得を概算しようと、内国歳入庁が無作為に実施する監査結果をもとに、隠匿された所得額を推定して国民所得を算出している。だが、課税対象所得が国民所得を下まわるいちばんの理由は、さまざまな種類の所得（特に資本所得）が法律で非課税とされているからだ。

年金口座で稼いだ配当や利子、企業の未分配利益、雇用主を通じて支払われる医療保険の保険料、住宅所有者が自分に支払う暗黙的地代、これらはすべて非課税である。現在、個人所得税の対象になる所得（控除前の総額）は、国民所得の六三パーセントしかない。残りの大半は法律で非課税とされている。政治家は左派も右派も一般的に、課税基盤は広いほうがいい（つまり、課税の対象となる所得はなるべく広く設定したほうがいい）と主張する。ところが実際には、個人所得税の課税基盤は過去数十年の間に縮小している。一九八〇年には、国民所得の七一パーセントが課税対象だった。絶えず「課税基盤の拡大」が叫ばれていたにもかかわらず、課税対象となる所得の割合は減少しつつある。

二〇一九年の段階では、この課税基盤に適用される税率は、ゼロパーセント（一万二二〇〇ドルまでの所得に対して）から三七パーセント（五一万三〇〇ドルを超える所得、夫婦の場合は六一万二三五〇ドルを超える所得に対して）までと幅がある。つまり、連邦所得税は累進税である。

累進税とは逆に、所得が増えれば増えるほど税率が低くなる税を逆進税と呼ぶ（両者の間には均等税もある。これは、所得額に関係なく誰もが同じ税率を課される税を指す）。ただし、連邦所得税は累進税だとはいえ、その累進性は以前よりかなり低下している。一九一三年に創設されてから現在までの連邦所得税の最高限界税率（最高位の税率区分の所得額に適用される税率）は、平均して五七パーセントであり、現在の三七パーセントより二〇ポイントも高い。

アメリカでは連邦所得税のほか、七州（アラスカ州、フロリダ州、ネバダ州、サウスダコタ州、テキサス州、ワシントン州、ワイオミング州）を除くすべての州で、独自の州所得税を課している。課税対象となる所得については、州政府も一般的に連邦政府と同じ方針を採用しているが、税率についてはそれぞれの州が独自に定めている（たとえば、カリフォルニア州の最高限界税率は一三パーセント）。また、ニューヨーク市など一部の市も、独自の地方所得税を徴収している。こうした州所得税や地方所得税による税収は、両者合わせて国民所得の二・五パーセントほどに相当する。これに前述の連邦所得税による税収を加えると、個人所得税全体での税収は、国民所得の一一・五パーセントとなる。それに対応する課税基盤が国民所得の六三パーセントであるため、アメリカの平均的な所得税率は一八パーセント強ということになる（一一・五パーセント÷六三パーセント）。

税収源として二番目に大きな規模を誇るのが、給与税である（国民所得の八パーセント）。その一つである社会保障税は労働所得に課税され、一ドルでも稼げば、一二・四パーセントが賃金所得者の給与から差し引かれる。ただしこの税には課税上限額があり、二〇一九年の段階では、年間一三万二九〇〇ドルを超える給与には課税されない。これは、だいたい賃金所得者の上位五パーセントに相当する額である。そのため、社会保障税はきわめて逆進的と言える。給与税にはそのほか、メディケア税もある。政府が運営する高齢者向け医療保険制度のための税である。こちらは、あらゆる給与に対して二・九パーセントの税率が課される。これら給与税による税収は、五〇年前は微々たるものだったが、現在では連邦所得税とほぼ同じ規模にまで増加している。後に述べるように、この増加が、アメリカの税制の累進性を損なう大きな要因となっている。

三番目の税収源が消費税である。ここで言う消費税とは、州政府や地方政府が課す売上税や、連邦政府や州・地方政府が課す物品税（ガソリン、ディーゼル燃料、アルコール、たばこなど特定の物品に課される税）を指す。また、免許税（自動車の運転免許や天然資源の採掘免許に対する課税）や関税もここに含まれる。関税は、輸入品に対する売上税以外の何ものでもない。これらの消費税による税収を合わせると、成人一人あたりの平均は三五〇〇ドルになり、個人の消費支出に対して平均六パーセントの税率が課されている計算になる。この総額のおよそ半分を売上税が、残りの半分を物品税と免許税が占めている。関税はトランプ政権下で急増しているが、それでもわずかな割合を占めるにすぎず、二〇一九年でも消費税収の総額の一〇分の一ほどである

【注5】。

最後に税収源としてもっとも規模が小さいのが、資本税である。ここには、法人税、居住用・事業用財産の財産税、遺産税などが含まれる。資本所得に課税されるもの（企業利益に課税する法人税など）もあれば、資本資産に課税されるもの（毎年課税される財産税、死亡時に課税される遺産税、贈与の際に課税される贈与税など）もある。資本税による税収は国民所得の四パーセント強であり、資本所得の総額は国民所得のおよそ三〇パーセントを占める。したがって資本所得に対する資本税の税率は、平均して一三パーセントほどになる（四パーセント÷三〇パーセント）。

## 税金を支払うのは人間のみ

いかなる税金であろうが、税金はすべて人間が支払う。人間の代わりに「企業」や「ロボット」が税金を支払えればいいのだが、残念ながらそれはできない。国民所得はすべて、最終的には誰かの手に渡る。そのためどんな税金も、最終的には人間が担うことになる。たとえば、企業の未分配利益が株主の所得になるのと同じように（ただしその所得は企業が留保し、すぐに再投資される）、法人税も株主が支払う税と言える。それにより企業利益が減れば、株主が受け取る配当や再投資できる利益が減ることになる。

　税金を支払うのは人間だけだとしても、税金を支払う人が外国に住んでいる場合もある。そのため、外国人に税金を支払わせることもできる。だが、小規模な産油国などきわめて特殊な例外を除けば、税収の大半を外国人に頼っている国はない。アメリカでも、その財産税や法人税の一部は、外国人が支払っている。たとえば、ロサンゼルスに不動産を所有している中国人は、カリフォルニア州に財産税を支払っている。同様に、アメリカの企業の株式の二〇パーセント近くは、外国人が所有している【注6】。そのため、アメリカの法人税のある程度は、外国人株主が支払っていることになる。しかし、アメリカ人以外の人間がアメリカに支払っている税金の総額はごくわずかであり、国民所得の一パーセント程度にすぎない。この逆のパターンについても、同じことが言える。アメリカ人は、外国の企業の株式を所有しており、ロンドンやスペインに不動産を所有している。そのためアメリカ人もまた、外国に法人税や財産税を支払っている。その額は、外国人がアメリカに支払っている税額とほとんど変わらない。したがって結局は、アメリカ政府は国民所得の二八パーセントを税金として徴収し、アメリカ人は所得の二八パーセントを税金として支払っている。

　各個人間の納税額の分布（どの社会階層がどれだけ税金を支払っているか）の調査には、探偵のような地道な作業が必要になる。一九七〇年代から一九八〇年代にかけては、ブルッキングス研究所のジョセフ・ペックマンが、アメリカのあらゆる税の分布を推計するという画期的な仕事をしていた。だが不思議なことに、誰もペックマンのあとを継ごうとしなかったため、この推計は一九八五年で終わっている。当時は現在よりもはるかに格差が少なく、課税構造も現在とはかなり違っていた【注7】。

誰がいくら税金を支払っているかを調査する際に、厄介な問題が一つある。それは、法律上内国歳入庁に税金を納付することになっている人と、実際に課税されている人とが異なる場合である。たとえば連邦給与税は、半分を雇用主が、半分を被雇用者が支払う。だが、この区別は無意味である。結局のところ、給与税はすべて、労働者の労働所得をもとにしている。この税を行政上二つに分け、労使折半にしているのは、法律上そうしているだけであって、経済的には何の意味もない。したがって原則的には、労働に対する税（給与税など）は労働者が、資本に対する税（法人税や財産税など）はその資本資産の所有者が、消費に対する税は消費者が支払う。そう考えれば、各税金を個人に割り当てる作業も、無数の情報をまとめなければならないとはいえ、考え方としては簡単になる。

ちなみに、現在政府が徴収している税金を誰がどれだけ支払っているかという問題は、今後いずれかの税率を上げたり下げたりすれば経済がどうなるかという問題とは関係がない。後者の問題は、「租税の帰着」と呼ばれる。たとえば、法人税率を引き下げたらどうなるか？　その場合、配当の支払いや自社株の買い戻しが増えて株主の所得が急増する、従業員の賃金が増える、販売している製品の価格が下がる、工場や研究開発への投資が拡大する、などさまざまな変化が起きる可能性がある。

この「租税の帰着」問題については、後に税制の改革案を検討するところで取り上げる。ここで理解しておいてほしいのは、現在の税金を誰がどれだけ支払っているのかを判断するのは、その税金の仕組みを変えればどうなるかを想像するのとは別問題だということだ。今後法人税率が引き下げられたらどうなるかに関係なく、現在の法人税は株主が支払っているのであって、ほかの誰が支払っているのでもない【注8】。

## アメリカの税制は累進的なのか？

これでようやく、重要な問題に取り組むことができる。すべての税や、国民所得を構成するすべての所得を考慮すると、アメリカでは本当に、富裕層は貧困層より多くの税金を支払っていると言えるのか？

その答えを導き出すため、トランプ政権の税制改革後にあたる二〇一八年のデータをもとに、所得階層ごとの実効税率を計算することにした。その際にはまず、人口を一五のグループに分けた。所得階層の最下位一〇パーセント（税引前所得がもっとも低い成人二四〇〇万人）から、その上へと一〇パーセントごとに人口を区切り、最上位一〇パーセントについてはさらに細かい階層に分け、いちばん上の階層を「最上位四〇〇人」とした（最上位層に着目したのは、富裕層は人数が少ないわりに、その所得が国民所得全体に占める割合が多く、税収のかなりの部分を占めると思われたからである）。次いで、各階層が支払った税額を計算し、その数値を各階層の税引前所得で割った【注9】。前述のとおり、アメリカ人は平均すると、所得の二八パーセントを税金として支払っている。これが、二〇一八年のアメリカのマクロ経済の税率である。だが、所得階層ごとの実際の税率はどうなのか？　超富裕層はその支払い能力にふさわしく、最低賃金労働者よりも税収に貢献しているのか？

簡潔に言えば、その答えは「ノー」である。現在ではほとんどの社会階層が、所得の二五〜三〇パーセントを税金として国庫に納めている。ただし超富裕層だけは例外的に、二〇パーセントほどしか納めていない。アメリカの税制はほぼ均等税と言えるが、最富裕層だけ逆進的なのである。アメリカはヨーロッパ諸国ほど多額の税金を徴収していないかもしれないが少なくとも累進的ではあるという主張があるが、これは間違っている。

もう少し詳しく見ていこう。年間平均所得が一万八五〇〇ドルの労働者階級（所得階層の下位五〇パーセント）は、所得の二五パーセント前後を税金として支払っている。この税率は、中流

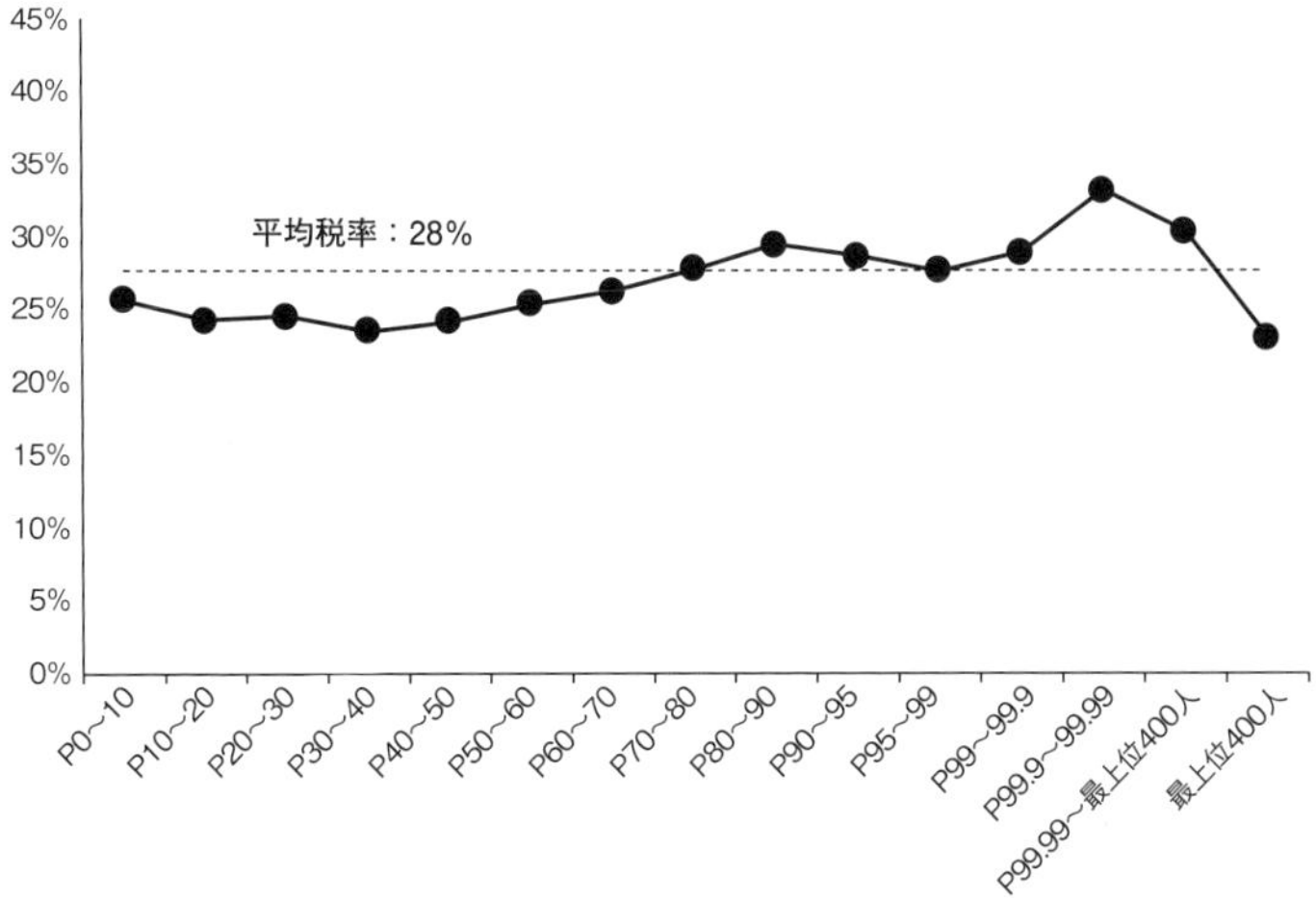


図 1-2　アメリカの税制——最富裕層のみ逆進的な均等税
（所得階層ごとの平均税率、2018 年）

注　このグラフは、所得階層ごとの平均税率を示している（2018 年）。あらゆる連邦税・州税・地方税を考慮した、税引前所得に対する割合である。P0-10 は所得階層の最下位 10%を、P10-20 はその上の 10%を意味する。すべての税を考慮すると、アメリカの税制は、ほとんどの所得階層で税率が変わらない均等税のように見えるが、最富裕層だけは税率がそれより低い。データの詳細については taxjusticenow.org を参照。

階級（その上の四〇パーセント）になるとやや上がり、上位中流階級では二八パーセント前後に落ち着く。富裕層になるとまた税率は少し上がるが、平均値の二八パーセントを大幅に上まわるようなことはない。ところが最上位四〇〇人になると、その税率が二三パーセントまで落ち込む。この四〇〇人がみなまったく同じ状況にあるわけではないにせよ、グループとして見るかぎり、トランプやザッカーバーグ、バフェットらの税率は、教師や事務員の税率よりも低い。多くの人が累進的だと考えている税制が、なぜ実際にはこれほど逆進的なのか？

## なぜ貧困層の税率が高くなるのか？

まずは所得階層の下層から見てみよう。所得の少ないアメリカ人にこれほどの税負担が課されている原因は二つある。

第一に、給与税である。労働者はすべて、いかに賃金が少なかろうと、給与を受け取った段階で一五・三パーセントが差し引かれる。社会保障税の一二・四パーセントと、メディケア税の二・九パーセントである。その一方で、最低賃金制度は破綻している。二〇一九年、連邦政府が定める最低賃金で働く常勤労働者は、一年間に一万五〇〇〇ドルしか稼いでいない。成人一人あたりの平均国民所得のわずか五分の一である。一九五〇年には、最低賃金労働者は平均所得の半分以上に相当する額を稼いでいた【注10】。最低賃金労働者は、税引前所得が大幅に減っているなかで、さらに給与税の増加に苦しんでいる。給与税は、一九五〇年には所得の三パーセントだったが、現在では一五パーセントを超えている。

ほかの国では、正反対の道筋をたどった。最低賃金を引き上げると同時に、所得階層の最下層の給与税を削減したのである。たとえばフランスでは、インフレよりも速いペースで最低賃金を引き上げ、二〇一九年には一〇ユーロまで増えた。これは一一・五〇ドルに相当する（アメリカの最低賃金は七・二五ドル）。さらに、最低賃金労働者の給与税（国民皆保険など幅広い社会保障制度の資金になる税金）も、一九九〇年代には五〇パーセント以上だったが、現在では二〇パーセント以下に削減されている【注11】。

そして第二に、消費税である。これは給与税以上に、労働者階級のアメリカ人の税率を高める原因となっている。アメリカには付加価値税はないが、売上税や物品税が氾濫しており、それが付加価値税同様に物価を押し上げている。それに、こうした税制にはゆがみがある。通常の付加価値税であればサービスにも課税されるが、アメリカではそれがないため、ほとんどのサービスが非課税となっている。ちなみに、各階層の支出の割合を見ると、貧困層は物品に対する支出が、富裕層はサービスに対する支出が多い。そのため、貧困層の消費（物品）には課税され、富裕層の消費（サービス）にはほとんど課税されないことになる。つまり、アメリカには付加価値税はないが、貧困層を対象にした付加価値税は存在する。

オペラを鑑賞するのにも、カントリークラブの会員になるのにも、弁護士を利用するのにも売上税はかからない。だが、車や衣服、電化製品を購入すれば、必ず売上税が課される。確かに大半の州では、食料品に軽減税率を導入している。食料品は、最貧困層の消費のおよそ一五パーセントを占める。だがこうした減税も、きわめて逆進的な物品税によりほとんど相殺されてしまう。

燃料やアルコール、たばこに課される物品税は、売上税とは違い、購入した製品の価格ではなく、消費した量に課税される（ワイン何リットル、ビール何オンスなど）。そのため、価格に対する割合で言えば、高級なワインやビールのほうが、一般的な飲み物よりも税率が低くなる。

信頼性の高いほかの推計を見ても、売上税と物品税とが相まって、きわめて逆進的な効果を生み出していることがわかる。これらの税は、最下層では所得の一〇パーセント以上を占めているが、富裕層では一、二パーセントしか占めていない【注12】。こうした逆進性が生まれるのは主に、貧困層が所得をすべて消費しているからだ。富裕層は、所得の一部を貯蓄している（超富裕層になると所得のほとんどを貯蓄にまわす。年間一〇億ドルも消費するのは難しい）。また、サービスが非課税なのも重要な要因となっている。ヨーロッパ流の付加価値税を批判する保守派は、アメリカで付加価値税を導入すれば、徴税の抑制がきかなくなり、アメリカが「社会主義国」化してしまうと主張する。だが、彼らが付加価値税に反対する理由はほかにある。現在採用されている古めかしい消費税に代えて付加価値税を導入すれば、富裕層の財布を直撃することになるからだ。

売上税は連邦税ではなく州・地方税だが、貧困層には逃げ場がない。州を変えたところで、税負担はさほど変わらない。確かに、消費税が低い州、食料品に対する税率が低い州もあるが、全体的に州は、きわめて逆進的な税制を採用している。実際、州・地方レベルの税制は逆進的にな

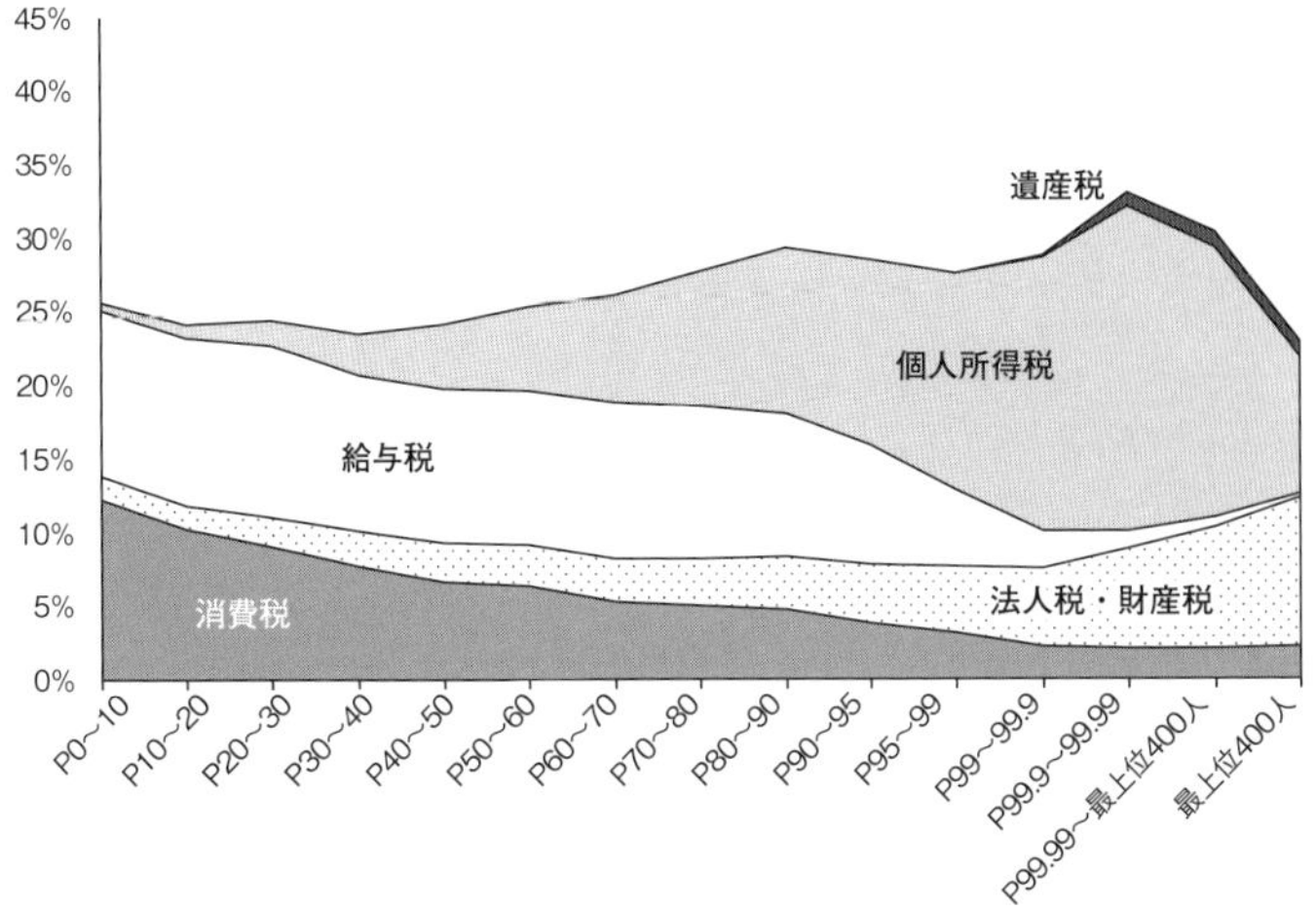


図 1-3　アメリカの均等税——税種別構成
（所得階層ごとの平均税率、2018 年）

注　このグラフは、所得階層ごとの平均税率とその税種別構成を示している（2018 年）。あらゆる連邦税・州税・地方税を考慮した、税引前所得に対する割合である。労働者階級の税率が中流階級や富裕層の税率とほとんど変わらないのは、逆進的な消費税や給与税が存在するためだ。超富裕層の税率がほかの階層の税率より低いのは、所得の大半が課税の対象にならないからである。データの詳細については taxjusticenow.org を参照。

りがちである。累進税の導入は、二つの理由から連邦レベルのほうがはるかに容易だからだ。第一に、連邦政府は州・地方政府より多くの情報や資源にアクセスできる。第二に、州・地方レベルだと税率競争が起き、富裕層が有利な州に引っ越してしまう。大半の評論家のように、税負担の配分を分析する際に州税や地方税を考慮しないと、全体像を見誤ることになる。

## なぜ富裕層の税率が低くなるのか？

累進税の導入には、核となる目的

があった。消費税の逆進性を相殺し、課税を社会的に受け入れられるものにする、という目的である。次章で詳しく述べるように、アメリカで一九一三年に連邦所得税が導入された際には、次のような理由づけがなされた。当時連邦政府の唯一の税収源だった関税の逆進的効果を相殺するため、および、金ぴか時代（訳注：南北戦争後、アメリカで資本主義が急速に発展し、拝金主義が横行した時代）に見られた格差の急激な拡大を抑えるためである。

だが残念ながら、現在の所得税はこの目的をほとんど達成していない。その理由は主に三つある。

第一に、富裕層の税率が低い最大の理由は、その所得の大半が個人所得税の課税対象になっていない点にある。すでに述べたように、所得税の課税対象になるのは、国民所得の六三パーセントでしかない。法律により、さまざまな種類の所得が非課税になっている。かなりの納税者がこの課税免除の恩恵を受けているが、なかでも最富裕層が受けている恩恵はとりわけ大きい。実際、最富裕層の多くは、その所得のほとんどが非課税である。たとえば、フェイスブックを設立したマーク・ザッカーバーグの所得について考えてみよう。ザッカーバーグは、フェイスブックの株のおよそ二〇パーセントを所有している。フェイスブックは二〇一八年に二〇〇億ドルの利益をあげているため、同年のザッカーバーグの所得は、二〇〇億ドルの二〇パーセントにあたる四〇億ドルとなる。しかしフェイスブックは配当を支払っていないため、この四〇億ドルの一銭も個人所得税の課税対象にならない。ザッカーバーグの個人所得税の実効税率は、ほかの富豪同様ほぼゼロパーセントである。ザッカーバーグが持ち株を売らないかぎり、今後もゼロパーセントに近い値が続くだろう。

ザッカーバーグがかなりの額を支払っている唯一の税金が、自分の持分に相当するフェイスブックの法人税である。だがここで、富裕層の税率が低い第二の理由が登場する。それにより法人税がほとんど消えてしまうのだ。フェイスブックは、税金の支払いに積極的な企業ではない。利益をケイマン諸島に移転し、長年にわたり数十億ドルもの法人税を回避してきた。第四章で詳しく述べるが、こうして租税を回避している多国籍企業はフェイスブックだけではない。この租税回避に加え、二〇一八年にはアメリカの法人税が三五パーセントから二一パーセントに引き下げられた。その結果、二〇一八年の連邦政府の法人税収は、二〇一七年のおよそ半分に減った【注13】。その経緯については後に詳しく取り上げるが、ここではそのもっとも直接的な影響を指摘しておきたい。超富裕層は、企業の株式を所有することにより大半の所得を生み出している。法人税を下げれば、超富裕層はもはやほとんどの課税を免れることになる。

富裕層の税率が低い第三の理由は、最近になって連邦個人所得税が変貌した点にある。この二〇年ほどの間に連邦所得税は、労働にも資本にも均等に課税する総合的な税から、労働所得より資本所得をあからさまに優遇する税に変わった。たとえば二〇〇三年以来、配当に対する税率は最大二〇パーセントにまで引き下げられた。これはつまり、企業（マイクロソフト）が配当を支払ったとしても、その所有者（ビル・ゲイツ）は、この配当に対して最大二〇パーセントの所得税しか支払わなくていい、ということだ。また二〇一八年からは、事業所得（医師、弁護士、コンサルタント、ベンチャーキャピタリストなどが稼いだ所得）が二〇パーセントの控除を受けられるようになった。その結果、事業所得の最高限界税率は二九・六パーセントとなった（賃金の最高限界税率は三七パーセント。これに八〇パーセントをかけた値）。これは、トランプの税制改革で導入された重要な改正点であると同時に、大変な物議をかもした変更でもある（珍しいことにほとんどの経済学者が反対していたようだ）。この控除は、独立して働くコンサルタントなど、自営業者には制限があるが、多くの従業員を抱えていたり十分な資本ストックを所有したりしている事業者が生み出す所得については、制限がない。そのため、ニューヨーク市で高層ビルの売買や貸付を生業《なりわい》にしているような人物には、きわめて都合がいい【注14】。

その一方で、免除や控除、軽減税率などの優遇を受けられない所得が一つだけある。それは賃金所得である。そのため賃金所得者は、所得がいくらであろうと、財産から所得を得ている人たちより重い税負担を強《し》いられる。つまり、同額の所得でも、その所得を法的にどう分類するかによって（恣意的に判断される場合が多い）、支払うべき税額が大きく変わる。過去二〇年間の税制改正は、公平な税制という中核的原則を骨抜きにしてしまった。同額の所得には同額の税を課すという考え方は、もはや存在しない。

アメリカの税制をゆがめている元凶ははっきりしている。さまざまな資本所得が非課税になりつつあることだ。このプロセスは、あらゆる資本所得で同じように進んでいるわけではない。資本所得によって、課税規模を縮小していくペースには差がある。たとえば、国内企業より多国籍大企業のほうが、利益に対する税負担は少ない。また、配当は利子所得より税率が低い。だがそれでも裕福な人々は、その財産の違いに応じて程度の差はあれ、こうした恩恵を享受している。そのなかでも、大企業の株式を所有することで大半の所得を生み出している超富裕層は、もっとも得をしている。

## 金権体制

アメリカの税制は、超富裕層だけを優遇する均等税だと言える。だが、それのどこが問題なのか？　なぜそれを憂慮すべきなのか？　この質問には答えが複数ある。

だがその前に、筆者が数字を誇張するような操作を一切していないことをここに宣言しておきたい。それどころか、最富裕層に見られる逆進性は、本書の推計以上に進んでいるかもしれない。本書の推計では、あらゆる企業に同じ法人実効税率を採用したが、富裕層が支配する大企業は、海外のタックスヘイブンにかなりの割合の利益を移転させるなど、中小企業より多くの税を回避している可能性が高い。それが事実だとすると、本書の推計では、富豪たちが支払っている税を多く見積もりすぎているおそれがある。

また、税制全体を見ると見かけほど累進的ではないという民主主義国は、何もアメリカだけではない。厳密な国際比較は難しいが（その理由については第五章を参照）、信頼のおける研究によれば、アメリカのような国はほかにもある。たとえばフランスの税制は、やはり累進的とは言えないようだ【注15】。

これらの点を確認したうえで、アメリカの税制に累進性が見られないのがなぜ問題なのかを考えてみよう。その理由は三つある。

第一に、政府の基礎となる予算を考慮する必要がある。最富裕層の税率は税収にかなりの影響を及ぼす。現在、所得階層の最上位〇・〇〇一パーセントは、所得の二五パーセントを税金として支払っている。ほかのすべての条件が同じなら、この税率を倍の五〇パーセントにするだけで、毎年一〇〇〇億ドル以上の税収が生まれる。そうなれば、給与税の減額などを通じて、労働者階級の成人一人あたりの税引後所得を年間八〇〇ドル増やせる。富裕層に所得が極端に集中している状況では、超富裕層が支払う税金により、政府の財政全体が多大な影響を受ける。

第二に、公平性が損なわれる。富裕層が支払わなかった分の税金は、それ以外の人々が補わなければならない。確かに、誰もが自分にふさわしい市場所得を受け取っているにすぎないという見方もある。富裕層は一九六〇年代から一九七〇年代にかけて不当に扱われてきたが、いまになってようやく、自由なグローバル市場から自分にふさわしい報酬を受け取れるようになった、という考え方である。筆者は、ときに市場原理主義と呼ばれるこうした考え方に賛同しないが、それも一つの世界観ではある。それでも、富豪はほかの人より税金を支払わなくてよく、裕福になればなるほど税率を下げるべきだという考え方を正当化できる論拠などあるだろうか？　あきらかにおかしいそんな状況を正当化できる原理があるだろうか？

だが、アメリカの現在の税制に反対すべき最大の理由は、それが格差のスパイラルを生み出している点にある。これまでに述べてきたように、所得階層の上位一パーセントの所得の割合は急増しているのに、労働者階級の所得の割合は減少している。それなのに税制は、この傾向を抑制するどころか助長している。富裕層は、かつては多くの税金を支払っていたが、いまやその税率はかなり低下している。貧困層は、かつては比較的少ない税金しか支払っていなかったが、その税率は次第に上昇している。二〇一八年には過去一〇〇年間で初めて、最上位四〇〇人の税率が労働者階級の税率を下まわった。

これではまるで金権体制下の税制のようだ。最富裕層はわずか二〇パーセントほどの税率に支えられ、何の支障もなく富を蓄積していく。そしてそれとともに権力を増していく。自分に都合

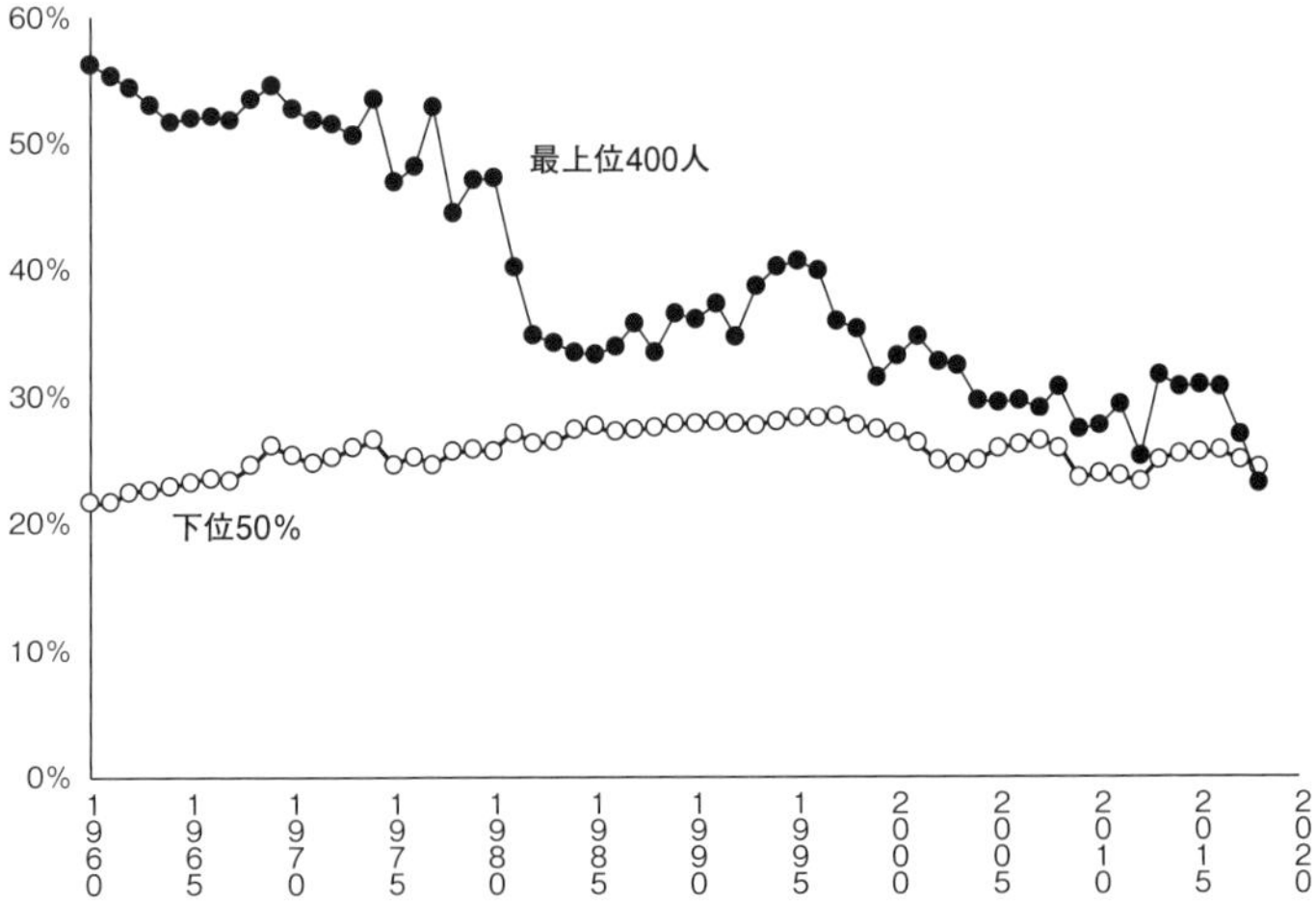


図1-4　現在のアメリカの最富裕層は労働者階級より税率が低い
（所得階層の下位50%の平均税率と最上位400人の平均税率）

注　このグラフは、所得階層の下位50%の平均税率と最上位400人の平均税率の推移を示している（1960年以降）。税率は、税引前所得に対する割合である。1980年代に入る前、最富裕層の税率は下位50%の税率よりかなり高かった。だが2018年になって初めて、下位50%の税率が最上位400人の税率を上まわった。データの詳細についてはtaxjusticenow.orgを参照。

のいいように政策や政府を操る力である。

だが、この金権体制から脱することはいつでも可能だ。ごくわずかな超富裕層が国富の大部分を所有していようが関係ない。アメリカの制度は、特定の階層の利益に支配されるほど脆弱ではない。東海岸から西海岸まで、どこであろうが民主主義は金権体制を駆逐できる。実際、過去には民主主義が金権体制に勝利したことがある。南部の金権体制（奴隷制）を打ち負かし、金ぴか時代の金権体制（初期の実業家たち）を撃退した。

前者の場合は戦争になったが、後

者は税制改革で対応している。

# 第二章　ボストンからリッチモンドへ

アメリカにおける課税の歴史は、決して直線的ではない。劇的な転換があり、思想や政治の突然の変化があり、画期的な改革や急激な後退がある。

一九三〇年から一九八〇年までの間、アメリカの所得税の最高限界税率の平均は七八パーセントだった。一九五一年から一九六三年までの最高税率は九一パーセントである【注1】。さらに二〇世紀半ばには、莫大な遺産には一〇〇パーセント近い税率が課された。実際、一九四一年から一九七六年まで、最富裕層の遺産に対する税率はおよそ八〇パーセントだった。

とはいえ、こうした高い限界税率が政策として常に成功していたわけではないと考える評論家もいる。その主張によれば、実際にそれだけの率の税金を支払っている者はほとんどおらず、抜け穴が無数にあった。富裕層に多く課税しているように見えたかもしれないが、本当のところはそうでもないという。

アメリカの超富裕層はこれまで、所得の大部分を国庫に納めていたのか？　納めていたのなら、それは世界大戦の時期だけだったのか？　それとも、公平や格差に関する幅広い考え方に基づき、累進課税は戦争の時期が過ぎても引き継がれ、現在の税制論にも影響を及ぼしているのか？　これらの疑問に答えるには、さまざまな所得階層に課された実効税率の推移を、総合的・長期的に検討すればいい。前章で紹介した推計を一世紀以上前の時代にまでさかのぼって行なえば、アメリカのかつての税制がどれほど累進的だったのかが理解できる。また、アメリカが世界史上重要な革新的累進税制を生み出し、他国に範を示してきたのかどうかもわかる。

もちろん、「フランス式」や「日本式」の課税方法がないように、「アメリカ式」の課税方法と呼べるものもない。ただ、アメリカ独自の税制の軌跡、実験、制度の修正、進展や後退があるだけだ。ほかの国同様、アメリカの税制の歴史もまた、格差の動態、私有財産に対する考え方の変化、民主主義の発展と深いかかわりがある。その歴史を理解すれば、現在の税制を改革するための条件が明らかになる。

## 財産への課税の始まり——一七世紀

アメリカ大陸への入植が始まって以来、ニューハンプシャーからペンシルベニアまでの北部植民地への入植者たちはずっと、公共の勘定を富裕層に負担させることを重視してきた。彼らは一七世紀、当時としてはきわめて現代的な税制を生み出した。その革新的な税制とは、財産への課税である。この財産とは、不動産や土地だけではない。これらについては、当時すでにイギリスで課税されていた。そのほか、金融資産（株式、債券、貸付証書）から家畜、棚卸資産、船舶、宝石まで、あらゆる資産を課税対象としたのである。

一六四〇年当時、マサチューセッツ湾植民地では、あらゆる種類の財産に課税されていた【注2】。財産の評価方法は時代や州によって異なるが、原則的には一般市場価格を利用して各資産の課税額を評価した。市場価格が簡単にわからない場合には、選任された現地の査定人が評価したり、その資産により生まれる所得をもとに判断したりした。たとえば一七〇〇年のマサチューセッツでは、年間一五ポンドの家賃で貸し出している家は、九〇ポンド（六年分の所得）の価値があると見なされ、その金額をもとに課税された。

確かにこれら植民地の税制は、現代の基準からすれば、完全でもなければ公平でもなかった。この財産税には、税率が低く、累進的でもないという重大な欠点があった。また、財産税を補完するため、輸入税や人頭税（一人ひとりに割り当てられる均等税）も導入されたが、これらは貧困層を不当に苦しめた。ニューヨークなど一部の植民地では、財産税よりも逆進的な消費税のほうが税収が多かったという。

だが全体的に見れば、北部植民地の税制は、当時としては珍しく累進的だった。ヨーロッパに存在するいかなる税制よりも、はるかに先進的で民主的だった。たとえば、旧世界で最大の人口を誇ったフランスを見てみよう。マサチューセッツ湾植民地が富裕層の課税に取り組んでいたころ、フランスの国王は富裕層を甘やかす一方で、一般大衆から税金を搾り取っていた。当時のフランスには所得税があったが、貴族や聖職者、判事、教授、医師、パリをはじめとする大都市の居住者など、ほとんどの特権階級が除外されていた。もちろん、徴税請負人も除外対象である。それに対し、社会の最下層の人々は、恐るべき塩税や物品入市税に苦しめられていた。物品入市税とは、飲食物や建築資材などの売買品を市内に持ち込むときに課される税である。食べ物や塩（冷蔵ができるようになるまでは食料の保存に欠かせないものだった）は誰もが必要とする。そのため、旧世界の徴税の中心を成す消費税は、北部植民地の財産税よりはるかに累進性に欠けていた【注3】。

## 新世界植民地の二つの側面

南部植民地の税制も、北部植民地に比べるとはるかに累進性が低かった。南北戦争が勃発するまで、南部最大の植民地だったバージニアの税制は主に、必需品に対する無数の課税や人頭税で成り立っていた。あらゆる種類の財産に価値を割り当てる精緻な制度をつくりあげたマサチューセッツ湾植民地に対し、バージニア植民地はそのような努力を一切しなかった。この植民地の主な税収源となったのは、たばこや牛馬の重さ、馬車の車輪数、ビリヤード台に対する課税、および人頭税である【注4】。一八世紀の間、バージニア州の税制は、ルイ一六世統治下のフランスよりもはるかに古めかしいものだった。所得への課税は存在せず、財産への課税も土地に限定されていた。

南部も北部同様、州により税制に違いはあったが、南部の税制は概して逆進的だった。歴史学者ロビン・アインホーンの名著『*American Taxation, American Slavery*（アメリカの税制、アメリカの奴隷制）』によれば、この後進性と奴隷制の間には深いつながりがあるという。南部の奴隷所有者は不安にとりつかれていた。奴隷を所有していない多数派が課税を利用し、奴隷制という「特異な制度」を弱体化させ、いずれは廃止しようとしているのではないかという不安である。彼らはとりわけ、財産への課税を怖《おそ》れた。南部諸州の人口の四〇パーセントが財産（奴隷）と見なされていた当時、奴隷を所有する大農場主にとって財産税は死活問題だった。そのため延々とこの税に反対し、二世紀にわたり権力を行使して、新たな税制や公的制度の導入を防いできた。民主主義を抑え込むことで、それを実現してきたのである。

バージニア州は一七世紀から一八世紀にかけて、選挙で選ばれた地方政府ではなく、地元の有力者が権力の座に居座り続ける寡頭政治により運営されていた。要職は終身制とされ、ある世代の農場主から次の世代の農場主へと引き継がれた。郡裁判所の判事も、現職者の推薦により任命された。農場主が徴税請負人を務められない場合には、その任務につく人物に賄賂を贈った。やがて財産への課税が始まったが、土地の価値は地主の自己申告制だったため、地主たちは当然となんでもなく低い額を申告した。バージニア州の有権者が選挙で知事を選べるようになったのは、一八五一年からである。

「アメリカ人は税金が嫌いだ！　DNAにそう書き込まれている！」読者も、税に反対するこんな言葉を何度となく聞いたことがあるに違いない。実際、次のような話をよく耳にする。アメリカを独立に導く重要な政治的事件となった一七七三年のボストン茶会事件は、税に対する反乱だった。それを見てもわかるように、アメリカ人はヨーロッパ人とは違い、個人の責任で社会的地位を向上させることを重視し、勤勉さと創意さえあれば誰でも出世できると思っている。そのためアメリカの貧困層は、一時的に困窮しているだけで、政府の支援などなくてもいつかは富豪になれると信じている【注5】。こうした論理に従い、アメリカ人は税金を嫌い、その内なる声に従って「小さな政府」の実現を目指そうとしている、と。

だがアインホーンの主張によると、こうした論理の起源を見つけたければ、マサチューセッツ州ボストンではなく、バージニア州リッチモンドに目を向けるべきだという。つまり、自由を求める一般大衆ではなく、いまにも失われかねない莫大な財産を必死に守ろうとしていた奴隷所有者に着目しろということだ。アメリカの歴史を見ると、小さな政府を擁護する信念体系に満ちあふれている。どの社会階層にも増してその信念体系を築きあげてきたのが、こうした奴隷所有者だったと思われる。彼らは、私有財産（主に生身の人間で構成されていた）を何よりも重要なものと主張し、収税吏が自宅に「侵入」して所得や財産を「詮索」する課税制度を、不正なものとして激しく非難した。こうした課税を通じて、「横暴な多数派」が少数の富裕な市民から「略奪」しようとしているのではないかと怖れていたからだ。確かに、小さな政府を擁護するアメリカの信念体系の起源は、それほど単純ではないかもしれない。それでも過去数世紀にわたり、アメリカ人は税金嫌いだという物語をつくりあげてきたいちばんの張本人は、やはり南部の奴隷所有者だろう。

南北戦争の勃発後、南部連合国は税金や民主主義に対するこうした反感から、きわめて不利な状況に置かれた。南部諸州は主な税収を関税に頼っていたため、北軍が南部の港を封鎖すると収入は激減した。だが、所得や財産に対する課税経験がほとんどなかったため、失った収入を回復させることができない。そのため、戦争資金を借金に頼らざるを得なくなり、債券を次々に発行すると、急激なインフレが発生した。

対照的に北部は、これまでの直接税の伝統に基づいて戦争資金を捻出した。一八六二年歳入法により内国歳入局が創設され、同年には最初の連邦所得税が導入された。税率は、六〇〇ドルを超える所得には三パーセント、五〇〇〇ドルを超える所得には五パーセントである【注6】。非課税の上限となった六〇〇ドルは、当時の平均所得のおよそ四倍、現在の二五万ドルに相当する【注7】。したがってこの税は、税率が低いとはいえ、累進的だったと言える。その後、一八六四年歳入法により税率が引き上げられ、六〇〇ドルを超える所得には五パーセント、五〇〇〇ドルを超える所得には七・五パーセント、一万ドルを超える所得には一〇パーセントの税率が課されるようになった（一万ドルは、現在の三〇〇万ドル以上に相当）。この法律は、所得税の支払い額の開示を義務づけていたため、一八六五年には《ニューヨーク・タイムズ》紙の一面に、ニューヨークの富豪の所得が掲載された。それによれば、ウィリアム・B・アスターが申告した所得は一三〇万ドル（当時の平均所得の五二〇〇倍、現在の四億ドルに相当）、コーネリアス・ヴァンダービルトが申告した所得は五七万六五五一ドル（現在の一億七〇〇〇万ドルに相当）だったという【注8】。北部もまた戦争資金を多額の借金に頼り、その結果インフレを誘発したが、南部ほどではなかった【注9】。

## 所得税が違憲だった時代

一八六五年に奴隷制が廃止されると、今度は裕福な実業家たちが奴隷所有者たちの言動に便乗し、南北戦争中に導入された所得税に反対するようになった。私有財産への介入は不当だとする南部の支配者層の従来の主張を踏襲・発展させたのだ。一八七一年には、ニューヨークで反所得税協会が設立された。その会員には、ウィリアム・B・アスター、サミュエル・スローン、ジョン・ピアモント・モルガン・シニアなど、当時の大富豪が名を連ねていた【注10】。この協会の活動は成功した。南北戦争後、所得税の税率は引き下げられていたが、その所得税も一八七二年には廃止された。南北戦争後の再建期やそれに続く金ぴか時代には、改革論者たちが所得税を復活させようとさまざまな努力を重ねたが、結局一九一三年まで日の目を見ることはなかった。

一九世紀末に彼らが累進課税を再導入しようとした理由は、主に二つあった。第一に、連邦政府の税制が明らかに不公平だったからだ。一八一七年から南北戦争が始まるまで、連邦政府が課していた税は一つだけだった。輸入品に対する関税である。だが南北戦争が始まると、一八六一年に導入された累進的な所得税のほか、無数の物品税が課されるようになった。ぜいたく品、アルコール、ビリヤード台、トランプのほか、新聞広告、法的文書、工業製品など、ほとんどのものが物品税の対象となっている。こうした国内消費に対する税は「内国税」と呼ばれる（これに対し、関税は「外国税」である）。この時期に新たに導入された内国税の一部は、南北戦争が終了しても廃止されることなく、引き続き課税された。一八八〇年の連邦政府の税収を見ると、内国税収入が三分の一を占めている。残りの三分の二は輸入税である【注11】。いずれの税にせよ、その負担は貧困層の肩に重くのしかかった。その一方で、金ぴか時代を満喫する大富豪たちは、連邦所得税の廃止にも成功し、わずかばかりの連邦税しか支払っていなかった。つまり、連邦政府の収入のほとんどは、消費者からの徴税によるものだった。

累進課税を再導入しようとした第二の理由は、そのころになって格差が急激に拡大してきたからだ。工業化、都市化、カルテル化が急速に進むにつれて、富の集中が進んでいることに気づかないではいられなくなった。そこで経済学者たちが、この格差を数値化する作業を始めた。一八九三年には、農務省の統計学者ジョージ・K・ホームズが、一八九〇年の国勢調査や同時期の富豪一族のデータを利用し、最上位一〇パーセントの世帯が国富の七一パーセント以上を所有しているとの推計を提示した【注12】。ほかの研究者が提示した内容も、同様の結果だった【注13】。いずれも、南北戦争前に比べ、格差が大幅に拡大していることを示している（戦前は、最上位一〇パーセントが所有する国富は六〇パーセント未満だった）。もちろん、一九世紀の富の集中の推計にはある程度の誤差がある【注14】。そもそも連邦所得税や財産税がないため、格差を推計するためのデータが限られている。それに、格差が拡大するにつれて、社会の上層部でそれを否定しようとする要求が高まるため、経済学者が事実をゆがめ、不完全な統計を提示することもある。それでも、きちんと社会に目を向けている人から見れば、劇的な変化が起きつつあることは疑いようがなかった。

累進課税を求める声は次第に高まっていった。コロンビア大学の教授エドウィン・セリグマンを筆頭に数多くの経済学者が、「公平性を高める方向へ既存の税制を改善していく」【注15】ためには、所得税の導入が必要だと訴えた。こうした声を受け、一八七三年恐慌や一八九三年恐慌などの経済危機が起きるたびに、累進的な所得税を再導入する法案が議会に提出された。南部の白人および北東部や西部の貧困層・中流階級の白人の意見を代弁していた民主党や進歩派が手を組み、この法案に賛成した。だが、南部のエリートと北部の実業家が連携してこれに反対した。富裕層にとってこの法案は、「西部の扇動政治家」を喜ばせるだけの「詮索」的な「階級差別立法」であり、プライバシーを侵害するものだった。ニューヨーク州選出上院議員のデヴィッド・ヒルに至っては、所得税は「ヨーロッパの教授」が持ち込んだ「アメリカ的でない」税だと主張している【注16】。

それにもかかわらず、所得税法案は一八九四年に可決された。四〇〇〇ドルを超える所得に二パーセントの税率を課す法案である。四〇〇〇ドルは、当時の成人一人あたりの平均所得のおよそ一二倍、現在の九〇万ドルに相当する。法案が可決されると、議論の中心は、連邦所得税が合憲か違憲かという問題に移った。アメリカ合衆国憲法では、直接税の税負担は各州の人口に応じて均等に割り当てなければならないと定められている。たとえば、アメリカの人口の一〇パーセントがニューヨーク州に住んでいるのなら、同州からの直接税の税収も、アメリカ全体の一〇パーセントにしなければならない。同州が国民所得の三分の一を稼いでいようが（一九世紀末には実際にそうだった）、課税対象者（四〇〇〇ドルを超える所得がある人）の大半が同州に住んでいようが、一〇パーセントなのである。だが、一八九四年の所得税法も一八六二年の所得税法も、税負担を各州に均等に割り当てることを考慮していなかった。というのも、均等に割り当てることに意味がないからだ。均等に割り当てれば、課税対象者が過剰に存在する州（ニューヨーク州など）では富裕層にごくわずかしか課税できなくなるため、累進的な所得税を導入する目的にそぐわない。

ただし憲法は、直接税の均等な割り当てを義務づけてはいたものの、「直接税」という言葉の意味を明確に定義していなかった。一七八七年八月二〇日、フィラデルフィア憲法制定会議の席で、マサチューセッツ州代表のルーファス・キングが「直接税とは具体的にどういう意味なのか？」と尋ねたときに誰も答えられなかったのは、有名な話である。連邦所得税は直接税なのか？　それとも直接税は、人頭税や土地に対する税のみを指すのか？　一八九五年、最高裁判所が「ポロック対農場主貸付信託会社裁判」でこの問題を取り上げ、連邦所得税は「直接税」との判断を示した。つまり、その税負担は各州の人口に応じて均等に割り当てなければならない。その結果、一八九四年の所得税法は違憲とされ、間もなく破棄された。こうして金ぴか時代の残りの期間にわたり、連邦政府の収入はすべて、たばこやアルコールに対する物品税や関税でまかなわれることになった。

## 累進課税の誕生

ポロック裁判以降、累進的な所得税を導入するには憲法を修正するしかなくなった。この問題は一九一三年に解決した。一九〇九年に上下両院の三分の二以上の議員が憲法修正第一六条を承認し、一九一三年に四分の三以上の州がそれを批准したからだ（憲法の修正にはこの二つのステップが必要になる）。この修正条項には、「連邦議会は、いかなる源泉から生じた所得であれ、各州に税負担を均等に割り当てることなく、所得税を賦課徴収する権限を有する」との記述がある。こうして連邦所得税は同年に法制化された。

とはいえ、アメリカが累進的な所得税の先陣を切ったわけではない。一九世紀末から二〇世紀初頭にかけては、累進税制の導入が国際的な現象と化していた。戦争資金を緊急に調達する目的以外では、一八七〇年代から一八九〇年代までの間に、まずはドイツやスウェーデンや日本で累進的な所得税が導入され、間もなくイギリスもそれに続いた。アメリカが革新的だったのは、短期間のうちに所得税の累進性を大幅に高めた点だ。一九一三年に所得税を導入した時点では、アメリカの最高限界税率は七パーセントだった。ところが、早くも一九一七年には六七パーセントに引き上げられた。当時は、富裕層にそれほどの税率を課している国はどこにもなかった。

所得税の累進性を急激に高めた理由は複数ある【注17】。まずは、第一次世界大戦による不当利得行為を防止したいという狙いがあった。南北戦争中も、戦争を利用した不当利得行為により多くの人が大金を手にしていた。こうした「成金」が再び現れるのを防ぐため、大戦中は超過利潤税が課された。これは当初、軍需産業のみを対象にしていたが、一九一七年四月にアメリカが参戦すると、あらゆる企業がその対象になった。有形資産（建物、設備、機械など）に対する利益率が八パーセントを超える企業利益はすべて、異常な高利益と見なされた。一九一八年には、こうした利益に最大八〇パーセントの累進税が課されている。

しかし、このように戦争がある程度の役割を果たしたのは確かだが、アメリカにおける税の累進性の高まりは戦争という特異な状況のせいだったとも言いきれない。大戦に参加していた国はいずれも、戦争による不当利得行為を容認しようとはせず、国内企業に超過利潤税を課していた。それでも、所得税の最高限界税率をアメリカほど極端に上げる国はなかった（ただしイギリスは、アメリカに近いところまで上げている）。実際のところ、アメリカで累進課税が台頭したのは、例外的な戦時状況の結果というだけではない。それ以上に、一八八〇年代から一八九〇年代にかけて始まった思想的・政治的変化が関係している。民主党は当時、南部ではひどく差別主義的だったが、北部や西部では、共和党支持の財界エリートに対抗しようと、平等主義的な経済政策を訴えて低所得層の白人の統合を進めていた。その結果、格差の拡大や産業の集中に対して経済的公正を求める社会の声が高まっていた。要するに、アメリカがヨーロッパのように不平等化するのを拒否する人々が増えつつあった（当時のヨーロッパは、富裕層が支配する悪い見本と見なされていた）【注18】。経済学者のアーヴィング・フィッシャーもこの思潮を感じ取り、一九一九年のアメリカ経済学会の演説のなかで「非民主的な富の集中」を批判している【注19】。

そのためアメリカは平時に、二〇世紀史上きわめて重要な二つの税制改革を行なった。

第一の改革は、累進性の高い財産税の導入である。前述したように、アメリカの各州はかなり以前から財産税を導入していた。だが過去の財産税には、累進的でないという重大な欠点があった。裕福であろうがなかろうが、財産の所有者にはみな同じ税率が課される。一九世紀の間にそれを累進化しようとする試みもなかったわけではないが、各州が「均一条項」を採用していたためにいずれも失敗していた。均一条項とは、資産の種類（実物資産や金融資産など）や総資産の多寡に関係なく、あらゆる資産に同じ税率を課すことを義務づけた条項である【注20】。そこで連邦政府は一九一六年、独自の累進財産税を導入した。死亡時の財産に累進課税する連邦遺産税である。その税率は当初は低く、一九一六年には遺産に対する最高税率は一〇パーセントだった。ただし第一次世界大戦中に少し上がり、一九二〇年代後半には二〇パーセントに落ち着いた。

ところが、一九三一年から一九三五年の間に税率は大きく変化し、最上位階層の財産に対する

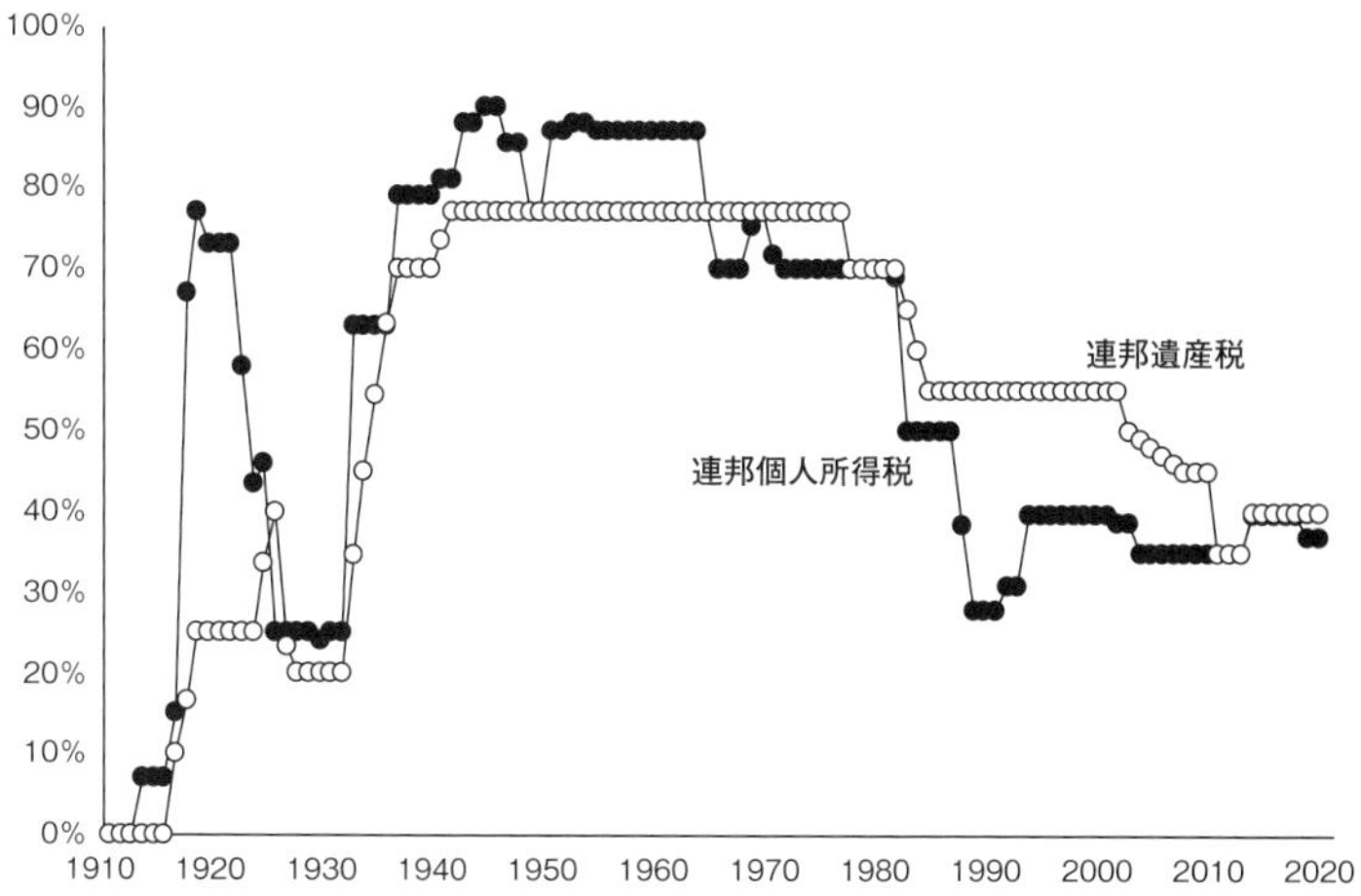


図 2-1　アメリカが高所得者に 90％以上の税率を課していた時代（法定最高限界税率）

注　このグラフは、連邦個人所得税と連邦遺産税の最高限界税率の推移を示している（1913 年以降）。1930 年代から 1970 年代まで、アメリカの所得税や遺産税の最高限界税率は 70％を超えていた。西側諸国のなかではもっとも高い値である（ただしイギリスはアメリカに近い）。データの詳細については taxjusticenow.org を参照。

税率は二〇パーセントから七〇パーセントに急増した。その後、一九三五年から一九八一年まで、七〇パーセントから八〇パーセントまでの間を前後することになる。二〇世紀のヨーロッパには、親から子へ直接継承される莫大な遺産に対して五〇パーセント以上課税する国は一つもなかった。唯一の例外は、連合軍占領下のドイツである。一九四六年から一九四八年まで、ドイツの財産税の税率は六〇パーセントだった。ただし、この税制を決定したのはアメリカである【注21】。

第二の税制改革は、さらに広範囲に及ぶ改革である。一九三〇年代までの所得税の目的は、税収を確保することにあった。所得税を課せば、富裕層からそれぞれの支払い能力に応じて税金を徴収できる。だが、フランクリン・ルーズベルトが大統領に就任すると、そこに新たな目的が加わった。一定金額以上を稼ぐ者がいないようにするのである。つまり、所得税により過剰な所得を没収するということだ。ルーズベルトは所得税の最高限界税率を、一九三六年には七九パーセント、一九四〇年には八一パーセントまで引き上げた。第二次世界大戦中には、その税率は一〇〇パーセント近くにまで達した。

ルーズベルト大統領の考え方は、一九四二年四月二七日に議会に送った教書によく現れている。「低所得者と超高所得者との差を縮めなければならない。あらゆる過剰所得を戦争勝利に振り向けるべき重大な国難の時代には、アメリカのいかなる市民も、年間二万五〇〇〇ドル以上の税引後所得を持つべきではない」。つまりルーズベルトは、給与だけでなく免税証券の利子などあらゆる所得を含め、二万五〇〇〇ドルを超える所得に一〇〇パーセントの税率を課そうとした（二万五〇〇〇ドルは、現在の一〇〇万ドル以上に相当する）。だが連邦議会は、さすがに一〇〇パーセントは少々やりすぎだと考え、最高限界税率を九四パーセントにすることで決着を図った。またそれと同時に、平均税率を制限する仕組みも法制化したため、実際に支払う税が所得の九〇パーセントを超えることはなくなった。

その八〇年前、六二万人の兵士が死亡した南北戦争の時代には（その死者数は、二つの世界大戦、朝鮮戦争、ベトナム戦争、イラク戦争、アフガニスタン紛争で死亡したアメリカ人の総数に匹敵する）、富裕層に課す税率が話題になったとしても、その値はせいぜい一〇パーセントだった。ところがルーズベルトの時代には、もはや九〇パーセントが妥当か一〇〇パーセントが妥当かというレベルにまで達していた。これを考えれば、税の累進性が高まったのは、戦争のためというより、二〇世紀初頭の政治的変化のためだったことがわかる。一九四四年から一九八一年までの所得税の最高限界税率の平均は、八一パーセントに及んでいる。

言うまでもなく、この一〇〇パーセント近い最高税率の対象になったのは超高額所得者のみだ。現在で言えば、数百万ドル以上の年間所得がある人々である。たとえば一九四四年には、二〇万ドルを超える所得に九四パーセントの最高限界税率が課されたが、これは、当時の成人一人あたりの平均国民所得の九二倍、現在の六〇〇万ドル以上に相当する。現在の価値で一二〇万ドルを超える所得にも、七二～九四パーセントの税率が課された。だが、それより低い所得への課税となると、現在の一般的なレベルとさほど変わらない。現在の価値で数十万ドルの所得に対する限界税率は、二五～五〇パーセントだった。

南北戦争の時代以来、累進課税に反対する人たちはよく、超富裕層だけに関係する税のあおりを受けて中流階級が苦しんでいると主張する。だが実際には、一〇〇パーセント近い最高税率の対象となってきたのは超富裕層だけであり、上位中流階級はそこに含まれていない。

ルーズベルト大統領の議会教書が明示しているように、アメリカが所得税に対して一〇〇パーセント近い最高限界税率を採用したのは、格差を縮小するためであって、税収を確保するためではない。一〇〇万ドルを超える所得はすべて内国歳入庁に没収されてしまうのなら、誰が一〇〇万ドル以上稼ごうとするだろう？　もはや誰も、一〇〇万ドル以上の給与を約束する雇用契約に署名しようとはしなくなる。また、資本所得が年間一〇〇万ドルを超えるほどの財産を蓄積しようとも思わなくなる。富裕層はある時点で貯蓄をやめ、一定の量を超えた時点で、相続人や慈善団体に資産を提供するようになるに違いない。こうして見れば、ルーズベルトの税制の目的が、税引前所得の格差の縮小にあることは明らかだろう。アメリカはおよそ半世紀にわたり、どの民主主義諸国にも増して、最大所得の法的制限に取り組んできたと言っていい。

## 最高税率が高ければ格差は縮小する

ルーズベルト時代の税制がその後も引き継がれたのは、とてつもなく高い所得を手にしている人たちが、社会のほかの人々を犠牲にしていることが多いからだ。戦時中は特にそうだ。戦闘に従事している大衆を尻目に、武器商人だけがいい思いをしている。だが平時でも、これにあてはまる場合がある。独占的立場、天然資源の利権、権力の不均衡、無知、政治的便宜、そのほかゼロサム的な経済活動（こうした事例の一つである租税回避産業については、次章で取り上げる）を利用して、莫大な所得を手にしているときである。このような場合、所得税に一〇〇パーセント近い最高限界税率を課しても、経済全体のパイの規模は変わらない。富裕層の手にわたる所得が減り、社会のほかの人々にわたる所得が増えるだけだ【注22】。

もちろん、こうした税制のよしあしについては議論の余地がある。現在、所得税の最高限界税率を九〇パーセントに戻すのが妥当かどうかについては、第八章で考察する。だが、それについて議論する前に、まずは基本的な事項を確認しておく必要がある。ルーズベルトの税制は成功したのか？　実際に税引前所得の集中を抑えられたのか？

それが成功したことを示す証拠が一つある。一九四〇年代から一九七〇年代にかけて、内国歳入庁に莫大な所得を申告する納税者が著しく減ったのだ。一〇〇パーセント近い税率を課される高額納税者層に含まれるのは、わずか数百世帯だけだった。つまり、課税対象所得（税務当局に申告した所得）の格差が縮小していたことになる。実際、所得階層の最上位〇・〇一パーセントの所得が課税対象所得全体に占める割合は、戦後数十年間にわたり、歴史的に見ても低い水準を維持していた。一九一三年の所得税導入から一九三三年のルーズベルトの大統領就任まで、この階層が稼いだ所得は平均して、課税対象所得全体の二・六パーセントだった。ところが一九五〇年から一九八〇年までは、この数値が〇・六パーセントまで低下した【注23】。このデータを見るかぎり、ルーズベルトの税制が目的を達成したことは疑いようがない。

だが、このデータが間違っていたとしたらどうだろう？　富裕層は結局のところ、内国歳入庁の目が届かないところへ所得を隠していただけなのかもしれない。合法的あるいは非合法的手段を用い、最高限界税率を回避していた可能性もある。もしそうなら、アメリカの格差は統計データが示すほど縮小していないとも考えられる。課税対象所得に占める最上位層の所得の割合が大幅に減少したのは、租税回避が引き起こした幻想にすぎないのか？

こうした可能性を一笑に付すのは間違っている。このような事態が起こりうることは、直感的に理解できる。最高限界税率がこれほど高ければ、富裕層が所得を隠そうとしても不思議ではない。彼らがそれに成功していたのなら、格差はさほど縮小していなかったことになる。格差がどの程度存在したか、といった重要な経済的現象が苦もなく明らかになることなどめったにない。科学的な方法に従い、辛抱強く調査を積み重ねていく以外に、決定的な手段など存在しない。格差を推計する場合も、企業内に留保された利益、免税債券による利子など、内国歳入庁に申告する必要のない所得も含め、あらゆる種類の所得を追跡するのがいちばんいい。つまり、ここ数年について前章で行なったように、国民所得全体を所得階層の各層に割り当てるのである。

この作業を実際に行なった結果を見ると、だいたいは課税対象所得データが示す内容と一致している。超高額所得に一〇〇パーセント近い税率が課されていた一九三〇年代から一九七〇年代にかけて、国民所得の格差は本当に縮小していた。ただし、課税対象所得データが示すほどの縮小ではない。これは主に、戦後数十年の間に企業の留保利益が増え、一九六〇年代には国民所得のおよそ六パーセントを占めるまでになっていたからだ。企業利益は分配されなければ、株主の個人所得税の申告書に計上されないため、実際の格差を過小評価することになる。一部の企業は、九一パーセントもの高い所得税率を課されていた裕福な株主の指示により、企業利益を配当として分配（個人所得税の対象になる）せず、事業に再投資（個人所得税の対象にならない）していた。

しかし、留保利益などの非課税所得をすべて考慮したとしても、一九三〇年代から一九七〇年代にかけての期間は、富の集中が劇的に抑制されていたと言える【注24】。所得階層の最上位〇・〇一パーセントの所得が税引前国民所得全体に占める割合は、世界恐慌直前には四パーセントを超えていたが、一九七五年には一・三パーセントまで下がり、史上最低レベルを記録している。確かに、一部の企業利益は非課税のまま留保されていたが、その総額は想像されるほど多くはない。一九六〇年代に留保利益がかなり増えた（国民所得の六パーセント）とはいえ、長期的に見れば、一般的なレベルをはるかに超えているというほどでもない。実際、二一世紀に入ってからの企業の留保利益も、国民所得の五パーセントほどである。配当への税率が高くなっても留保利益がさほど増えなかった点については、いくつかの理由が考えられる。たとえば、配当の分配方針はあまり変更されない。ある程度成熟した企業が株主に配当を分配するようになったら、破産の危機に瀕するようなことがないかぎり、その方針を撤回することなどめったにない。実際、ゼネラル・エレクトリック、デュポン、エクソンなどの巨大企業は、第二次世界大戦後も多額の配当を支払った。株主たちは、企業内に利益を留保するよりも、現金を手に入れるほうを好む。企業の経営者が未分配利益を怪しげな投資に浪費するおそれが常にあるからだ。それに、未分配利益が多ければ、労働組合に賃金増加を求める口実を与えることになる。一九五〇年代から一九六〇年代にかけては、労働組合がかなりの力を持っていた。

全体的に見て、課税対象所得データは格差をかなり過小評価しているとはいえ、トルーマン政権やアイゼンハワー政権の時代に富裕層が豪勢な暮らしをしていた兆候は見られない。実際、一九五〇年代に生きていた誰が見ても、富裕層の生活が変わったのは明らかだった。もちろんそれは、いい方向へではない。一九五五年、《フォーチュン》誌に「企業幹部の生活」と題する記事が掲載された【注25】。そこには、富裕層の哀れな現状が記されている。「アメリカで成功を収めた企業幹部は、午前七時ごろに起きて朝食を食べると、電車か車でオフィスに向かう。（中略）企業幹部ではあるが、すぐ下の所得階層の人たちとさほど変わらない経済的尺度で生活している」。なぜか？「この二五年で、企業幹部の生活様式ががらりと変わってしまった。一九三〇年の平均的なビジネスマンは、経済的な大混乱に巻き込まれていたとはいえ、まだ所得税の洗礼を受けてはいなかった。企業幹部ともなれば、一般人にはとても手の届かない高価な付属物で装飾された生活を送っていた。（中略）ところが現在の企業幹部の家を見ると、飾りけがなく、比較的小さなものが多い。せいぜい部屋が七つ、浴室が二つ、洗面台と便器だけの部屋が一つといった程度だ」。それだけではない。「大型ヨットも累進課税の海に沈んでしまった。一九三〇年には、フレッド・フィッシャー、ウォルター・ブリッグス、アルフレッド・P・スローンといった富豪たちが、二三五フィートものクルーザーを乗りまわしていた。J・P・モルガンも、四代目のコーセア号（三四三フィート）を建造したばかりだった。それが現在では、七五フィートもあれば大した船だと思われている」

## アイゼンハワー政権下の富裕層の平均税率——五五パーセント

富裕層は所得を抑制されていただけでなく、その抑制された所得に課された実効税率もかなり高かった。

図2－2は、所得階層の最上位〇・一パーセントに課された実効税率の一九一三年以降の推移を示している。この実効税率には、連邦政府・州政府・地方政府に支払われたあらゆる税が考慮されている。前述したとおり、現在のアメリカの税制はほぼ均等税と言っていい。富裕層の実効

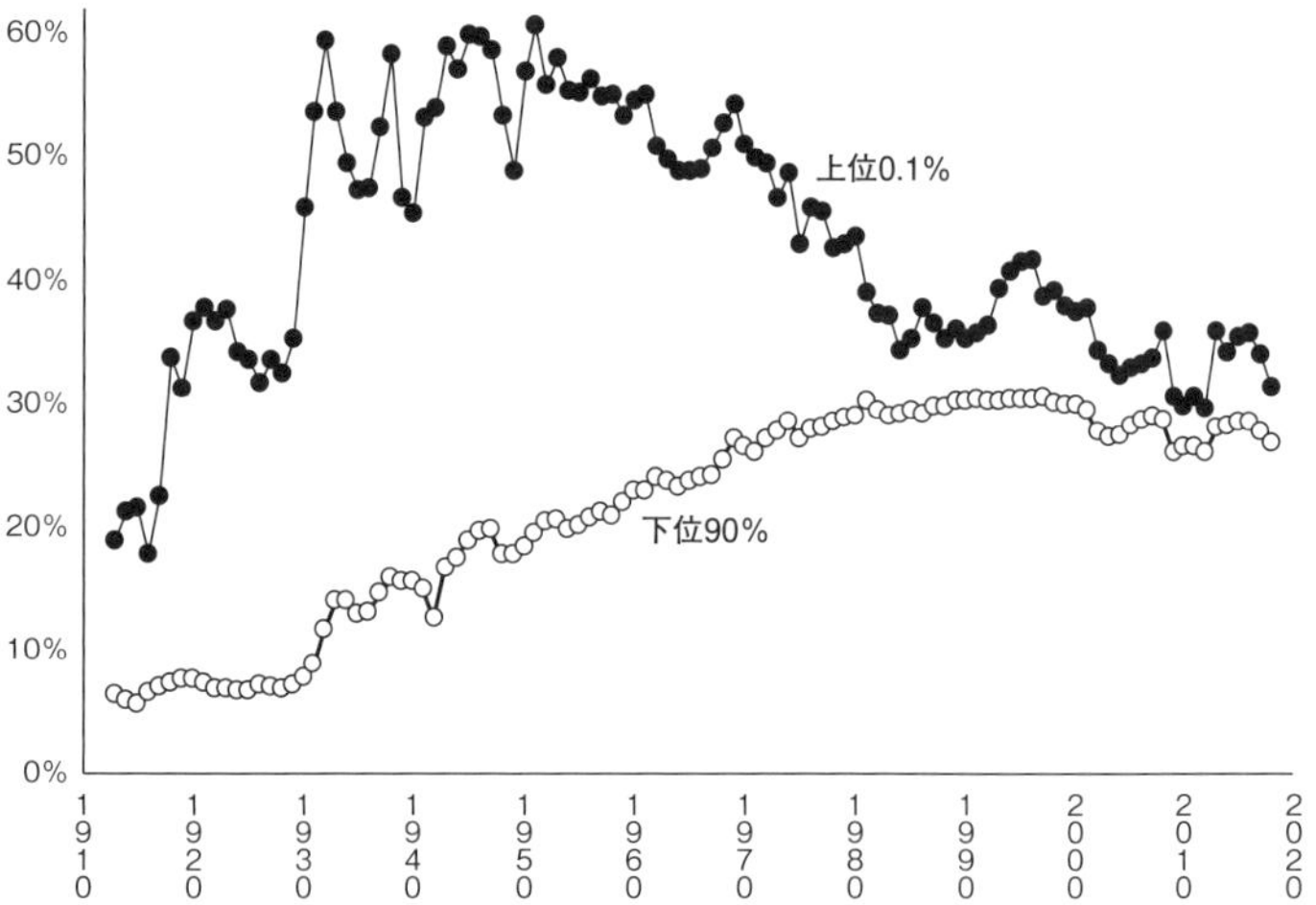


図 2-2　アイゼンハワー政権下の富裕層の平均税率は 55%
(所得階層の上位 0.1%と下位 90%の平均税率)

注　このグラフは、所得階層の下位 90%と上位 0.1%の平均税率の推移を示している(1913 年以降)。あらゆる連邦税・州税・地方税を考慮した、税引前所得に対する割合である。かつてのアメリカの税制は累進的だった。上位 0.1%の税率は下位 90%よりはるかに高い。だが最近では、下位 90%の税率も上位 0.1%の税率とほとんど変わらない。データの詳細については taxjusticenow.org を参照。

税率が中流階級よりわずかばかり高い程度だ(さらに最上位層に近づくと、税率はむしろ下がる)。だが半世紀前には、まるで様子が違っていた。労働者階級や中流階級の実効税率は現在より低い。これは、給与税の税率が低かったからだ。一方、富裕層の実効税率は現在よりはるかに高い。一九三〇年代から一九七〇年代までの四〇年間、富裕層は所得の五〇パーセント以上を税金として支払っていた。所得階層の下位九〇パーセントの三倍である。最上位〇・一パーセントの平均税率は、一九五〇年代初頭に六〇パーセントに達し、アイゼンハワー大統領の二期の任期中は五五パーセント前後を維持していた。この時期のアメリカの税制は間違いなく累進的だった。

では、これほど高い実効税率をどのように実現していたのか？

第一に、租税回避を抑制した。前世紀の間に租税回避の状況がどう変わったかについては、次章で考察する。ここで指摘しておきたいのは、個人や企業が租税を回避するようになるのは主に、政府がそれを容認する選択をしているからにほかならないということだ。戦後の数十年間、政府は租税回避や脱税を厳しく取り締まる選択をしてきた。その方法については後述する。

だが、アメリカの税制がこれほど累進的だった最大の理由は、企業利益に対して高い法人税を課していたからだ。資本主義社会では、富裕層の所得の大半は株式（企業の所有権）に由来する。株式が、経済的・社会的な力のもとになっている。そのため、企業利益に高い税率を課せば、富裕層から税金を取り立てることができる。企業が配当の支払いを制限していたとしても、それは変わらない。法人税は、再投資や配当支出前の利益に対して課されるからだ。つまり法人税は事実上、富裕層に最低限の課税を行なう役目を果たしている。

一九五一年から一九七八年まで、企業利益に対する法定税率は四八〜五二パーセントだった。個人所得税の最高限界税率とは違い、この税率は企業利益の額に関係なく適用される。つまり法人税は、レントシーキング（訳注：企業や個人が権力を駆使して政策や制度を都合よく改変し、

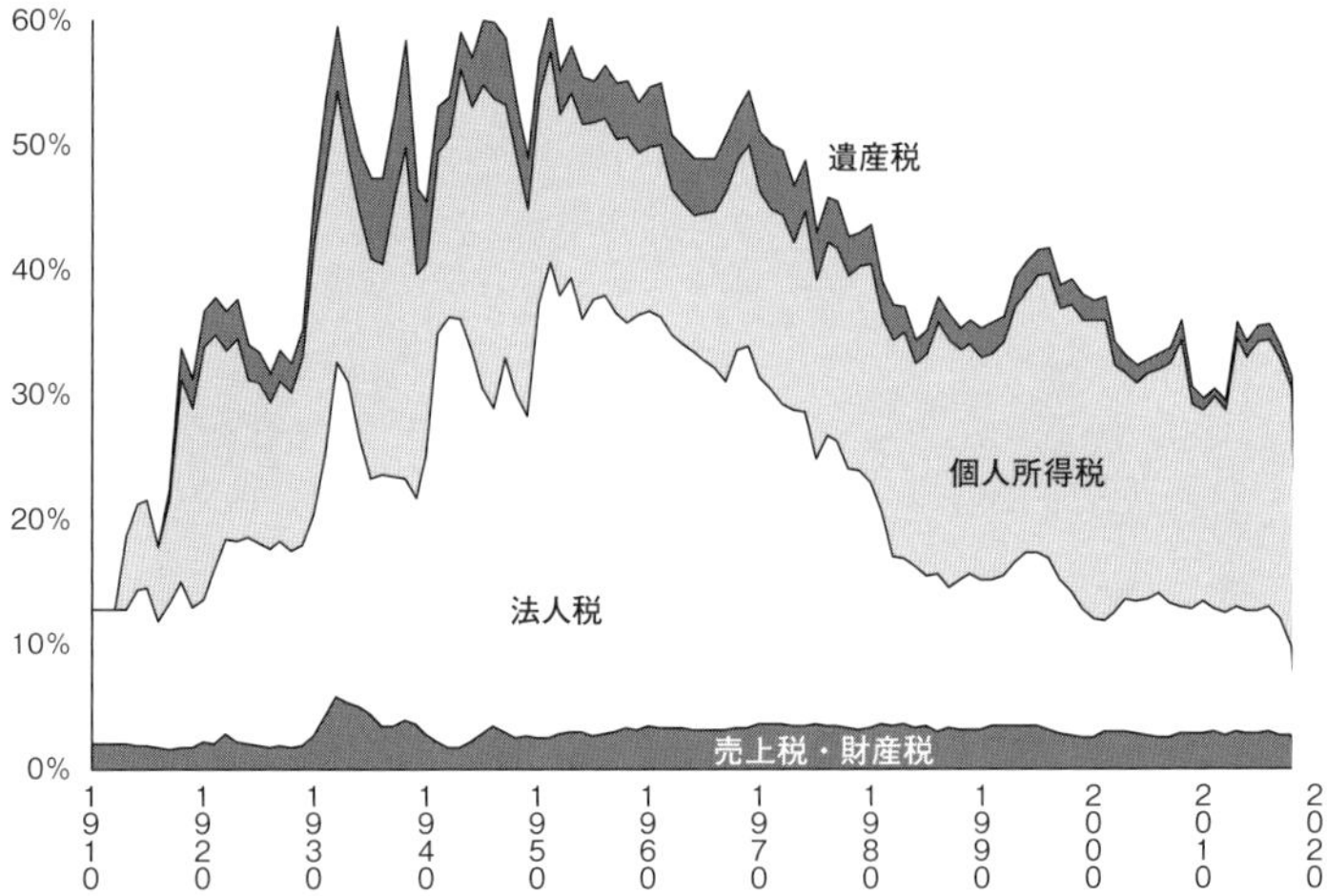


図 2-3　富裕層に対する法人税の重要な役割
（所得階層の最上位 0.1％の平均税率）

注　このグラフは、所得階層の最上位 0.1％の平均税率とその税種別構成の推移を示している（1910 年以降）。あらゆる連邦税・州税・地方税を考慮しており、法人税には事業用財産の財産税も含めている（居住用財産の財産税は売上税と一緒にしている）。最上位 0.1％の税率を主に押し上げているのは法人税である。法人税の割合は、1930 年代から 1970 年代半ばまできわめて大きかったが、それ以降は減少している。データの詳細については taxjusticenow.org を参照。

超過利潤を得ようとする行為）の防止や過剰所得の抑制を目的とした累進課税ではなく、税収を生み出すことを目的とした均等税である。実際に法人税は、多くの税収を生み出した。一九五〇年代から一九六〇年代前半にかけて、企業利益には実質的に五〇パーセント近い税率が課されていた。つまり、アメリカで利益が生み出されるたびに、その半分が国庫に納められた。

このように、超富裕層は二〇世紀半ばには、個人所得税以上に法人税を通じて税収に貢献していた。個人所得税の最高限界税率を九〇パーセントまで引き上げる税制により、最上位の税率区分に属する超富裕層は少なくなっていた。だが、事実上すべての株主が、企業利益の自分の持分に対して五〇パーセントの実効税率を課された。戦後の数十年間、企業の所有権はいまだ一部の人間に集中しており（年金投資の奨励により株主が増える前の話である）、企業は高収益をあげていたため、企業の所有者は多額の所得を手にしていた。企業はその利益の半分を税金として国庫に納めた。そして残りの半分で株主に配当を支払ったが、その配当には九〇パーセントもの税率が課された。

とても富裕層への課税に関心のない国の税制とは思えない。

# 第三章　不公平税制の確立

ワシントンDCは好天に恵まれた。アメリカの首都では一〇月がもっとも過ごしやすい。その日も淡い青空が広がり、さわやかな風が吹く小春日和となった。ペンシルベニア通り沿いに立つ白大理石の記念碑を背景に、オレンジや赤に染まった木々の葉が美しく映《は》えている。ホワイトハウスのサウスローンでは、両党の議員二十数名に囲まれたロナルド・レーガンが、手に万年筆を持ち、小さな木製のテーブルの傍《かたわ》らに腰かけている。その顔には会心の笑みが浮かんでいる。

一九八六年一〇月二二日のその日、大幅減税を伴う税制改革を二期目の国内政策の最重要課題に位置づけていたレーガン大統領は、税制改革法に署名しようとしていた。それほど喜んでいたのには理由がある。この法案が成立すれば、一九八八年一月一日から、これまで超高額所得に対して一〇〇パーセント近い税率を課していたこの国で、先進国でも最低水準の最高限界税率が適用されることになる。その税率とは二八パーセントである。この法案は、上院で三週間審議された後、賛成九七、反対三で可決された。テッド・ケネディ、アル・ゴア、ジョン・ケリー、ジョー・バイデンといった民主党の議員もみな、心から賛成票を投じた。

この税制改革は、大衆の間でさほど人気を博していたわけではないが【注1】、国内の政治エリートや知的エリートからは絶大な支持を受けていた。彼らにとってこの改革は、理性の勝利、特定の階層の利益に対する一般の利益の勝利、成長と繁栄の新たな時代の始まりを意味した。現在ではこの法案は、格差を拡大する大きな要因となったと広く認識されているが【注2】、その作成にかかわった人はみな、いまだにこの改革を肯定的にとらえている。アメリカの大学に籍を置く経済学者たちも、この改革の利点を吹聴することを職業上の義務と見なしているかのようだ【注3】。

数十年にわたり超高額所得に九〇パーセントもの税率を課していた国の政府が、一九八〇年代半ばになってなぜ、二八パーセントのほうが望ましいと考えるようになったのか？　この歴史的な方針転換の背景には、六年前にレーガンを大統領選勝利に導いた政治的思潮の劇的な変化があった。そのしばらく前から共和党は、南北戦争前の南部で優勢だった課税反対論を再び持ち出して現代的な装いに改め、それをもとに全国の高所得者と南部の白人とを一つに結びつけていた。一九六四年の大統領選では、共和党候補のバリー・ゴールドウォーターが、モンペルラン協会が一九四七年の創設以来主張していた「小さな政府」構想を具体化し、一九七〇年代には保守的な財団が協力してそれをさらに発展させた。こうして「小さな政府」構想はやがて主流の思潮となり、政治思想として広く浸透した【注4】。この政治思想では、政府の主な役割は財産権の保護にあり、成長は利益を最大化しようとする企業に任せるべきであり、そのためには支払う税金を最小化したほうがいいと考える。いわば「社会などというものは存在しない。個々の男と女がいるだけ」【注5】という世界観である。細分化された個人にとって、税は単なる損失であり、合法的な窃盗と変わらない。

実際レーガンは、ホワイトハウスのサウスローンで万年筆を片手に、「アメリカ的でない」これまでの税制を批判し、「極端に累進的な税制により、個人の経済活動の核心部分が打ち砕かれた」と述べた。対照的に新たな税制は、「アメリカの連邦議会が生み出した史上最高の雇用創出政策」だという。

しかしそれだけでは、レーガンの税制改革法案が、民主党が多数派を占める下院を通過することも、上院で圧倒的支持を受けることもなかったかもしれない。この勝利の背後には、別の問題があった。この法案を支持した民主党議員やレーガンによれば、議員にはそうする以外の選択肢がなかったという。そのころ所得税は、租税回避が横行するひどい状態になっていた。そのような状況を考えると政府としては、税率を引き下げると同時に、抜け穴をふさいで失われた税収を補うしかなかった。

一九八六年税制改革法は、累進課税が廃《すた》れていく過程を如実に示している。累進課税は、有権者の意思により否定され、民主的な手続きを経て廃れていくわけではない。累進課税が大幅に後退する事例をいくつも検討してみると、そこに一つのパターンがあることがわかる。まずは租税回避が爆発的に増え、次いで政府が富裕層への課税は無理だとあきらめ、その税率を引き下げるのである。この負のスパイラルを理解することが、税制の歴史を理解し、将来的に公平な税制を構築していくための鍵となる。そもそも、租税回避はどのようにして増えていくのか？　政府はなぜそれを止められないのか？

## 文明社会のための税金

経済学者が考えるような単純化された世界では、徴税は簡単だ。脱税防止のため頻繁に監査を行ない、脱税者には罰を科し、抜け穴のない単純な税制を構築すれば、市民に税金を支払わせることができる。確かに、これらは重要であり、必要でもある。脱税は見つかる可能性が高く、見つかれば大変な制裁を受けるとなれば、ごまかそうとする人は減る。特定の利益に対して税法の抜け穴が無数にあれば、租税回避は横行する【注6】。

だが、現実の世界で税制を機能させるために必要なのは、単純な税制や頻繁な監査だけではない。ある信念体系も必要になる。つまり、共同行動は社会のためになる（個別で行動するより資金を出し合って行動したほうが豊かになれる）、政府の中心的な役割はその共同行動を組織することにある、民主主義には利点があるという考え方を重視する姿勢である。この信念体系が浸透すれば、極端に累進的な税制でもうまく機能する。だが、この信念体系が埋没してしまうと、租税回避へと向かう力が増し、それが正当化され、どれほど優れた税務機関も税法もこの力に負けてしまうおそれがある。

共同行動に対するこうした姿勢が、ニューディール政策以来受け継がれてきた世界史上もっとも累進的と言える税制に影響を与えてきた。前述したとおり、アメリカ政府は三〇年以上にわたり富裕層への課税に成功してきた。法律上そうだっただけでなく、実際に徴税できていた。一九三〇年代から一九七〇年代にかけては、所得税の最高限界税率を八〇〜九〇パーセントに設定していたため、最上位の税率区分に属する人は少なかった。それでも、あらゆる税を含めた超富裕層の実効税率は五〇パーセントを超えていた。脱税や租税回避が厳しく抑制されていたのである。

ルーズベルトは一九三〇年代に、その後の数十年にわたり脱税や租税回避を抑制することになる徴税戦略を生み出した。たとえば内国歳入庁に、税法の精神を実現するための法的権限や予算を提供した。だが、それ以上に重要なことがある。ルーズベルトは時間をかけて税が重要な理由を説明し、大衆の倫理観に訴え、租税を回避しようとする者を牽制した。「ホームズ最高裁判事も、『税金は文明社会のために支払わなければならないものだ』と述べている（ワシントンＤＣ

にある内国歳入庁本部の玄関の上には、この言葉が刻まれている)。だがあまりに多くの市民が、その文明を割引料金で手に入れようとしている」。一九三七年六月一日の議会教書でも、租税回避の抑制は文明を左右する問題だと述べている。それから一九七〇年代までは、こうした社会規範が、怪しげな租税回避に向かおうとする納税者の欲求を抑えていた。また、その規範を体現した法や規制が、税法に存在する抜け穴の悪用を防いでいた。

ニューディール政策の税制も決して完璧なものではなく、抜け穴があった。たとえば、一九三〇年代から一九八六年まで、キャピタルゲインはほかの所得より税率が低かった。キャピタルゲインとは、企業の株式などの資産の売買により生まれる利益である。この利益も課税対象所得に含まれるが、アメリカでは優遇税率が適用された。それ以外の所得税の最高限界税率が九〇パーセントを超えていたのに対し、キャピタルゲインの税率はわずか二五パーセントだった【注7】。キャピタルゲインに対する優遇税率のよしあしについては第七章で取り上げるが、この政策には明らかな欠点が一つある。富裕層が、配当や賃金よりもキャピタルゲインで所得を手に入れようとする傾向が強くなる。つまり、租税回避のきっかけになる。

所得税の最高限界税率がきわめて高かった戦後数十年の間、租税回避は手に負えないほど増えていたと思われるかもしれない。税金対策のため、富裕層はきっと、高税率の賃金や配当を低税率のキャピタルゲインに変えようとする誘惑に抵抗できなかったのではないか、と。

だが、実際のデータを見てほしい。一九八六年以後、キャピタルゲインは平均して国民所得の四・一パーセントを占めている。では、一九三〇年から一九八五年までの間はどうだろう？　この時期は、キャピタルゲインの最高税率と通常所得の最高税率の差がきわめて大きく、通常所得をキャピタルゲインとして計上しようとするインセンティブが高まっていたはずだ。ところが、この期間の国民所得に占めるキャピタルゲインの割合は、二・二パーセントだった。かなりの節税ができるにもかかわらず、戦後の数十年にわたりキャピタルゲインの割合は少なかった。もちろん、通常所得をキャピタルゲインとして計上した富裕層もいたに違いないが、こうしたごまかしが大規模に行なわれることはなかったのだ。

それはなぜか？　政府が租税回避を認めなかったからだ。通常所得をキャピタルゲインに見せかける方法はさほど多くはない。主な方法としては、企業の自社株の買い戻しを利用する手がある。企業が自社株を買い戻せば、配当の支払い同様、企業から株主の財布へ現金を移動させる効果をもたらす。配当と自社株の買い戻しの最大の違いは、その利益に課される税率にある。企業が自社株を買い戻せば、企業にその株式を売った株主はキャピタルゲインを手に入れることになる。ところが一九八二年以前、自社株の買い戻しは違法だった。そのような法律が生まれた背景には、企業はその所有者に、累進所得税の課税対象となる配当として利益を分配すべきだという社会規範があった【注8】。

富裕層の租税回避の手段としてはほかに、企業が提供する非課税の特典という形で所得を手に入れる方法がある。社用ジェット機、豪華なオフィス、ぜいたくな食事、ケープコッドやアスペンでの企業「セミナー」などがそれにあたる。これらは、キャピタルゲインよりも計算が難しい。それでも、一九四〇年代、五〇年代、六〇年代の企業幹部の暮らしぶりを記した同時代の記録を見ても、こうした特典が広く、大規模に提供されていたことを示す記述はない。第二次世界大戦直後の幹部報酬を分析した経済学者チャリス・ホールは、こう述べている。「企業幹部の購入費用を実質的に減らすこうした類《たぐ》いの企業支出は、追加所得に相当するが、大企業におけるその規模は微々たるものだった」【注9】。現在のCEOに比べると、一九六〇年代のCEOは食事も質素で、社用ジェット機を無駄に使うこともなかったようだ。一九八〇年代以前は、企業の金を使って豪勢に暮らすという企業幹部の生活様式が、社会的に認められていなかったのである【注10】。

租税回避の手段は定期的に生み出されたが、いずれもすぐに禁止された。一九三五年、その年の歳入法により所得税の最高限界税率が七九パーセントまで引き上げられ、それまでの最高を記録した。それを受けて富裕層は、新たな課税を逃れる方法を模索したらしい。ルーズベルトは一九三七年の議会教書に、財務長官ヘンリー・モーゲンソウの書簡を添付したが、その書簡には、当時盛んに行なわれていた租税回避の八つの方法が列挙され、それらをすぐに違法とすべきだと記されている。たとえば、こんな方法である。「バハマ、パナマ、イギリス領のニューファンドランド島など、税率が低く、会社法の適用が緩い場所に外国同族持株会社を設立する」。一九三六年にはアメリカの富裕層数十名が、国外にペーパーカンパニーを設立し、株式や債券の所有権をそこに移していた。実際の所有者の代わりに、このペーパーカンパニーが配当や利子を回収し、アメリカでの課税を回避するのである。すると政府はすぐに法律を改正し、この行為を違法とした【注11】。また一九三七年からは、アメリカ人が所有する外国同族持株会社が得た所得は、そのままアメリカで課税されることになった。こうして、外国同族持株会社を所有して納税を回避する方法は、瞬く間に意味を失った。

同様に一九六〇年代には、自身が運営する私立財団に慈善寄付を行なうことによって納税を回避しようとする富裕層が増えた。慈善寄付が課税控除の対象になるからだ。だが実際には、こうした寄付は「慈善」でも何でもなかった。こうした財団は、創設者やその家族、友人に資金を提供したり、政治的動機に基づいた献金を行なったりしていた。だが、一九六九年税制改革法により、こうした自己取引行為が厳しい取り締まりの対象になると、その効果はすぐに現れた。一九七〇年になると、新たに創設された私立財団の数は、一九六八年に比べて八〇パーセントも減った。この改革以降、富裕層による「慈善」寄付も三〇パーセント減少している【注12】。

## 租税回避のビッグバン

ルーズベルトの戦略は、その後の政権がニューディール政策時代の信念体系を支持していた間は滞りなく機能していた。ところが一九八〇年代初頭に潮目が変わった。レーガンは一九八一年一月の就任演説でこう述べた。「われわれの問題を解決するのは政府ではない。政府自体が問題なのだ」。納税を回避したいと思う人がいるとすれば、それはその人たちが悪いのではなく、「アメリカ的でない」高い税率が悪いのだ。そんな新しい考え方が一九八〇年代初めにアメリカに蔓延し、租税回避が愛国的な行為と見なされるようになった。また、復活を果たした自由至上主義的な理念によれば「課税は窃盗」であるため、租税回避は道徳的な行為とも見なされるようになった。一九七〇年代まで、代々の政権は租税回避産業を抑え込んできた。だが一九八一年にレーガンが大統領に就任すると、この産業は政府のお墨つきを得た。こうして租税回避の嵐が吹き荒れることになった。

実際のところ、当時の状況は「嵐」などというレベルをはるかに超えていた。租税回避産業は急成長を遂げた。財務関連の請負業者、コンサルタント、顧問たちが市場を席巻した。週に一つ新たな租税回避のアイデアを提示するようスタッフに要求する会計事務所もあったという【注13】。

独創性にあふれていたこの産業は、画期的な租税回避方法を次から次へと生み出した。内国歳入庁がきわめて悪質な行為を取り締まるたびに、また別の租税回避行為が現れた。当時は、《ウォール・ストリート・ジャーナル》紙や主要紙の金融面に、まるで歯磨き粉でも宣伝するように、租税回避産業の広告が掲載されていた。市場経済の力は当然この産業にも働く。競争により租税回避サービスの価格は低下した。市場経済におけるほかの製品同様、こうした租税回避のアイデアはその生産者にも消費者にも利益をもたらした。財務関連の業者、コンサルタント、顧問は手数料を手に入れ、企業は収益を改善し、多額の余剰（経済学者はこうした利益をそう呼ぶ）を生んだ。しかし裏を返せば、こうした余剰はすべて、社会のほかの人々を犠牲にして生み出される。

レーガン時代を代表する租税回避行為が、「タックス・シェルター」である。これは、iPodに匹敵するほどの画期的アイデアだった。その仕組みはこうだ。納税者は所得税を申告する際に、いかなる所得についても事業損失を控除できる。そのため租税回避産業は、損失を出すことしか取り柄のない会社への投資を勧めるようになった。その対象になったのは、通常の企業ではなく、パートナーシップ（訳注：二名以上の者が金銭や役務などを出資して共同で営む事業）である。パートナーシップは法人税の対象にならず、その利益は毎年出資者（パートナー）に振り分けられ、パートナー自身の所得に追加され（損失がある場合にはパートナーの所得から差し引かれ）、個人所得税の課税対象になる。そのため、損失を出すパートナーシップに出資していれば、その事業の損失分を所得から差し引くことができる（つまり、このパートナーシップが「税金の避難所《タックス・シェルター》」になる）。たとえば、一〇〇万ドルの損失を出しているパートナーシップに一〇パーセント出資している場合、自分の所得から一〇万ドルを差し引くことができるため、その分だけ所得税が減る。この租税回避方法は、高給与労働者でも、利子所得や配当所得で生活している富豪でも利用できる。

こうしたパートナーシップのなかには、何の経済活動もしていないダミー会社もあった。帳簿上で架空の損失を計上し、出資者の納税申告書にその損失を記載するためだけに存在している会社である。その一方で、実際に利益をあげている本物の会社もあった。石油・ガス・不動産部門における減価償却費などのように、税法の規定により多額の資本損失が生まれる会社である。レーガン時代の最初の税法である一九八一年経済再建租税法では、企業が資産をこれまでより早く減価償却できるようになった。それにより、タックス・シェルターの効果はさらに高まった。

租税回避産業は、レーガンが大統領に就任する数年前に誕生していたが、真に成長を遂げたのは一九八〇年代に入ってからである。実際の数字を見てみよう。一九七八年には、個人所得税の申告書に記載されたパートナーシップの損失額は、上位一パーセントの税引前所得全体の四パーセントを占めるにすぎなかった。だがこの数字は、当初はゆっくりと、やがては急速に上昇し、一九八六年には上位一パーセントの所得の一二パーセントを占めるに至った。アメリカの所得税ではかつてなかったほど高い数字である。その結果、一九八二年から一九八六年にかけて、パートナーシップへの出資者が申告した架空損失の総額は、アメリカ全体でパートナーシップが生み出した利益の総額を超えた【注14】。つまり、納税申告書に記載されたパートナーシップの純利益（利益から損失を引いた額）の総額はマイナスだった。これはきわめて珍しい現象である。世界恐慌の間でさえこんなことはなかった。一九八二年は確かに不況だったが、一九八三年から一九八六年までは経済が回復し、急速な成長を遂げていた。それでも租税回避があまりに高いレベルに達していたため、不動産や石油などの産業全体が損失を出しているように見えた。それほどの額が、出資者の個人所得から差し引かれていたのである。

したがって所得税収入は激減した。一九八〇年代半ばには、連邦政府の所得税収入（個人所得税と法人税）が国民所得に占める割合は、一九四九年の不況以来最低のレベルに達した。ちなみに一九四九年は、アメリカ現代史上まれに見る深刻な不況を経験した年である。それと同時に、一九八二年から一九八六年にかけて、連邦政府の赤字は国民所得の五パーセントを超えた。第二次世界大戦以来最高のレベルである。

こうした租税回避の爆発的横行により、レーガンは一九八六年税制改革法の審議を有利に進めることができた。だが当時は赤字があまりに増えていたため、民主党はこれ以上財政収支を悪化させるような法律の改正には賛成しないと主張した。そこでレーガンは民主党の意見を聞き入れた。税率を下げはするものの、タックス・シェルターを禁止することにより税収に影響が出ないようにしたのだ。もはや、一〇万ドルもの架空損失により実際の給与から一〇万ドルも差し引くことができた時代は終わった。それ以降、事業損失を差し引けるのは事業利益からのみとなった【注15】。一九八〇年代半ばに行なわれていた租税回避の規模を考えれば、この抜け穴をふさげば、数十億ドルもの税収が生まれると見込まれたが、実際にそのとおりになった。この法律の制定後、パートナーシップはたちどころに損失の計上をやめた。上位一パーセントの税引前所得の一二パーセントを占めていたパートナーシップの損失の総額は、一九八九年には五パーセント、一九九二年には三パーセントにまで減少した。一九九〇年代初頭には、タックス・シェルターはもう消滅していた。

## 租税回避対脱税――不完全な議論

市場は、これまでに生み出された制度のなかで、無限に広がる人間の欲望を満たすのにもっとも適した制度であり、数十億もの人間の変わりゆく要求に応える多種多様な製品をもっとも効率よく提供する手段である。だが市場は本質的に、公益をまるで考慮しない。かつてないほど高速な携帯電話やおいしい朝食用シリアルを提供する一方で、社会的価値のない製品や社会に害を及ぼすサービスも平気で供給する。たとえば、社会の一部の人間を裕福にした分だけそのほかの人間を貧困化させる、あるいは社会全体の貧困化を促すようなサービスである。租税回避市場は、まさにそんな市場の一例だ。この市場は、一銭の価値も生み出さない。政府（つまり市民一人ひとり）を犠牲にして、富裕層の懐《こ》を肥やしている。租税回避が流行するのは、突然市民の間に税金への反感が芽生えるからではない。市場で租税回避のアイデアが爆発的に生まれるからだ。

確かに、税務関係の弁護士やコンサルティング会社が提供するサービスのすべてに社会的価値がないというわけではない。個人や企業に税法を説明したり、あいまいな点を明確にしたり、納税申告書を代理で作成したりしてくれるサービスもある。こうしたサービスはいずれも合法だ。だが、支払うべき税額を減らすためだけのサービスを提供するのは、窃盗用の道具を販売しているのとさほど変わらない。少なくとも一九八〇年以前は、そのような行為は窃盗と見なされていた。租税回避市場は悪者扱いされ、その発展は阻害されていた。結局のところ市場は、独立して存在しているわけではない。どの市場の存在を認め、どの市場の存在を認めないか、どの市場を厳しく規制するかを決めるのは政府である。租税回避を容認するかどうかは、政府の選択次第なのだ。

そう考えると、興味深い疑問が次々と浮かんでくる。第一に、租税回避が窃盗と変わらないのなら、租税回避産業はその存在をどう正当化しているのか？

アメリカで租税回避を容認する言動がいつ生まれたのかを調べてみると、その発端は累進課税が導入された初期の時代にまでさかのぼる。一九三三年、アメリカの大富豪J・P・モルガンが一九三一年と一九三二年に所得税を一切支払っていなかったことを、《ニューヨーク・タイムズ》紙が暴露した。モルガンは、たちまち上院銀行委員会の攻撃にさらされたが、租税回避を恥とする民主党やルーズベルトの考え方にまるで納得できなかった【注16】。モルガンはこう考えていた。間違っているのは相手のほうではないのか？　彼らは、脱税と租税回避を混同している。脱税は違法だ。それが悪いことは誰もが認めている。だが租税回避は違法ではない。税法の抜け穴を使って、より多くの所得を手元に残そうとしているだけだ。こちらに抜け穴を避ける道義的責任はない。責任はむしろ政府にある。抜け穴があるのなら、政府がそれをふさぐべきだ。それをうまく利用する賢い人間がいたからといって、彼らに非があるわけではない、と。モルガンは当然、自分は納税を回避しているだけで、脱税をしているわけではないと主張した。

現在の租税回避産業には、いまだにこうした考え方がある。だがモルガンの主張は、当時もいまも間違っている。というのは、アメリカを含め大半の国の法律には、経済的実体法理と呼ばれる条項があるからだ。これに従えば、課税額の減額のみを目的とする取引は違法となる。租税回避市場は常に政府の一歩先を行く。多額の報酬をもらい意欲にあふれた税理士やコンサルタントが法律の裏をかこうとして生み出す無数の方法を、事前に予測することはできない。だからこそ経済的実体法理により、租税回避だけを目的とする取引を前もって無効にしているのである。所得から控除できる損失を生み出すためにダミーのパートナーシップに投資する、あるいは租税回避だけのためにバミューダ諸島にペーパーカンパニーを設立する。こうした取引行為は、税法で明示的に禁止されていなくても、経済的実体法理に反している。したがって違法である。

もちろん、個々の納税者が特定の取引を行なう理由を判断するのが難しいときもある。租税回避にしか見えない行為が、合法的に経済的目標を推進するための行為だったという場合もある。政府が税制を利用して、特定の行動を促すこともある（地方債の利子を非課税にして地方債への投資を促す、など）。政府がこうしたインセンティブを与えるのは、あまりいい政策とは言えない。特定の利益団体が主張する怪しげな理由のために税収を減らすことになるだけだからだ。しかしそのような政策を利用するのは、非難すべき行為ではない。その点では、モルガンの主張は正しい。だが、南国の小さな島にペーパーカンパニーを設立するなど、「完全に合法」とされている租税回避方法の多くは、経済的実体法理に明らかに反しており、税法を犯している【注17】。

## 徴税の限界

となると、また別の根本的な疑問が浮かんでくる。税収に数十億ドルもの損失をもたらす多くの取引が違法だとしたら、なぜそれを裁判で争わないのか？　政府はなぜ、経済的実体法理を適用しようとしないのか？

この謎を解くためにはまず、税務当局は疑わしい取引をすべて調査できるわけではないという点を確認しておかなければならない。第一に、基本的な情報収集の問題がある。次々に現れる無数の租税回避方法について知るには、時間がかかる。租税回避産業の力は、内国歳入庁の調査能力をはるかに超えている。アメリカの連邦租税裁判所は、一九八〇年にはおよそ五〇〇〇件の租税回避事件を扱っていた程度だった。だが、租税回避の嵐が勢いを増した一九八二年になると、その数は三倍の一万五〇〇〇件にまで増えた【注18】。裁判所はわずか数カ月のうちに、次々と生まれる数千もの租税回避方法について学び、それに対する判決を下さなければならなくなった。とてもさばききれる量ではない。

第二に、資源の問題もある。納税を嫌がる人々は、毎年総計数十億ドルもの資金を注ぎ込んで節税戦略を生み出しており、その額は年々増えている。その一方で、内国歳入庁が利用できる人的資源や資金はそれよりはるかに少なく、その規模は縮小しつつある。そのため、怪しげな策謀を見つけるのも、違法な取引を調査・起訴・無効化するのも難しくなっている。うさんくさい企みを見抜いたとしても、裕福な納税者であれば最高の弁護士（元議員という場合もある）を雇って身を守り、数年にわたり法廷闘争を繰り広げ、勝利する可能性を高めることもできる。

理想を言えば、税金対策産業が自主規制をしてくれるのがいちばんいい。税務関連の弁護士や税理士が高い倫理原則に従い、法の精神の実現を職業上の義務と見なし、経済的実体法理に反する租税回避の営利化を控えてくれれば、それに越したことはない。だが問題は、こうした弁護士や税理士が、租税回避の推進者や消費者から金銭を受け取っている点にある。そこに深刻な利害の衝突が生まれる。

この問題の好例と言えるのが、一九八〇年代以降に発展した、租税回避に合法性をまとわせるビジネスである。租税回避を売り込む企業は、自社の回避方法は合法だともっともらしく主張する法律上の見解を添えて、租税回避を積極的に売り込む。こうした見解を記した書面は事実上、内国歳入庁から脱税ではないかと疑われた場合に、租税回避者を処罰から守る保険として機能する。弁護士や税理士は、客観的な見解を提示すべきだという倫理指針（および良心）に縛られてはいる。だが、グレーゾーンの租税回避方法が白よりも黒に近いかどうかという判断になると、主観が入り込む余地が大きくなる。そこへさらに、多額の金銭的報酬が待っているとなれば、

「正しい」見解（つまり、どんなに汚い手段でもうまくごまかす見解）を提示しようとする誘惑が圧倒的に大きくなる。

そして第三に、おそらくはこれがもっとも重要なのだが、税金を徴収しようとする政治的意思が欠けているという問題がある。それを如実に示しているのが、徐々に消滅に向かいつつある遺産税である。遺産税や贈与税は、一九七〇年代初頭には世帯の純資産の〇・二〇パーセントを占めていた。ところが二〇一〇年以降は、その数字がわずか〇・〇三～〇・〇四パーセントになり、五分の一以下に落ち込んでいる。この低下には、非課税の上限額が引き上げられたことや最高限界税率が引き下げられたこと（一九七六年は七七パーセント、現在は四〇パーセント）も関係しているが、これほど低下したいちばんの原因は、徴税能力が衰退した点にある。一九七五年、内国歳入庁は一九七四年に提出された遺産税申告書の上位二万九〇〇〇件のうち、六五パーセントを監査していた。だが二〇一八年になると、二〇一七年に提出された遺産税申告書三万四〇〇〇件のうち、たった八・六パーセントしか監査していない【注19】。このようにいまでは、申告書をそのまま受け入れるのが常態化しているが、現在の遺産税申告書に記載された資産を素直に信じると、もはやアメリカには富裕層がほとんど存在していないか、富裕層が一人も死んでいないかのような印象を受ける。遺産税申告書に記載された資産を真に受けると、アメリカはフランスやデンマークやスウェーデンよりも資産が公平に分配されていることになる【注20】。実際、《フォーブス》誌に掲載される「アメリカでもっとも裕福な四〇〇人」が死んだときに、その遺産税申告書に記載される資産は、同誌が推計した真の資産の半分ほどしかない【注21】。

どうしてこんなことになったのか？　遺産税の租税回避は以前からあった【注22】。しかし以前の政権は、熱意に差はあれ、この問題に対処していた。ところが一九八〇年代以降、こうした努力がほとんどなされなくなった。反対派から「死亡税」と揶揄される遺産税は、財産に対する唯一の連邦税だ。また、あらゆる連邦税のなかでもっとも累進的である。導入以来、人口の九〇パーセント以上が課税を免除されている【注23】。そのため遺産税は、一九八〇年代以降にアメリカ政治に影響を及ぼしてきた、財産を神聖視する（格差を助長する）政治思想から真っ先に攻撃された。この政治的背景を抜きにして、現在の遺産税対策産業の隆盛を理解することはできない。その結果、「慈善」信託が氾濫し、評価額の割引が不正に行なわれ、あからさまな詐欺が起訴されなくなった【注24】。政治は、徴税の優先順位に影響を及ぼす。経済的実体法理を適用するか、納税額の減額だけを目的とする取引を容認するかを決めるのは、政治である。

一般的な予想とは異なり、税率を引き下げても納税義務を守る人が増えるわけではなく、実際には反対の結果になったのは、徴税に対する政府の姿勢が変わったからだ。レーガンは一九八一年に所得税の最高税率を七〇パーセントから五〇パーセントに引き下げたが、租税回避はむしろエスカレートした。遺産税の最高税率の引き下げも、一九八〇年代初めに一度（一九八〇年には七〇パーセントだったが、一九八四年には五五パーセントになった）、二〇〇〇年代にもう一度（二〇〇〇年には五五パーセントだったが、現在は四〇パーセント）行なわれたが、それ以来遺産税の回避も同様に勢いを増している。いずれの場合も、法定税率の引き下げを促すような政治的・思想的変化を反映して、徴税に対する政府の姿勢が変化した。その結果、最高税率の引き下げにより期待されていたほど納税義務を守る人が増えず、かえって逆の効果をもたらしたのである【注25】。

## 「貧困層は脱税し、富裕層は租税回避する」と言われるが……

それでは現在、誰が脱税をしているのだろうか？　この質問に答えるのは難しい。違法な活動や地下経済には不確定要素が多すぎる。だが、まったく見当がつかないというわけでもない。脱税の規模や分布を推計するための情報源が二つある。第一に、無作為に行なわれる税務監査のデータである。内国歳入庁は毎年、不正を働く可能性が高い納税者を標的にした業務監査のほかに、無作為に選んだ一定数の納税者の申告書の検査も行なっている。その目的は、脱税者らしき人物を追及することにあるのではなく、タックスギャップ（訳注：本来納付されるべき税額と実際の税額との差）の規模を推計し、脱税の傾向について知識を深めることにある。そのため、監査される申告書は無作為に選ばれる【注26】。

この無作為監査により、申告されていない自営業所得や不正な税額控除など、比較的単純なタイプの脱税を発見できる。だがこのデータには、大きな欠点が一つある。超富裕層の脱税を把握できないのである。無作為監査では、オフショア銀行口座や海外の信託会社、秘密のダミー会社などを利用した高度な脱税は検知できない。こうした形式の租税回避の大半は、法務・財務関連の仲介機関を通じて行なわれ、その多くは財務の透明性がきわめて低い国で営業している。そのため、無作為監査だけでなく、こうした複雑なタイプの脱税も把握できる別の情報源が必要になる。その情報源としては、オフショア金融機関から漏れたデータ（二〇一六年にパナマの法律事務所モサック・フォンセカから流出した「パナマ文書」など）や、税金恩赦（脱税者に、罰金を減額する代わりに脱税を認めるよう促す政府の制度）のデータがある。

アメリカの税理士の間ではよく、「貧困層は脱税し、富裕層は租税回避する」と言われている。この見解によれば、基本的法原則を破るのはがさつな貧困層だけであり、富裕層は上品に合法的な抜け穴を使い、税金を減額しているということになる。だが、オフショア金融機関のデータや恩赦データを無作為監査と組み合わせて調査したところ、そのような見解が真実を伝えているという確証は得られなかった。図3－1を見てほしい。あらゆる連邦税・州税・地方税を考慮すると、アメリカのあらゆる社会階層がある程度の脱税をしている。だが富裕層は、ほかの階層より

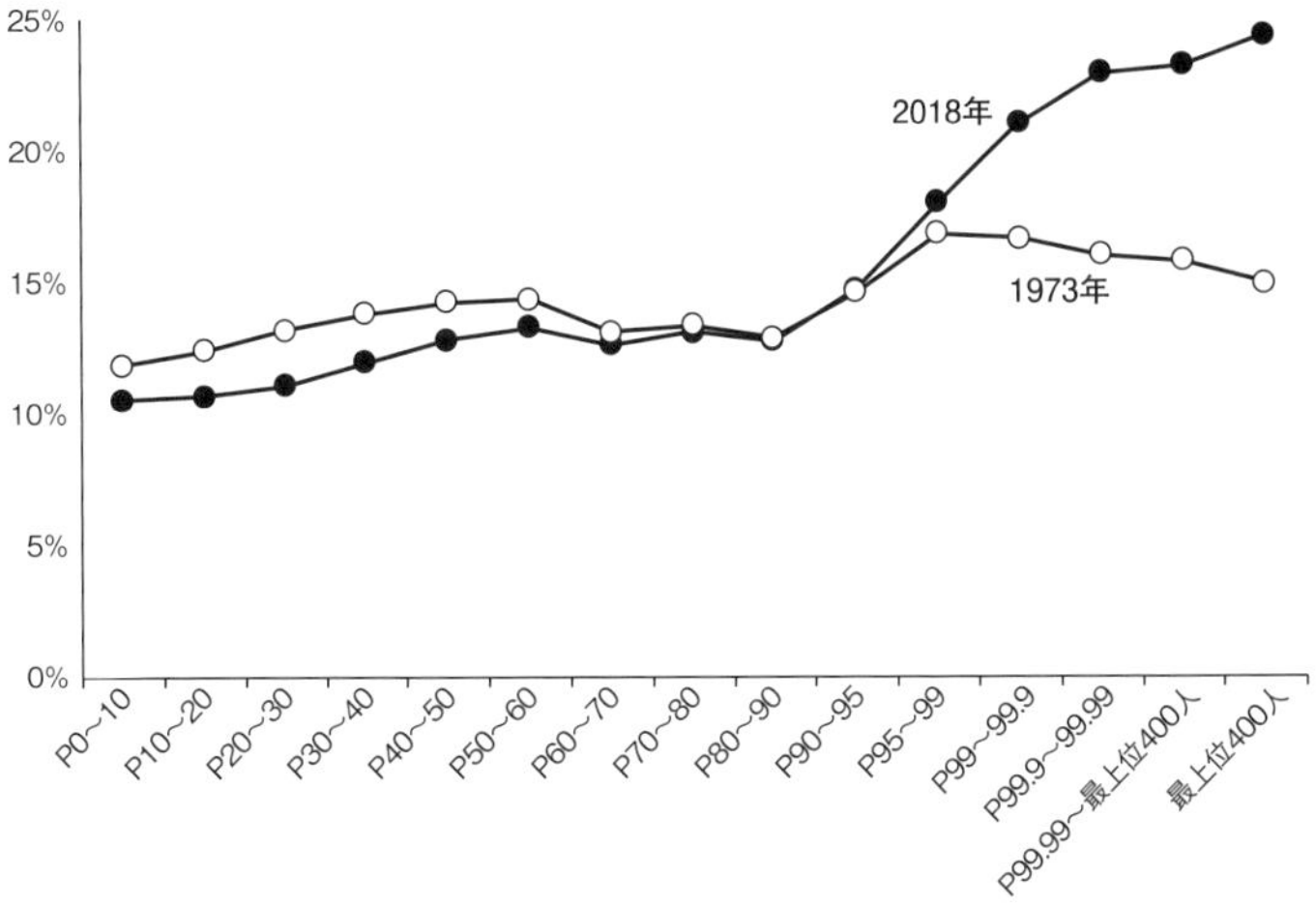


図 3-1　富裕層になると増える脱税の割合
（税引前所得階層ごとの本来納付すべき税額に対する脱税額の割合）

注　このグラフは、本来納付すべき税額に対する脱税額の割合を税引前所得階層ごとに示している（1973 年と 2018 年）。あらゆる連邦税・州税・地方税を考慮した割合である。1973 年には、脱税の割合はどの所得階層でもほぼ一定していた。だが 2018 年には、富裕層の脱税の割合（20 ～ 25%）が、労働者階級や中流階級の割合（10 ～ 12%）を上まわっている。データの詳細については taxjusticenow.org を参照。

多く脱税している。本来納付されるべき税額に対する未払いの税額の割合は、労働者階級から上位中流階級まではほぼ一定しており、一〇パーセントを少し超える程度である。ところが、さらに上の超富裕層になると、二五パーセント近くまで上昇する【注27】。

なぜそうなるのだろう？　その理由は第一に、労働者階級や中流階級には脱税できる余地があまりないからだ。この階級の所得の大半は、賃金や年金、国内の金融機関を通じて手に入れた投資所得が占めている。こうした所得は自動的に内国歳入庁に報告されるため、脱税できない。

もちろん、所得階層の下位層でも脱税は行なわれている。消費税の脱税（現金取引を利用するなど）や、給与税の脱税（自営業者の場合など）である。これらは、アメリカの労働者階級にとって税負担が大きい税金二つに相当する。それでも、人口の大半にあたるこの階層の脱税は、雇用主や銀行など、第三者が内国歳入庁に所得を報告する仕組みにより制限されている【注28】。だが、所得階層が上になればなるほど、第三者が報告を義務づけられている所得の割合が少なくなり、脱税が可能になる。

しかし、所得が増えるとともに脱税の割合も増える主な理由は、ほかにある。富裕層はほかの階層とは違い、納税義務から逃れるのに租税回避産業を利用できるからだ。租税回避産業は、次第に上流階級向けの産業になりつつある。四〇年前に比べると、現在ではより裕福な納税者を顧客にしている。一九八〇年代初頭、租税回避産業は主要紙に広告を出していた。このような宣伝には、医師、弁護士、正社員、裕福な相続人など、何十万もの顧客をまとめて集められるという利点がある。だがその一方で、きわめて目につきやすく、内国歳入庁に業務停止を命じられるおそれが常にある。そのため現在の税金対策産業は、祝賀会、ゴルフトーナメント、美術展の開幕式など、招待客しか参加できないイベントを利用して、グローバル経済のエリートを顧客に取り込む。現在は格差が広がっているため、資産管理を担当する大銀行や、ダミーの企業や信託会社や財団を生み出す法律事務所は、ごく少数の超富裕層を顧客にするだけで、多額の手数料を入手

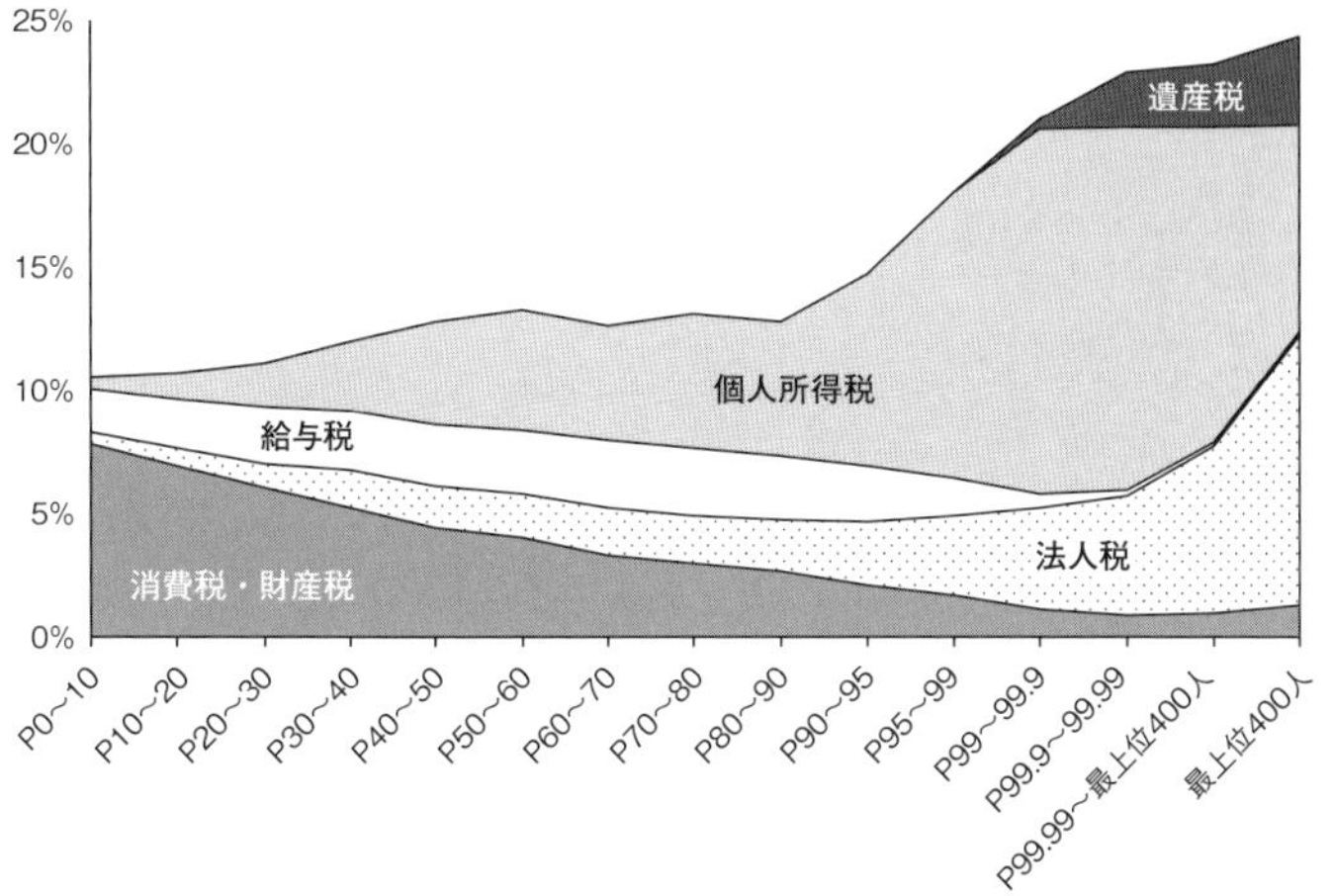


図3-2 「貧困層は脱税し、富裕層は租税回避する」と言われるが……
（税引前所得階層ごとの本来納付すべき税額に対する脱税額の割合）

注　このグラフは、本来納付すべき税額に対する脱税額の割合とその税種別構成を税引前所得階層ごとに示している（2018年）。あらゆる連邦税・州税・地方税を考慮した割合である。2018年に富裕層の脱税の割合が労働者階級や中流階級を上まわったのは、遺産税徴収の弱体化、多国籍企業による法人税回避の増加、個人所得税のオフショア脱税による。データの詳細についてはtaxjusticenow.orgを参照。

できる【注29】。

これらの理由により、一九七三年（内国歳入庁が無作為監査を始めた年）にはあらゆる所得階層でほぼ一定していた脱税の割合が、現在では所得階層が上がるにつれて増える状況になっている。金融産業の規制緩和や格差の拡大に伴い、租税回避産業はかつてないほど規模を拡大するとともに、以前にも増して超富裕層の取り込みに腐心している。こうした変化は、それと同時に生まれた二つの動向により強化された。第一に、前述したような徴税に対する政府の姿勢の変化、第二にグローバル化である。グローバル化は、新たなタイプの租税回避に道を開いた。タックスヘイブンへの企業利益の移転（これについては次章で詳しく解説する）や、守秘法域への資産隠しなどである。

## 大規模化する租税回避――国境を越えた脱税

現在の租税回避は、多目的に使えるある便利な手法を中心に展開されている。それは、海外のペーパーカンパニーである。二〇一六年の「パナマ文書」により世に知られることになったこのペーパーカンパニーは、さまざまな目的に利用できる。遺産税、キャピタルゲイン税、一般所得税、富裕税、法人税、利子や配当やロイヤルティの国境を越えた支払いに課税される源泉徴収税、いずれの回避にも利用可能だ。内国歳入庁や元配偶者、息子や娘、共同事業者、債権者をだますのにも使える。インサイダー取引やマネーロンダリング、違法な手数料の着服、不正な選挙運動資金の提供、テログループへの融資にも便利だ。ゼロサム経済を象徴する存在として、海外のペーパーカンパニーの右に出るものはない。

この手法を用いるケースが一九八〇年代以降に急増した。前述したように一九三六年には、富裕層の一部が海外にペーパーカンパニーを設立して所得税を回避しようとしたが、やがて連邦議会が、海外で所得を得てアメリカでの課税を回避する行為を違法とした。だがここ三〇年ほどの間に、ペーパーカンパニー市場は急成長した。モサック・フォンセカの例を見てみよう。この法律事務所の事業については、「パナマ文書」のおかげで広範なデータが明らかになっている。同社がペーパーカンパニーを設立した件数は、創業した一九七七年から一九八六年までの間は、年間数百件ほどだった。ところが、一九八六年から一九九九年までの間は年間数千件になり、二〇〇〇年から二〇一〇年までの間は年間一万件以上になった（ただし金融危機以後は年間一万件弱にまで落ちている）。その結果、「パナマ文書」が流出した二〇一六年の時点で、同社だけでも、二一のオフショア金融センターに二一万ものペーパーカンパニーを設立していた。オフショア金融センターのなかでもとりわけ多いのが、イギリス領バージン諸島とパナマである【注30】。全世界で利用されているペーパーカンパニーの総数については信頼できる推計はないが、数十万社、あるいは数百万社に及ぶ可能性もある。

アメリカでは、ポール・マナフォートの不正行為が発覚したことにより、ペーパーカンパニーの存在が改めて注目を集めた。二〇一八年八月、二〇一六年の大統領選でトランプの選挙対策本部長を務めていたマナフォートは、バージニア州連邦地裁で有罪判決を受けた。キプロスの銀行口座を通じてウクライナの新興財閥から数百万ドルもの大金を受け取っていながら、納税申告書にそれを記載しなかったからである。世界中の脱税者たちが利用している大半のオフショア銀行口座同様、マナフォートが利用したキプロスの銀行口座も、非課税地域に設立されたペーパーカンパニーの名義になっていた。それはなぜか？　ペーパーカンパニーの存在により銀行口座とその所有者が切り離され、財務の不透明性が高まり、実際に誰が何を所有しているのかを税務・捜査・規制当局が把握しにくくなるからだ。以前からオフショア資産管理の世界的中心地だったスイスでは、外国人が保有する資産の六〇パーセント以上が、ペーパーカンパニーを通じて所有されている。ペーパーカンパニーの主な設立場所は、やはりイギリス領バージン諸島やパナマである【注31】。

## 脱税への対処──外国口座税務コンプライアンス法の成果

これまでオフショア脱税への本格的な対処はいつも、主権国に配慮した慎重論にぶつかった。あらゆる主権国家同様、スイスにも独自の法を定める権利があるのではないか？　スイスが銀行機密法を厳格に施行し、金融機関の顧客情報を共有しないことを望んでいるのに、それを変えさせることなどできるだろうか？

だが二〇一〇年に変化が訪れた。連邦議会が外国口座税務コンプライアンス法を可決し、オバマ大統領がそれに署名したのだ。これは、海外の銀行と内国歳入庁との間でデータの自動共有を義務化する法律である。これにより世界中の金融機関は、顧客のなかにいるアメリカ市民一人ひとりについて、口座にいくら保有し、その口座でどれだけの所得を得ているのかを内国歳入庁に報告しなければならなくなった。この仕組みに参加しなければ、厳しい経済制裁を受けることになる。こうした非協力的な金融機関には、アメリカから支払われる配当所得や利子所得すべてに三〇パーセントの税率が課される。そのため、ほとんどの国がこの法律の適用に同意した。さらに、ほかの国もアメリカをまね、タックスヘイブンと同様の取り決めを結んだ結果、二〇一七年以降、銀行情報の自動共有は世界標準となった。ルクセンブルク、シンガポール、ケイマン諸島などの主要タックスヘイブンが、こうした新たな国際協力に参加している。

この政策は始まったばかりであり、その成果を具体的な数字を挙げて評価することはまだできないが、これまでの慣例が大きく変化しつつあることはうかがえる。世界金融危機以前は、タックスヘイブンの銀行と諸外国の税務当局との間でデータ交換はほとんど行なわれていなかった【注32】。このような状況では、たやすく海外に資産を隠すことができた。だが現在そうしようとすれば、高度の知識と決意が必要になる。

確かに、この新たな体制も完全とは言えない。ペーパーカンパニーを使って顧客を隠し、歯磨き粉のチューブにダイヤモンドを入れて密輸し、銀行取引明細書をスポーツ雑誌にはさんで手渡すといった仕事を何十年も続けてきた銀行家たちが急に、世界中の税務当局に素直に協力するとは思えない。いまだ財務の不透明性はきわめて高い。オフショア銀行は、アメリカ人の顧客もフランス人の顧客もいない（パナマやバハマのペーパーカンパニーの口座を管理しているだけだ）と主張し、当該税務当局に情報を提供しないことも容易にできる。それでも、二〇〇〇年代半ば以降の進歩には目を見張るものがある。それ以前は、秘密主義と非協力が横行していた。

ここには重要な教訓がある。昨日まで受け入れられていたことを、明日違法にすることもできる。不可能と思われていた新たな国際協力も、さほど時間をかけることなく実現できる。脱税は避けられない宿命などではない。公平な税制を目指すいかなる計画も失敗する運命にあるわけではない。脱税が容認されるのは、私たちがそのような選択をしているからだ。選択肢はほかにもある。

# 第四章　バミュランドへようこそ

その日のワシントンＤＣは冷え込んだため、署名式は屋内で行なわれた。二〇一七年一二月二二日、トランプ大統領がホワイトハウスの大統領執務室で減税・雇用法に署名した。トランプが「史上最大の減税、史上最大の改革」と豪語していた法である。その最大の特徴は、法人税率の三五パーセントから二一パーセントへの引き下げにあった。法案の支持者によれば、これにより成長が促進され、雇用が生まれるという。だが、それほど楽観的には考えていない人々でさえ、この改革にもっと早く着手すべきだったと考えていたに違いない。当時、法人税は破綻していた。一九九五年から二〇一七年までの間、連邦法人税の税率は三五パーセントと変わらず、企業利益は経済成長を上まわるペースで増加していたのに、法人税収（国民所得に対する割合）は三〇パーセントも減少していた。莫大な額の企業利益が、低税率地域に移転されていたからだ。アメリカの企業がバミューダ諸島やアイルランドなどのタックスヘイブンに貯め込んでいた額は、三兆ドルを超える【注1】。租税回避市場には革新的なアイデアがあふれており、税務当局も手を焼いていた。それで問題が起こらないわけがない。

アメリカの政治経済のエリートや知識人の大半が、法人税の減税に同意していた。バラク・オバマも大統領在任時には、法人税を二八パーセントまで（製造業は二五パーセントまで）減税することに賛意を表明していた。確かにトランプの税制改革は、レーガン政権時の一九八六年税制改革法のような超党派の賛同は得られなかった。民主党の議員は、二一パーセントという低すぎる税率に難色を示したうえ、個人所得税の改革内容に反対し、賛成票を投じなかった。それでも大半の議員が、法人税の減税は避けられないものと考えていた。これについては、先進国の大半の政治家の見解も一致している。トランプの税制改革法が成立すると、フランスの大統領エマニュエル・マクロンも、二〇一八年から二〇二二年にかけて法人税率を三三パーセントから二五パーセントに引き下げると明言した。イギリスはもっと行動が早かった。二〇〇八年のゴードン・ブラウン政権下で法人税率の引き下げを始めており、二〇二〇年には一七パーセントにするという。この問題では、世界中の指導者たちが同じ考えを抱いている。グローバル市場の勝者たちは機動性に優れているため、あまり多くの課税はできない。諸外国が法人税率を下げようとしている？ それなら、わが国も税率を下げないといけない。グーグルが知的財産（つまり利益の大半）をバミューダ諸島に移転した？ それなら、アメリカに知的財産が戻ってくるような税制優遇措置を企業に提供しなければならない。

こうした考え方には問題がある。グローバル化により、その勝者（多国籍大企業の所有者）の税率がどんどん下がり、取り残された人々（労働者階級の家族）の税率がどんどん上がるとすれば、グローバル化に未来はない。不公平や格差が増大するばかりの世界に、どんな結果が待っているだろう？　グローバル化と公平は相容《あいい》れないという間違った確信を抱く有権者が増え、保護主義や排外主義を訴える政治家が台頭し、やがてはグローバル化そのものが崩壊してしまうおそれがある。

## 大企業が多額の税金を支払っていた時代

二〇世紀初頭に法人税が導入されてから一九七〇年代後半まで、大企業が納税を回避することはあまりなかった。決してそのチャンスがなかったわけではない。多国籍企業の課税を管理する法律は、二〇世紀初頭から大して変わっていない。それでも、二つの理由により租税回避が抑制されていた。第一に、個人所得税について前述したように、フランクリン・ルーズベルトやその後継者たちが、租税回避を恥と思わせ、倫理観に訴えるなど、積極的な徴税戦略を採用して企業の租税回避を制限した。

だが、それ以上に重要なのは、企業幹部の役割に関する考え方が違っていたことだ。現在のアメリカでは一般的に、CEOは自社の株価を上げることを目標にしなければならないと考えられている。この考え方に従えば企業は、資金を出し合う投資家の集合体でしかない。なかには「モノ言う株主」（訳注：自身の考えを表明して企業の経営に積極的にかかわる株主）に泣かされている企業幹部もいるかもしれないが、それでも彼らは一様に、株主価値の最大化を自分の義務と考えている。そして租税回避は間違いなく、株主価値を高める。支払う税金が少なくなれば、税引後利益が増える。それを株主に配当として分配することもできれば、自社株の買い戻しに使うこともできる。

しかし「株主は王様」という考え方が、どの国でもどの時代でも共通しているわけではない。試しに、世界中の企業の取締役会の構成を調べてみるといい。多くの国では、企業の取締役会の役員の三分の一を、従業員代表が占めている。ドイツの大企業では、従業員代表の割合が半分に及ぶ【注2】。アメリカでも一九七〇年代以前は、労働者の代表が取締役会に参加していたわけではないが、一般的に企業は、その所有者だけでなくさまざまな利害関係者（従業員、顧客、地域、政府）に対して責任があると考えられていた【注3】。これには、本章のテーマに関連する重大な意味がある。つまり企業幹部は、租税回避を義務とは考えず、税金対策にさほど予算を注ぎ込むこともなかった。ゼネラル・エレクトリックも五〇年前は、すでに世界的な大企業だったにもかかわらず、現在のように税務関係の弁護士を一〇〇〇人も雇ってはいなかった。

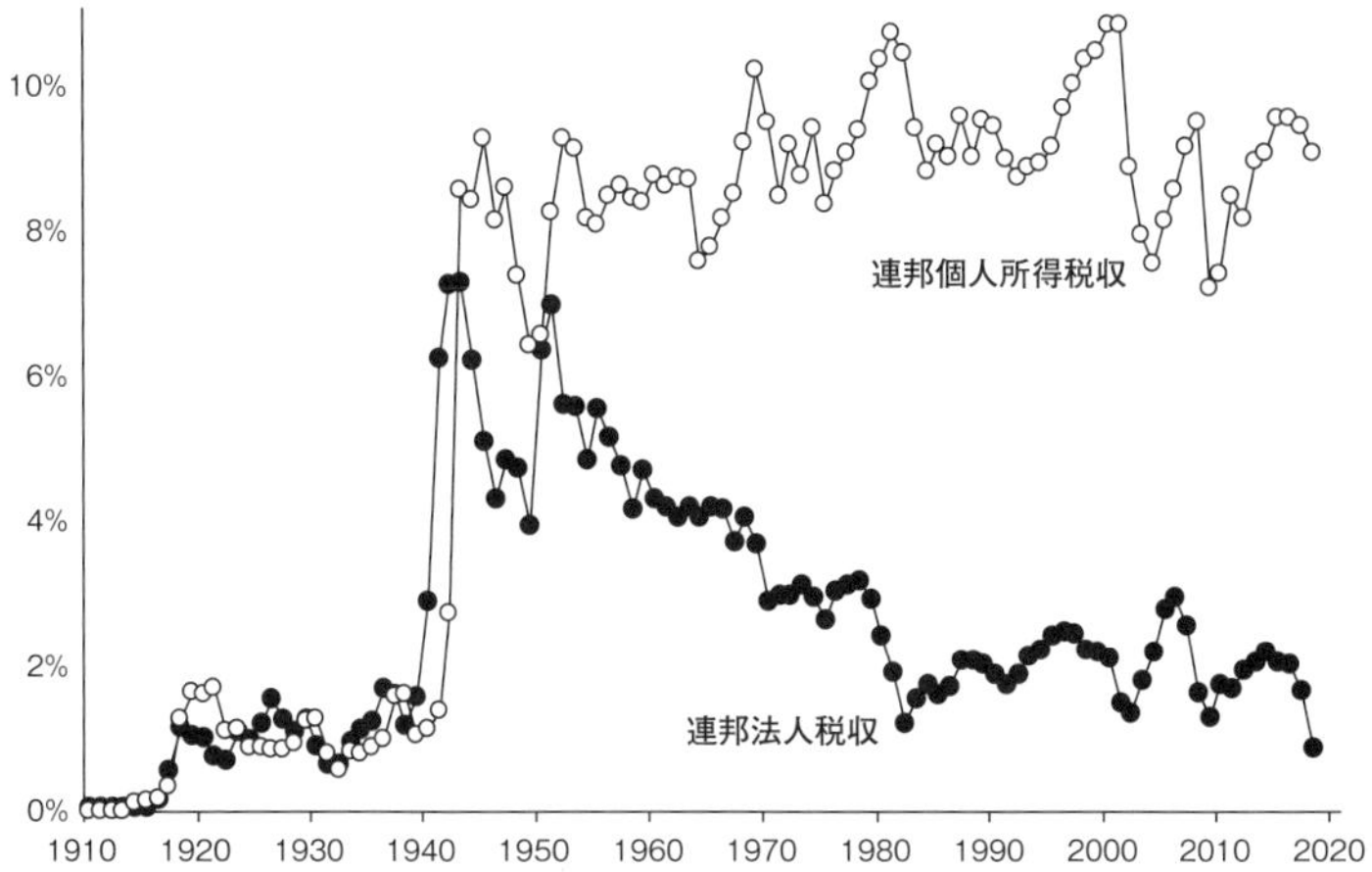


図 4-1　法人税収の緩やかな減少
（国民所得に対する連邦法人税収と連邦個人所得税収の割合）

注　このグラフは、国民所得に対する連邦法人税収と連邦個人所得税収の割合の推移を示している（1913 年以降）。第二次世界大戦中は、法人税収も個人所得税収も急増した。第二次世界大戦後は、個人所得税収はほぼ安定している（国民所得の 10%前後）が、法人税収は減少している。2018 年には連邦法人税収が国民所得のわずか 1%にまで減り、世界恐慌以来最低を記録した。データの詳細については taxjusticenow.org を参照。

実際の数字を見てみよう。一九五〇年代初頭の連邦法人税収は、国民所得の六パーセントに及んでいた。個人所得税とほとんど変わらない割合である。第二章でも見たように、一九七〇年代までは法人税が、富裕層が支払う税金の大部分を占めており、アメリカの税制全体の累進性を高める重要な役割を果たしていた。

ただし、この数字には注意が必要だ。一九五〇年代初頭の法人税収の割合が高いのは、当時の例外的な状況の結果でもあるからだ。朝鮮戦争の間、アメリカ政府は超過利潤税（二度の世界大戦の間に課されていた税）を復活させ、四七パーセントの法人税に加え、さらに三〇パーセント課税していた。この付加税により、一九五〇年から一九五三年にかけて税収が大幅に増加した。だがそれが撤回されたあとの一九五〇年代後半や一九六〇年代になると、法人税収は国民所得の四〜五パーセントに落ち着いた。

だがここで注目すべきは、四〜五パーセントでも、現在と比べればはるかに多いということだ。トランプの税制改革後、連邦法人税収は国民所得のわずか一パーセントほどになってしまった。五〇年前のおよそ四分の一である。いったい何が起きたのか？

## 利益移転の始まり

法人税収の最初の下落は、一九六〇年代後半から一九七〇年代前半にかけて起きた。インフレが進み、企業利益が減少したからだ。一九五〇年代から一九六〇年代後半まで、アメリカの企業はヨーロッパや日本との競争にさらされることもなく、高い利益をあげていた。だが一九六九年から一九七〇年の間に、状況が変化し始めた。政府がベトナム戦争による財政赤字解消のため増税を行ない、連邦準備制度理事会がインフレ抑止のため金利を引き上げると、アメリカ経済は不況に陥った。一九七三年の石油ショックにより利益率の減少はさらに続き、一九七〇年代を通じて不況が深刻化するとともに、金利は大幅に上昇した。利子は課税控除の対象になるため、高い利子を支払えば税基盤は縮小し、法人税収は減少する。
こうしたマクロ経済の影響に続き、一九七〇年代後半から一九八〇年代前半にかけて、企業を顧客とする租税回避産業が誕生した。同時期には個人を顧客とする租税回避産業も発展したが、両者はともに前述したような思想の変化を背景にしている。

高額所得者にはダミーのパートナーシップが大人気だったが、企業の間で人気を博したのが、オランダ領アンティルの子会社である。その租税回避の手口は次のようなものだ。アメリカの企業が、オランダ領アンティルのアルバ島、ボネール島、キュラソー島に子会社を設立する。その子会社が、ヨーロッパの銀行から一般的な金利（三パーセント前後）で資金を借り、それをはるかに高い金利（八パーセント前後）でアメリカの親会社に貸す【注4】。子会社をオフショア金融会社として利用するこの手口には、利点が二つある。まず、オフショア金融会社は、五ポイント分の金利差益を手に入れられる。オランダ領アンティルに所得税はないため、この所得は非課税となる。だがそれ以上に重要なのが、アメリカの親会社の利益である。親会社が支払った利子は法人税の控除対象になるため、アンティルの子会社に支払った利子の分だけ、アメリカ政府に支払う税金を減額できる。しかしこの租税回避方法もダミーのパートナーシップ同様、一九八〇年代半ばには税務当局により禁止された。

実際に企業の租税回避が全盛期を迎えるのは、一九九〇年代半ばになってからだ。租税回避や脱税は、自然発生的に発展するわけではない。前章で述べたように、それらは租税回避産業に支えられている。この租税回避産業も、社会と何の関係もないところで発展するわけではない。周囲の思想的・経済的・法的状況に左右される。一九九〇年代には、これらすべてが租税回避を容認する方向へ向かった。当時はベルリンの壁が崩壊したばかりであり、自由市場の理念が勝利を謳歌していた。一九八〇年代に「株主は王様」という考え方を吹き込まれた新世代の企業家が、アメリカの多国籍企業の手綱《たづな》を握ろうとしていた。

同時に、グローバル化により租税回避の新たな機会が広がりつつあった。一九八〇年代まで、アメリカの企業が国外で得る利益は、利益全体の一五パーセントにも満たなかった。ほとんどの顧客がアメリカ人だったこの時代に、イギリス領バージン諸島にペーパーカンパニーを設立すれば、税務当局から不審な目で見られたかもしれない。だが一九九〇年代半ばになると、アメリカの企業が国外で得る利益の割合が爆発的に増え、二一世紀の最初の一〇年間でおよそ三〇パーセントに達した。こうして利益移転の嵐が吹き荒れるようになった。

その仕組みを説明しよう。

## バミュランドへようこそ

利益移転は、多国籍企業への課税を管理する法制度の不備を利用している。この法制度は、法人税が導入された直後の一九二〇年代に設計されて以来ほとんど変わっておらず【注5】、多国籍企業の子会社は別の事業体として扱うという考え方を採用している。たとえば、アップル・アイルランドは税法上、アップルUSAとは別の独立した企業と見なされる。アップル・アイルランドが生み出した利益はアイルランドで課税され、アップルUSAが生み出した利益はアメリカで課税される。

そこに問題がある。アイルランドの法人税率（法律上は一二・五パーセントだが、実際にはもっと低い場合が多い）はアメリカの法人税率（二一パーセントのほか、州法人税が課される場合もある）より低い。そのためアップルとしては、アメリカよりアイルランドで利益を計上したほうがよく、そうする機会も十分にある。もちろん、多国籍企業グループの子会社間での利益の分配を抑制する法律がないわけではない。法律では、各子会社を独立した事業体として扱うため、企業がグループ内で製品やサービスや資産を交換して手に入れた利益についても、その利益が生まれた場所を特定しなければならない。また、こうした交換の際には、製品やサービスや資産を市場実勢価格で取引しなければならない（これをアームズ・レングス原則という）。だが実際には、多国籍企業は租税回避産業のおかげで、採用する価格をかなり自由に決められる（それを利用すれば、利益を計上する場所も自由に選べる）。

一九九〇年代になると租税回避産業は、ある重要な利点を持つ資産やサービスをグループ内で交換する手法を多国籍企業に売り込むようになった。つまり、市場価格のない資産やサービスである。ロゴ、商標、経営助言といった資産やサービスには、はっきりとした市場価格がない。そのため、アームズ・レングス原則を適用できない。たとえば、アップルのロゴの価格はいくらだろう？　それは判断のしようがない。市場で売られたことがないからだ。ナイキのあのマークの価格はどうだろう？　グーグルの検索テクノロジーや広告テクノロジーの価格は？　こうしたロゴや商標や特許は取引されたことがないため、企業はそれに見合った価格を自由に選べる。

租税回避産業が売り込む製品はすべてがセットになっており、グループ内で何を取引すればいいか、その取引で請求すべき移転価格はいくらが妥当かといった情報も教えてくれる。その移転価格とは一般的に、多国籍企業グループの節税を最大化する価格である。こうした価格を提示・保証する会計士は、当の多国籍企業から報酬を受け取っているのだから、当然そういうことになる。こうして、不正に細工された価格で行なわれるグループ内取引が蔓延し、税率が低い場所にある子会社で高い利益が計上され、税率が高い場所では低い利益が計上されることになる。

こうした租税回避が実際にどう行なわれているかがわかるように、実例をいくつか紹介しよう。

グーグルは二〇〇四年八月に株式を公開する一年前の二〇〇三年、その検索・広告テクノロジーを、アイルランドに設立した子会社「グーグル・ホールディングス」に売却した。ただしグーグル・ホールディングスは、アイルランドの税法上はバミューダ諸島の居住企業となっている。つまり、同社の基本的機能は大西洋のこの島に存在することになる。この売却の際に請求された価格については、公開されていない。一九〇九年にアメリカで法人税が導入された際には、企業の納税報告書の公開が法人税法に規定されていた。言うまでもなく脱税を防止するためである。だが一九一〇年に連邦議会がこの開示義務を撤廃してしまったため、それ以来アメリカの大企業の税務については秘密主義が蔓延している。

それでも、グーグル・ホールディングスがグーグルのテクノロジーを獲得するために支払った価格がさほど高くなかったことは、容易に推測できる。というのは、その価格が高ければ、グーグルは二〇〇三年にかなりの税金をアメリカ政府に支払ったはずだからだ。しかし、グーグルが二〇〇四年に証券取引委員会に提出した目論見書によれば、グーグルはその年、全世界で二億四一〇〇万ドルの税金を支払っただけだった【注6】。バミューダ諸島の子会社に無形資産を売却した利益に対する税額がこれだけだったと仮定しても（グーグルはほかの利益についても税金を支払っていると思われるため、この仮定は実際にはありえない）、この無形資産の売却価格は七億ドル以下ということになる。これは、それ以降数百億ドルもの収入を生み出している資産にしては安すぎる。バミューダ諸島のグーグル・ホールディングスは、二〇一七年（入手可能な最新のデータ）のわずか一年だけで二二七億ドルの利益をあげている。なぜそれほどの利益をあげられるのか？　それはグーグル・ホールディングスが、グーグルのきわめて有益な検索・広告テクノロジーの法的所有者だからだ。グーグル・ホールディングスは、ヨーロッパ全域のグーグル関連会社に、そのテクノロジーをライセンス供与している（同様の手法はアジアでも行なわれており、バミューダ諸島の代わりにシンガポールが利用されている）。ドイツやフランスにあるグーグル関連会社は、グーグル・ホールディングスに数十億ドルものロイヤルティを支払い、そのテクノロジーの使用権を手に入れている。その結果、ドイツやフランスでの課税対象利益は減り、その分だけバミューダ諸島での課税対象利益は増える【注7】。

では、バミューダ諸島の法人税率は何パーセントなのか？　ゼロである。

ヨーロッパの企業も同じようなことをしている。グーグルがバミューダ諸島に知的財産を移転した数カ月後の二〇〇四年、スカイプ（スウェーデン人とデンマーク人が創業した企業）は、そのボイスオーバーIPテクノロジーの大半を、アイルランドに設立した子会社に移転した。このスカイプの取引については、二〇一四年にプライスウォーターハウスクーパースからリークした膨大な機密資料「ルクセンブルク・リークス」のおかげで、詳細な内容を知ることができる。それによると、通信市場を再編することになるこの画期的テクノロジーの移転価格は、わずか二万五〇〇〇ユーロだった【注8】。この取引から数カ月後の二〇〇五年九月、スカイプはイーベイに二六億ドルで買収された。

グーグルとスカイプが同時期に、アイルランドかバミューダ諸島かよくわからない場所にあるペーパーカンパニーに知的財産を売却したのは、決して偶然ではない。二〇〇三年から二〇〇四年にかけてのこの時期には、租税回避産業でこうした手法が流行していた。グーグルもスカイプも、この産業から同じアドバイスを受けていたに違いない。株式を公開する前に、あるいは他社に買収される前に、知的財産を移転しておけ、と。それはなぜか？　これらの会社に数十億ドル規模の価値があると市場が評価してしまえば、その中核テクノロジーを安く売却することができなくなるからだ。

こうした事例を見ると、世間でどう言われていようと、企業の租税回避が実に簡単だということがわかる。その中核には、グループ内での取引価格の操作がある。取引されるのは、製品（iMac など）、サービス（アメリカの企業がスイスの関連会社から購入する「経営アドバイス」など）、資産（グーグルがバミューダ諸島の子会社に売却した検索・広告テクノロジーなど）、融資（一九八〇年代初頭にオランダ領アンティルを舞台に行なわれていた貸付など）である。同様の手法は、四大会計事務所（デロイト、アーンスト&ヤング、ＫＰＭＧ、プライスウォーターハウスクーパース）を通じて、世界中どこでも利用できる。そしてそのいずれもが、同じ結果を生み出す。税率の低い場所に存在する、被雇用者がほとんどおらず、資本もほとんど使っていない子会社に、帳簿上の利益が計上されるのである。

## 多国籍企業の利益の四〇パーセントがタックスヘイブンに

アメリカ経済分析局が管理している高性能統計システムを利用すれば、アメリカの多国籍企業による利益移転の実態を過去半世紀にわたり追跡できる。アメリカの企業は毎年、事業に関する詳細な情報を経済分析局に報告するよう求められる。世界各国でどれだけの利益を計上し、どれだけの税金を支払ったかといった情報である。

それによれば、アメリカの多国籍企業は一九七〇年代後半まで、五〇パーセントもの法人税率を課されていながら、ほとんどタックスヘイブンを利用していなかった。もちろんなかには、スイスにオフィスを構えたり、カリブ海の小島に持株会社を設立したりする企業もあったが、全体的に見れば、それらに計上される利益は微々たるものだった。実際、多国籍企業の海外利益のおよそ九五パーセントは、カナダやイギリスや日本など、税率の高い場所に計上されていた【注9】。だが一九七〇年代後半になると、オランダ領アンティルを利用する手法が登場し、移転される利益が増えてきた。一九八〇年代前半には、アメリカの企業がタックスヘイブンに計上する海外利益の割合が、二五パーセントにまで上昇した。それでも当時のアメリカ企業はまだ、大半の利益をアメリカであげていた。海外利益の四分の一をタックスヘイブンに移転していたとはいえ、総収益（アメリカ国内での利益プラス海外での利益）から見れば、その額はまだ少なかった。つまり、オランダ領アンティルを利用した租税回避は、アメリカの大企業が全世界で支払っていた税額にほとんど影響を与えなかったと言っていい。利益移転が大きな問題になるのは、一九九〇年代後半になってからである。

現在では、アメリカの多国籍企業が海外で稼ぐ利益（その額はかなり大きく、しかも年々増えている）の六〇パーセント近くが、税率の低い国に計上されている。その国とは具体的にどこなのか？　主に利用されているのは、アイルランドとバミューダ諸島である。だが残念ながら、それ以上に細かい統計を出すことはできない。グーグル（現在はアルファベット）の事例で見たように、アイルランドとバミューダ諸島の境界ははっきりしない。そのため、利益移転の実態を調査する際には、アイルランドとバミューダ諸島を、大西洋のどこかにある一つの国として考えたほうがいい。本書では、この二つの場所をまとめてバミュランドと呼ぶことにする。

二〇一六年、アメリカの多国籍企業がバミュランドに計上した利益は、イギリス、日本、フランス、メキシコに計上した利益の総額を超えている。また、プエルトリコにもかなりの額を計上している。プエルトリコは、実効法人税率がわずか一・六パーセントである。この地域はアメリカの自治領でありながら、アメリカの法人税の対象にならない。そのため以前から租税回避にうってつけの場所とされ、アボットなどの大手製薬企業やマイクロソフトなどのIT企業が利用している。そのほかの租税回避地には、オランダ、シンガポール、ケイマン諸島、バハマがある。アメリカの多国籍企業がこれらの地域それぞれに計上した利益は、中国やメキシコに計上した利益より多い。さらに、この茶番のもっとも奇怪な側面と思われる事実を挙げておこう。アメリカの企業は二〇一六年（入手可能な最新のデータ）、海外利益の二〇パーセント以上を「国籍のない事業体」に計上した。つまり、どこにも設立されておらず、どこからも課税されないペーパーカンパニーである【注10】。これらの企業は事実上、別の惑星で一〇〇〇億ドルもの利益をあげる方法を見つけたことになる。

税率の低い場所に利益を移転しているのは、アメリカの多国籍企業だけではない。ヨーロッパやアジアの企業もそうだ。こんなやりたい放題が大々的に展開された結果どうなっただろう？ いまではあらゆる国が、わずかな収入を盗み合っている。アメリカの企業はヨーロッパやアジアの政府から税収を奪い、ヨーロッパやアジアの企業はそのお返しに、アメリカ政府から税収を奪っている。最新の推計によると、現在では、世界の多国籍企業の海外利益（アップルがアメリカ国外であげる利益、フォルクスワーゲンがドイツ国外であげる利益など）の四〇パーセントが、タックスヘイブンに計上されているという【注11】。つまり、アメリカやフランス、ブラジルで稼いだ八〇〇〇億ドルもの収入が、ケイマン諸島やルクセンブルクやシンガポールに計上され、わずか五～一〇パーセントの税率を課されていることになる。この多国籍企業と政府との闘いのなかでも、アメリカの多国籍企業は一歩抜きん出ている。毎年タックスヘイブンに移転している海外利益の割合は、世界平均の四〇パーセントを超え、六〇パーセントに達している。

こうした利益移転を行なっている多国籍企業は、経済のあらゆる分野で見られる。IT企業はほかの企業に比べて無形資本が多く、容易に海外に移転できるため、こうした利益移転を主に行なっているのはIT大手企業だという意見がある（そう主張する人は、こうした企業に課税する方法さえ見つければ問題は解決すると考えている）。確かに、シリコンバレーの企業はタックスヘイブンを広く利用している。だが租税回避は、製薬産業（ファイザー）、金融産業（シティグループ）、製造業（ナイキ）、自動車産業（フィアット）、宝飾品産業（ケリング）にも広がっている【注12】。四大会計事務所から適切なアドバイスを受ければ、どんな企業でも独自の無形資産（ロゴ、ノウハウ、特許）を生み出し、それを任意の価格で子会社に売却したり、子会社から正体のはっきりしないサービスを購入したりできるからだ。次章で詳しく説明するように、これらの問題には解決策があるが、まだ実施には至っていない。最近では、ヨーロッパ諸国がIT企業の収入への新たな課税を採用しているが、この問題の解決にはもっと広範囲にわたる措置が必要になる。

## タックスヘイブンに移転されているのは生産活動なのか帳簿上の利益だけなのか？

莫大な金額がタックスヘイブンに計上されるのを正当化するためか、これはすべて租税競争の結果なのだという主張をよく耳にする【注13】。つまり、企業は税率の違いに反応し、税率の低い場所に活動の拠点を移しているだけだ、と。たとえば、工場はアイルランドに、研究開発部門はシンガポールに、融資オフィスはグランドケイマン島のジョージタウンに移転させる。まさに職場のグローバル化である。

しかし現実を見ると、この見解が正しいとは言えない。データによれば、過去数十年で税率の低い場所に移転したのは、帳簿上の利益だけであり、オフィスや労働者や工場は移転していない。アメリカの多国籍企業がアメリカ国外で雇っている労働者一七〇〇万人のおよそ九五パーセントは、イギリス、カナダ、メキシコ、中国など、比較的税率の高い国で働いている（研究開発部門に従事している労働者にも同じことが言え、その九五パーセントが税率の高い国で働いている）。確かに、タックスヘイブン（主にヨーロッパ）で働いている労働者も一〇〇万人弱はいる。たとえばアイルランドでは、一二万五〇〇〇人が多国籍企業に雇われている。これは、アイルランドの労働人口（およそ二三〇万人）を考えると、決して無視できる数字ではない。多国籍企業は実際に、アイルランドに恩恵をもたらしていると言える（そのうえ税収も入る）。だがこの労働者数は、隣のイギリスでアメリカの企業に雇われている労働者数のおよそ一五分の一でしかない。ちなみに二一世紀に入ってからのイギリスの法人税率は、平均的に見てアイルランドの法人税率の倍である。

数十年にわたり租税競争が続いているにもかかわらず、生産拠点が大々的にタックスヘイブンに移動したという証拠はない。アメリカの企業はむしろ、新興経済国に活動の場を広げている。現在では、中国やインド、メキシコ、ブラジルで雇っている労働者が、海外労働者全体の三分の一以上（およそ六〇〇万人）を占める。

企業が工場や設備、オフィスビルなどの有形資産を所有している場所を見ても、同じことが言える。こうした資産の大半は、税率の低い場所ではなく、労働者がいる場所に置かれている。アメリカの企業がアメリカ国外に所有している有形資本ストックのうち、税率の低い場所にあるのは、わずか一八パーセントにすぎない。残りの八二パーセントは税率の高い国にある。この数字を、アメリカの企業の海外利益の六〇パーセント近くがタックスヘイブンに計上されているという前述の事実と比べてみれば、結論ははっきりしている。タックスヘイブンに移転されているのは、生産活動ではなく、帳簿上の利益だけである。

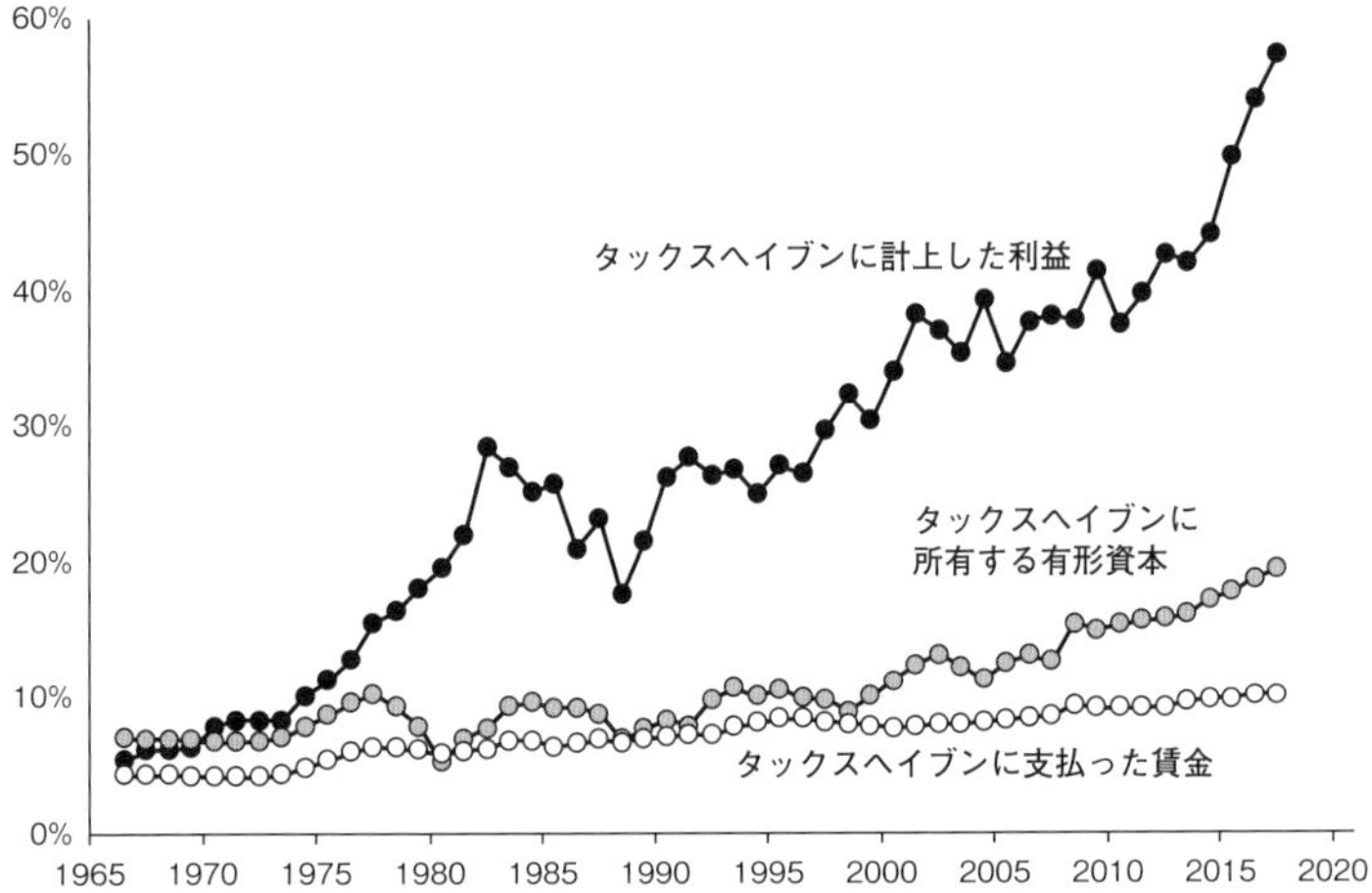


図4-2　タックスヘイブンに移転される帳簿上の利益――生産活動はさほど移転していない（アメリカの多国籍企業の海外利益・資本・賃金全体に占めるタックスヘイブンの割合）

注　このグラフは、アメリカの多国籍企業がタックスヘイブンに計上した利益、所有する有形資本、支払った賃金の推移を示している（1965年以降）。数値は、アメリカの多国籍企業の海外（アメリカ国外の）利益・資本・賃金全体に占める割合である。タックスヘイブンに計上された海外利益の割合は、1960年代には5%未満だったが、現在では60%近くにまで急増している。その一方で、タックスヘイブンへの労働者や資本の移転はさほど進んでいない。データの詳細についてはtaxjusticenow.orgを参照。

企業が生産活動の拠点を決める際にはもちろん、ほかのさまざまな要素とともに、税も考慮するに違いない。数十年前に比べると現在のほうが、税が重視されるようになったという証拠もある。図4－2を見ればわかるように、タックスヘイブンの資本ストックは年々増えており、多国籍企業がタックスヘイブンで雇っている労働者数よりも速いペースで上昇している。これは、現在の大企業は以前に比べ、節税のため工場やオフィスを移転させる傾向が強くなっていることを示唆している。アイルランドなど一部のタックスヘイブンでは実際に、低い税率を設定することにより、企業の帳簿上の利益だけでなく実際の生産活動も呼び込むことに成功している。

とはいえ、利用可能なデータからは別の重要な結論も導き出せる。全体的に見ると、税率の低い場所への資本の移転は、一般的に思われているほど進んではいない。実際に起きているのは、租税回避の急増というより、脱税の横行なのである。バミューダ諸島やカリブ海の非課税の島々、マルタなど主要なタックスヘイブンでは、帳簿上の利益が集まるばかりで、実質的な活動は何一つ行なわれていない。アイルランドなどへの資本の移動も、宝島に流れる莫大な利益と比べれば、微々たるものでしかない。それに、海外の多国籍企業がアイルランドにオフィススペースを購入したとしても、それは同国に人為的に移転した利益を合法的なものに見せかけるための方便にすぎないという場合もある。データ上では有形資本が移動しているように見えるが、それは単なる隠蔽工作なのかもしれない。

租税回避を行なっている現代の企業も、J・P・モルガンと同じような自己弁護をしている。法的には何ら問題はない。企業はどこでも法に従っている。むしろ、時代に沿わない税法を維持している政府にこそ問題がある、と。アイルランドで実質的にわずか一パーセントの税率しか課されていないアップルに対し、租税回避した数十億ドルをアイルランド政府に支払うよう欧州委員会が命じると、アップルはそれを理不尽だと述べ、こう主張した。「アップルはアイルランドでもどの国でも法に従い、支払うべき税金を支払っている」【注14】。ナイキも、非課税のバミューダ諸島に設立したペーパーカンパニーに数十億ドルものロイヤルティを移転していながら、それを何ら問題視することなく、「ナイキは税法に完全に従っている」と述べている。それどころか、悪いのは世界の政治家だと訴える者もいる。グーグルのCEOサンダー・ピチャイは、ダボス会議で同社の租税回避について問い詰められ、「この問題の解決をOECD（経済協力開発機構）に要請している」と答えた【注15】。

しかし、こうした言い分は説得力に欠ける。バミューダ諸島では実質的な活動は何一つ行なわれていない。したがって、グーグルが租税回避のためそこに二二七億ドルもの利益を計上したのは、経済的実体法理に反していることになる。こうした脱税が続いているのは、法人税を徴収しようとする政治的意思が減退しているからであり、多国籍企業が内国歳入庁を上まわる資金や資源を持っているからだ。だからといって、こうした行為を正当化できるわけではない。

## 国家主権の商品化

一九八〇年代前半のタックス・シェルター同様、この利益移転ビジネスも、租税回避産業に携わる人々やその顧客の生活を豊かにする反面、それ以外の人々の生活を悪化させる。だが、一九八〇年代の租税回避市場と、多国籍企業に奉仕する現代の租税回避市場との間には、大きな相違がある。現代では、租税回避産業に携わる人々やその顧客のほかに、税率の低い国の政府もこの商売から利益を得ている。こうした政府は、四大会計事務所が提示する策略になくてはならない重要な材料を売りわたしている。それは、自国の主権である【注16】。

一九八〇年代以来、タックスヘイブンの政府は新たな種類の商売に従事している。税率や規制上の制約、法的な義務を決める権限を多国籍企業に売りわたしているのである。いまではもう、交渉の余地がないことなど何もない。アップルがアイルランドに会社を設立する条件として税率の引き下げを要求すれば、アイルランド政府はそれに喜んで応じる。スカイプが、子会社に知的財産を売却した価格を税務当局から問題視されることを心配していると訴えれば、ルクセンブルクが事前価格確認と呼ばれる制度を通じて保証を与える。これは、多国籍企業が採用する移転価格を事前に承認する取り決めである。こうしたタックスヘイブンの政府の協力がなければ、利益移転はできない。タックスヘイブンの政府の多くは、法定税率こそ高いものの、実際には誘致したい企業に低税率を約束し、ほかの国で課される法や規制を避ける数々の手段を提供している。

なぜそんなことをするのか？　国家主権を商品化すれば、かなりの利益があるからだ。もちろん、金銭以外の利益もある。たとえばルクセンブルクは、大企業の金融取引において重要な役割を果たしているため、EU内でかなりの影響力を有している。だが、何より重要なのはやはり、この種の商売に従事する国にもたらされる現金収入である。タックスヘイブンの政府は、誘致した企業の莫大な利益にわずかな税率を課すだけで、かなりの収入を確保できる。国民所得に対する法人税収の割合がもっとも高い国はどこだろう？　一位はタックスヘイブンとして悪名高いマルタ、二位はルクセンブルクである。その後、香港、キプロス、アイルランドが続く。一方、二〇一七年におけるこのランキングの最下位には、アメリカ、イタリア、ドイツが名を連ねる。ちなみに、この三国のその年の法人税率は三〇パーセント前後だった【注17】。タックスヘイブンは五～一〇パーセントと実効税率は低いながら、法人税率が三〇パーセント台の大国より税収がはるかに多い（その国の経済規模に比べて）。税率が低いほど収入が多いのである。

これを見ると、「ラッファー曲線」のみごとな実例がここにあるように見えるかもしれない。これは、サプライサイド経済学者のアーサー・ラッファーが提唱し、一九七〇年代に広まった理論で、税率を引き下げれば税収は増えると考える。実際、一見するとあまりに低すぎるように見えるゼロパーセントの税率でさえ、小国には莫大な収入をもたらす場合がある。イギリス領バージン諸島やバミューダ諸島の政府は、数十万社に及ぶペーパーカンパニーの設立に均一の手数料を課し、それによりかなりの収入を得ている。ペーパーカンパニーがそれほど集まるのは、その地域の税率がゼロパーセントだからだ。

だが、タックスヘイブンの繁栄と、サプライサイド経済学者が予想した繁栄との間には、若干の違いがある。アーサー・ラッファーは、税率が低くなれば、労働者はこれまで以上に働き、企業はこれまで以上に投資を拡大し、イノベーターはこれまで以上にイノベーションを起こすようになり、世界のGDPも増えると考えた。だが実際には、マルタやルクセンブルク、キプロスが手に入れた収入は、ほかの国の犠牲のうえに成り立っている。つまり、ゼロサム的な金銭の移動があるだけで、世界全体が裕福になっているわけではない。バミューダ諸島が大企業に特別な抜け穴を提供し、アイルランドがアップルと税率を優遇する取り決めを交わし、ルクセンブルクの税務当局が四大会計事務所と手を組めば、ほかの国の税収が奪われるばかりで、世界のGDPは変わらない。こうした行為はすべて、ゼロサム的な窃盗にあたる。

## 租税回避を抑制する取り組み

とはいえ、特定の国を悪者扱いしたり、一部の無法国家が税率の不当な引き下げをやめればすべての問題が解決すると主張したりするつもりはない。グローバル化が進むにつれ、大半の国が、企業を招き寄せ、わずかばかりの税収を手に入れ、少しでも利益の分け前にあずかろうと、自国の主権の一部を売りわたす誘惑に屈している。一般的には小規模な国ほどこうした手法で利益をあげられるため、小国のほうがタックスヘイブン化が進んでいる。だが、世界経済が統合され、発展途上国世界にも新たな経済大国が現れているいま、ほとんどの国が相対的に小国化しつつある。もはやどの国も、タックスヘイブンになろうとする抑えがたい誘惑に駆られている。

これまでに、主権の売買を抑制する取り組みがなかったわけではない。そのなかでもきわめて意欲的な取り組みと言えるのが、二〇一六年にOECDが始めた「税源浸食と利益移転に関する包括的枠組み」（BEPS）である。蔓延する租税回避の仕組みを抑制するこの協調的な取り組みでは、企業による移転価格の操作を監視し、いくつかの有害な税務行為の廃止を積極的に進めた。また、各国間の税法の不一致の修正を試み、一部のタックスヘイブンにはきわめて悪質な行為を強制的に禁止させた。

だがデータを見るかぎり、BEPSなどの取り組みはほとんど成功していないようだ。図4－2に示したように、アメリカの企業が税率の低い場所に計上する利益の割合は、年々増えている。アメリカ以外の多国籍企業については、利用可能なデータ年数が少ないため部分的な証拠しかないが、全体的な傾向は同じだと思われる。では、これほど成功していないのはなぜなのか？　その理由は、BEPSが租税回避の仕組みの中核を攻撃していない点にある。企業はいまだに、グループ内で製品やサービスや資産の交換をしている。四大会計事務所はいまだに、市場価格の存在しない取引を生み出している。移転価格を提示する会計士たちにはいまだに、顧客を喜ばせること、税負担を最小限に抑えることこそが正しいと考えるインセンティブがある。コペルニクス的転回が必要なときに、プトレマイオス的な天動説にさらに磨きをかけているのである。

## 租税競争の勝利

結局のところ、国際協調により租税回避を抑制しようとする試みは、ある深刻な壁にぶつかっている。税率を一致させようとする真剣な取り組みがなされていないのである。現在の政治家は、利益移転は防止すべきだが、租税競争自体はルールに則って行なわれているかぎり認めるべきだと考える点で、意見が一致している。この考え方に従えば、企業がアメリカで特許を取得し、それを非課税のバミューダ諸島に移転するのはだめだが、企業がアイルランドで特許を取得し、その特許により生まれた利益にアイルランド政府が六・二五パーセントという低税率を課すのはいいということになる。それどころか、明日その税率を一パーセントに引き下げてもいい。アイルランドのオフィスで働く地元のエンジニアがアイルランドで特許を取得しているかぎり、どんな税率でも許される。実際BEPSは、特許により生まれる利益に対して優遇税制措置を提供することを認めている(「パテントボックス」制度と呼ばれる)。そのため、特許の利益に対する税率が低いのはアイルランドだけではない。たとえば、イギリスは一〇パーセント、アメリカも二〇一七年の税制改革後は一三・一二五パーセントである。

OECDなどの国際機関では、課税基盤の定義の見直しについては議論されているが、税率については議論が進んでいない。国際協調は行なわれているものの、税制の最重要部分については協調が見られない。OECDは、早く利益移転がなくなり、企業が実際に操業している国で公正に課税されることを望んでいる。しかし、それだけでは問題は解決しない。税率の問題がある。BEPSにより利益移転の抑制に成功したとしても、税率をめぐる国際協調がなければ、税率を引き下げて利益を得ようとする国が必ず現れる。法人税率の引き下げは、裏取引をするよりは透明性が高く、特別な抜け穴を提供するよりは真っ当であり、非常識なグループ内取引に見て見ぬふりをするよりは誠実だと言えるかもしれない。それでも、大企業やその株主の税負担を減らしていることに変わりはない。

基本的には、税率の引き下げも国家主権の商品化の一例にすぎない。小国にとってはそれが、利益を生み出す商売になる。何よりもまず、税収が増える。それに、帳簿上の利益の移転が進むだけでなく、雇用や賃金にもプラスの効果がある。だがこうした利益は、国家主権を商品化するほかの事例と同様に、ほかの国の犠牲のうえに成り立っている。タックスヘイブンが大企業を優遇すれば、ほかの国がそれだけコストを負担することになる（これを経済学では「負の外部性」という）。その結果「底辺への競争」が進み、しまいにはどの国も、資本の海外移転を防ぐため、民主的に選択された税率よりもはるかに低い税率を採用せざるを得なくなる。現在の国際協調は、この非民主的な租税競争の問題に取り組んでいないばかりか、それを正当化しているところに根本的な問題がある。

実際、ＢＥＰＳが始まって以来、租税競争はむしろ激化しており、世界的な法人税率の引き下げが加速している。二〇一三年以降の各国の法人税率を見ると、日本では四〇パーセントから三一パーセントに、アメリカでは三五パーセントから二一パーセントに、イタリアでは三一パーセントから二四パーセントに、ハンガリーでは一九パーセントから九パーセントに引き下げられている。東欧諸国も多くは同じ方向へ向かっている。世界中で税制が著しく変化した一九八五年から二〇一八年までの間で見ると、法人税の法定税率の世界平均は、四九パーセントから二四パーセントへと半分以下に減少した。この傾向が続けば、二一世紀の半ばには法人税率の世界平均がゼロパーセントになる。

# 第五章　悪循環

世界の指導者の多くは、バミューダ諸島に見られるような税率の極端な引き下げを嘆きながらも、企業減税は必ずしも悪いことではないと考えている。税金を減らせば、企業が投資できる利益が増える。企業投資は成長の原動力である。事業が拡大すれば、雇用や賃金も増え、最終的には労働者の利益になる。つまり、資本に対する課税を減らせば、労働者階級のためにもなる。

だが、果たしてそうだろうか？　富裕層への課税を増やすと、最終的にはほかの階層にも害が及ぶのか？　逆に、資本への課税を減らせば、投資や賃金は増えるのか？

残念ながら、この問題に関する国民的な議論はいつも、事実とは関係のない理念にまつわる不毛な言い争いに陥ってしまう。資本を課税のくびきから解き放てば奇跡が起きる、「税負担」をもう少し減らしさえすれば飛躍的に成長できるなどと、大げさな見通しを述べる予言者は無数にいる。こうした予言者は、税引後利益が増えれば、投資が急増し、賃金が上昇すると考える。本章ではこの見解をじっくり検討してみたい。

## 労働と資本――あらゆる所得の源

政府が資本に課税するとどうなるかを理解するためには、「労働」と「資本」の概念を正確に把握する必要がある。ある国で生み出される所得はすべて、課税される前に、まずは労働者か資本所有者の手に渡る。というのは、生産されるものはすべて、労働と資本（機械、土地、建物、特許などの資本資産）により生み出されるからだ。レストラン産業などでは、主に労働により生産が行なわれる。経済学ではこれを労働集約型と呼ぶ。逆に、エネルギー産業などは資本集約型である。また、資本だけで生産が行なわれる場合（家はそれだけで「住宅サービス」を生み出し、人間の手を必要としない）もあれば、労働だけで生産が行なわれる場合（ビヨンセが公共の場でアカペラコンサートを開くなど）もある。さらに、資本は有形の場合（家、機械など）もあれば、無形の場合（特許、アルゴリズムなど）もある。そのような差はあれ、生産されるものはすべて、いつでもどこでも、労働か資本、あるいはその組み合わせにより生まれる。したがって所得もすべて、そこから生まれることになる。

労働所得は労働者に支払われる。賃金や給与、および雇用にまつわる付加給付（医療保険や年金など）がこれにあたる。一方、資本所得は、労働の有無にかかわらず資本所有者の手に渡る。

これには、企業所有者が稼いだ利益（配当として支払われる場合もあれば、再投資される場合もある）、債券保有者に支払われる利子、地主に支払われる家賃などがある。独立して開業している弁護士や医師など、自営業者が稼いだ「混合所得」については一般的に、三〇パーセントを資本所得に、七〇パーセントを労働所得に振り分ける（経済学者が算出した企業の平均的な資本所得と労働所得の比が三対七のため）【注1】。

上記の定義からわかるように、労働者に渡らない所得はすべて資本所有者に渡り、資本所有者に渡らない所得はすべて労働者に渡る。これは何も、労働者も資本所有者もそれぞれにふさわしい所得の分け前を受け取っていると言っているわけではない。この問題については、経済学者と一般大衆との間で意見が異なっており、資本主義が誕生して以来、政治的紛争の重要な要因となっているが、ここではただ、経済の仕組みを説明しているにすぎない。

具体的な事例を見てみよう。公式発表によれば、アップルは二〇一八年、およそ八五〇億ドルに相当する製品とサービスを生産した（iPhoneやiMacなどの生産のために同社が購入した原材料などのコストを差し引いた純益）。この八五〇億ドルのうち、およそ一五〇億ドルは従業員に支払われた。これが労働所得である【注2】。残りの七〇〇億ドルは、アップルの所有者や債権者の手に渡った。これが資本所得である。この資本所得のなかには、配当として支払われた分もあれば、債券保有者や銀行に利子として支払われた分もあれば、再投資された分もある。同様に、労働所得のなかには、アップルの幹部に支払われた分もあれば、入社間もないエンジニアに支払われた分もあれば、アップルストアの販売員に支払われた分もある。労働所得や資本所得にはさまざまな形があり、それぞれに異なる社会的現実、法的手続き、力関係がある。

経済学者の長年の研究によれば、労働所得と資本所得の割合にはあまり変化がなく、おおよそ国民所得の二五パーセントを資本所得が、七五パーセントを労働所得が占めている。ケインズがこの一定した数値を「やや奇跡じみている」と表現したのは有名な話である。しかし、この奇跡も永遠には続かなかった【注3】。アメリカでは一九八〇年から二〇一八年にかけて、労働所得の割合が七五パーセントから七〇パーセントに減少した（つまり、資本所得の割合が二五パーセントから三〇パーセントに上昇した）。直近の二〇年間は、とりわけこの傾向が際立っている。二一世紀に入って以来、アメリカの成人一人あたりの平均労働所得の伸びはほぼ停滞しているが（上昇率は年平均〇・四パーセント）、平均資本所得はＩＴ・製薬・金融産業の大企業の利益の急増に支えられ、年平均一・六パーセントの上昇率を示している。資本所得が増加する一方で、労働所得がそれに追いついていないのである。

## 資本への課税はますます減り、労働への課税はますます増える

あらゆる所得が労働と資本から生まれるように、あらゆる税もまた労働か資本に課される。労働に課す税（労働税）と資本に課す税（資本税）との間には、トレードオフの関係がある。経済の生産能力を損ないたくなければ、有益な資本への過剰な課税は避けたい。だが資本への課税を減らせば、労働への課税をその分増やさなければならなくなり、相続資産がない人々は富を蓄積するのが困難になる。賃金の伸びが停滞している時代にはなおさらだ。

アメリカでは現在、この両者に対する税負担がどのように配分されているのか？　この疑問については、三つの税率の推移を比較すれば総合的な回答が得られる。その三つとは、第一に、マクロ経済の平均税率である。これは、税収の総額を国民所得で割った値を指す。第二に、資本所得に対する平均税率である。これは、資本税の総額（法人税、財産税、遺産税、および配当や利子などの資本所得に対する所得税を合計したもの）を資本所得の総額で割った値にあたる。そして第三に、労働所得に対する平均税率である。これも同様に、労働税の総額を労働所得の総額で割った値にあたる【注4】。では、これらを実際に比べてみよう。

マクロ経済の平均税率を見ると、ほかの裕福な国では過去数十年にわたり安定しているのに対

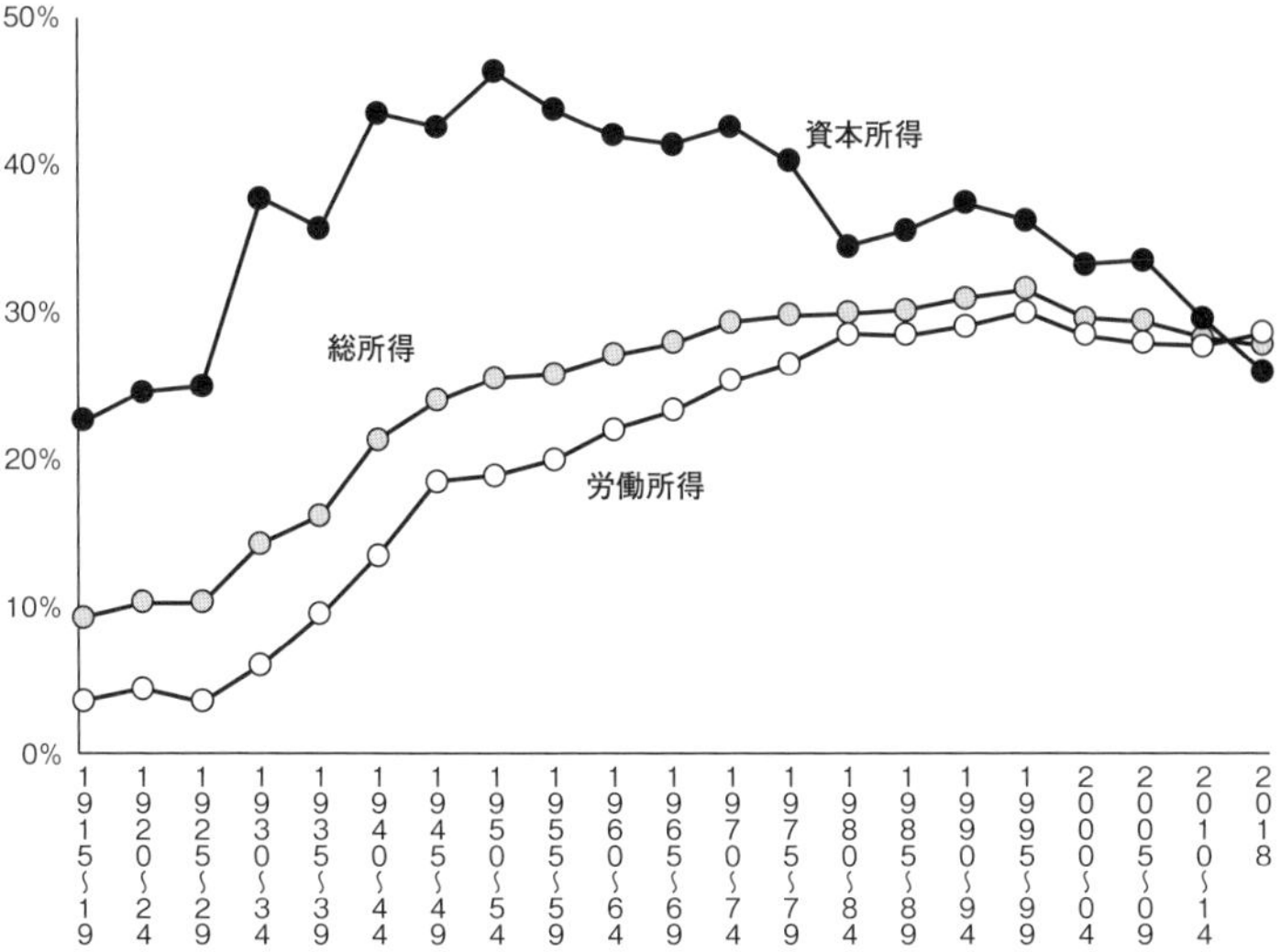


図 5-1　資本への課税の減少
（アメリカのマクロ経済における労働所得と資本所得に対する税率）

注　このグラフは、マクロ経済における資本所得・労働所得・総所得の税率の推移を示している（1915 年以降）。資本所得と労働所得の合計が国民所得であり、あらゆる連邦税・州税・地方税を資本所得か労働所得に振り分けている。かつては、労働所得に対する税率より資本所得に対する税率のほうがはるかに高かった。だがこの差は次第に縮み、2018 年には初めて労働所得に対する税率が資本所得の税率を上まわった。データの詳細については taxjusticenow.org を参照。

し、アメリカでは低下傾向にある。現在の数字は、二〇世紀末に比べてかなり低い。ただし、この傾向がはっきり目に見えるようになったのは最近になってからだ。短期的には、景気が拡大すれば税収が増え、景気が後退すれば税収が減るため、こうした景気循環の影響で傾向が見えにくい。だが、中期的な傾向はもはやはっきりしている。一九九〇年代後半、アメリカの全体的な税率はおよそ三一・五パーセントだった。だが二〇一九年には、経済成長が九年間続き、失業率が過去最低水準にあるというのに、平均税率はおよそ二八パーセントとなり、四ポイント近く低下している。一般的に、不況の際には全体的な税率が数ポイント下がる。それを考えると、次に不況に見舞われた場合に、国民所得に対する総税収の割合が、一九六〇年代並みのレベルにまで低下するおそれも十分にある。

GDPに対する総税収の割合が二〇年間で四ポイント近く減るというのは、歴史的にも例がない。最近まで、そんなことを成し遂げた人物は一人もいなかった。レーガンやサッチャーなどの保守的な指導者でさえそうだ。レーガン政権時代には、GDPに対する税収の割合に変動があり、明確な傾向は見られない。またイギリスでは、サッチャーが首相に就任した一九七九年よりも、退任した一九九〇年のほうが、全体的な税率は上がっている。いずれの場合も、確かに富裕層への課税は減少した。だがその分、ほかの階層への課税が増加したため、全体的な税率はほとんど変わらなかった。それに対し、最近のアメリカでは、税率が持続的に大きく低下している。先進国では初めての事例である。

アメリカでマクロ経済の平均税率が低下した原因はすべて、資本への課税が減少したことにある。一九九〇年代後半、資本所得に対する平均税率は三六パーセントだった。ところがトランプの税制改革後には、わずか二六パーセントになった。

この税率の低下には、おおむね安定している財産税を除く、すべての資本税が関係している。

法人税率の引き下げについてはすでに述べた。そのほか、配当に対する最高税率が、クリントン政権時の三九・六パーセントから二〇パーセントへと半減した。遺産税の税収も、一九九〇年代後半には国民所得の〇・四パーセントを占めていたが、現在ではおよそ〇・一パーセントしかなく、ほぼ四分の一に縮小している。

長期的に見れば、労働と資本に対する課税バランスの変化がいっそうはっきりする。一七世紀にマサチューセッツ湾植民地で財産への課税が始まってから、アイゼンハワー政権下で五〇パーセントに及ぶ実効法人税率が課されていた時代まで、アメリカの税収に主に貢献していたのは資本税だった。一九四〇年代から一九八〇年代に入るまで、資本所得に対する平均税率は四〇パーセントを超えており、労働所得に対する平均税率は二五パーセントもなかった。ところが、資本所得に対する平均税率はその後、ピーク時の一九五〇年代から二〇ポイントも低下した。一方、その間に労働所得に対する平均税率は、給与税の増加に伴い一〇ポイント以上も上昇した。所得を増やしつつあった資本所有者は、この税制によりさらに取り分を増やし、賃金の伸びが停滞していた労働者は、この税制によりさらに取り分を減らしたことになる。二〇一八年にはアメリカ現代史上初めて、資本所得の税率が労働所得の税率を下まわった。

## 医療保険料——目に見えない多大な労働税

このように税制上、資本所有者は労働者より優遇されているが、両者の差はこれだけにとどまらない。というのも前述の数字は、公的機関に支払われる税しか考慮していないからだ。そこには、民間企業に支払われる税が含まれていない。それらは一般的に税と見なされていないが、実質的には税と言っていい。そのなかの最たるものが、労働者が雇用主を通じて保険会社に支払う医療保険料である。アメリカでは医療に法外なコストがかかる（ほかの裕福な国に比べ、標準的な医療の価格がきわめて高い）【注5】ため、この目に見えない労働税は莫大なものになる。現在、雇用主が提供する保険に入っている労働者が一年間に支払う保険料は、平均一万三〇〇〇ドルを超える。しかもこの額は、過去数十年にわたり急増している【注6】。

この目に見えない税についてさらに理解を深めるため、アメリカで医療費がどのようにまかなわれているか見てみよう。高齢の市民にはメディケア、低所得の家庭にはメディケイドという公的医療保険制度がある。これらは税金（給与税および政府の一般歳入）でまかなわれる。だがそれに該当しない市民は、民間会社の保険に頼るしかない。この保険は、税とは別の保険料によりまかなわれる。この場合には、個別に保険に加入するのではなく、雇用主が提供する民間保険に加入するケースが圧倒的に多い。二〇一〇年に医療費負担適正化法（通称「オバマ・ケア」）が成立して以降は、保険への加入が義務づけられた。そのため、メディケアやメディケイドが適用されない市民は、民間の医療保険に保険料を支払わなければならない。保守派はこの義務を嫌い、この法を骨抜きにしようとしているが、それに成功したとしても、事態が根本的に変わることはない。保険料を公的機関（政府）に支払おうが、民間企業（非競争的なことで有名なアメリカの民間医療保険制度）【注7】に支払おうが、大した違いはない。どちらに支払うにしろ、労働者の手取り賃金は減る。保険会社にうその申請をして保険料をわずかばかり引き下げることもできなくはないが、ほとんどの市民は素直に支払っている。

GDPに対する税収の割合は、公的な医療保険と民間の医療保険のどちらを主に採用するかによって変わってくる。民間の保険機関に頼る割合が大きいほど、マクロ経済の税率は下がる。アメリカではとりわけこの傾向が顕著に見られるが、組合や雇用主、非営利団体が運営する民間の医療保険に強制的あるいは半強制的に加入させられるスイスのような国でも、同様の傾向は見られる。これらの国々は、医療保険の大部分を税収でまかなっている国（イギリス、スウェーデン、フランスなど）に比べ、GDPに対する税収の割合が低いことを自慢にしているが【注8】、そんな自慢に大した意味はない。

国際比較ができる正確なデータを提供するため、図5－2では、民間の保険機関に支払わなければならない保険料を税に含めている。この目に見えない税だけで、二〇一九年の国民所得の六パーセントを占める【注9】。連邦所得税の総税収の三分の一に相当する額である。それによりアメリカのマクロ経済の税率は、二八パーセントから三四パーセントに増加する。これはカナダやニュージーランドと同等の数値であり、イギリスやスペインと比べてもわずかに低いだけだ【注10】。また、この目に見えない税は労働にのみ課税されるため、労働所得に対する税率はそれ以上に上がり、二九パーセントから三七パーセントに増える。このように課税を広い視野で見ると（このほうが意味があると思われる）、一九八〇年代から一九九〇年代にかけて、労働所得に対する税率と資本所得に対する税率との差がほとんどなくなり、二一世紀に入ってからは、資本所得に対する税率が労働所得に対する税率をはるかに下まわるようになったことがわかる。二〇一八年からの税制改革後はそれがいっそう顕著になった。

さらに、こうして同一の条件で国際比較をしてみると、アメリカは一般的に思われているほど税率が低い国ではないことも見て取れる。民間の医療保険に支払わなければならない保険料を加えても、アメリカのマクロ経済の税率（三四パーセント）はまだ、フランスのマクロ経済の税率（五二パーセント）よりもかなり低い。だがこれは主に、フランスでは年金の積立金（国民所得の一六・五パーセントを占める）がほぼすべて税に含まれているのに対し、アメリカでは社会保障税（国民所得の四・五パーセント）しか税に含まれていないからだ。結局のところ、平均的な

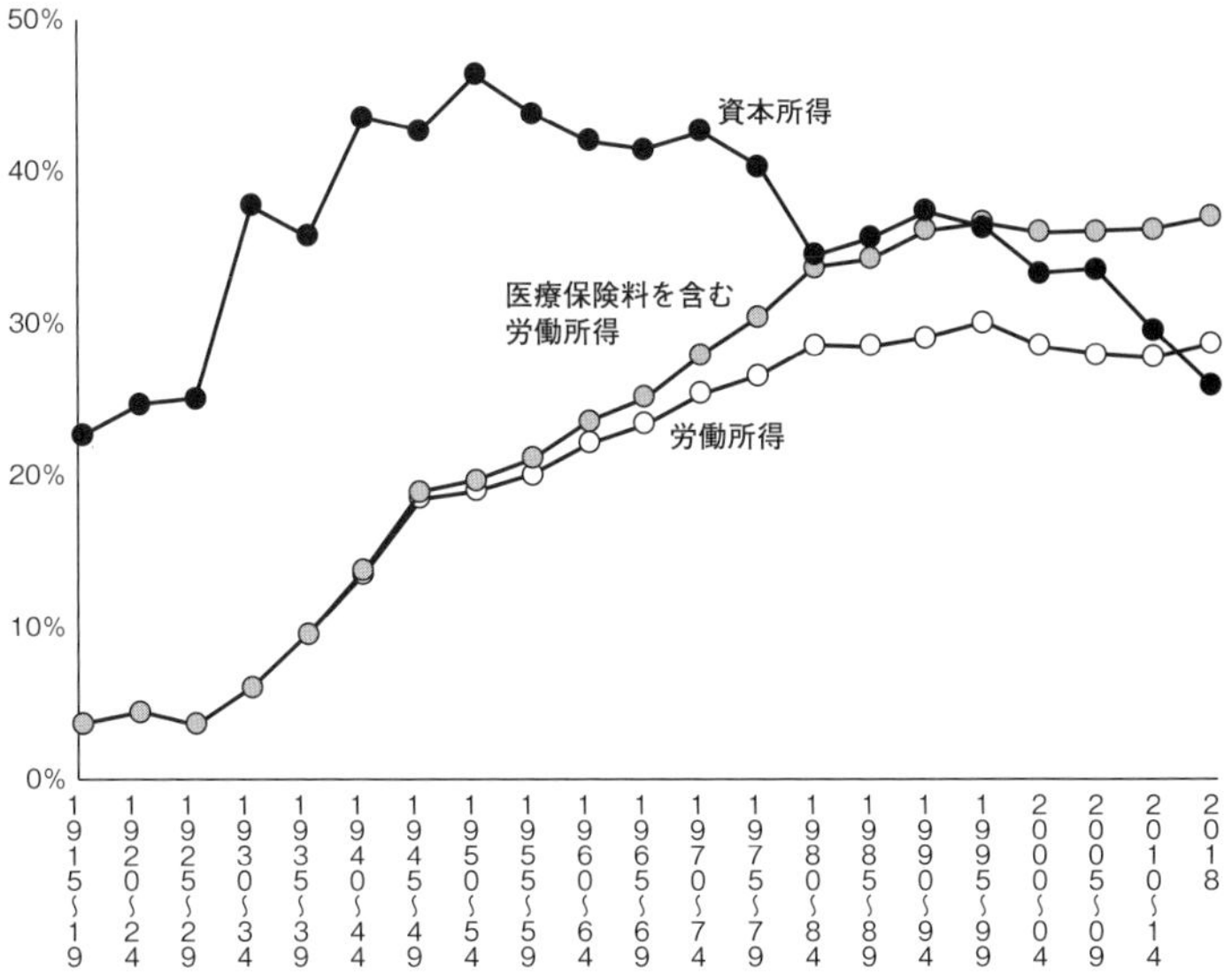


図 5-2　労働への課税の増加
（アメリカのマクロ経済における労働所得と資本所得の税率）

注　このグラフは、マクロ経済における資本所得と労働所得の税率の推移を示している（1915年以降）。資本所得と労働所得の合計が国民所得であり、あらゆる連邦税・州税・地方税を資本所得か労働所得に振り分けている。このグラフはまた、雇用主が提供する医療保険に支払われた保険料を労働税に加えた数値の推移も示している。医療保険のコストは次第に増え、いまでは労働者にとってきわめて大きな負担となっている。2018年、医療保険料を含めて算出した労働所得の税率はおよそ40%に達し、資本所得の税率を大きく上まわっている。データの詳細については taxjusticenow.org を参照。

アメリカ人が税引前所得から税金、医療保険料（民営化された税）、年金の積立金を支払ったあとに残る額の割合は、ヨーロッパ諸国の市民とほとんど変わらない。大きな違いがあるとすれば、ヨーロッパ諸国の市民はその後さらに、高い消費税を支払わなければならない点だけだ（消費税は、フランスでは国民所得の一三パーセントを占めるが、アメリカでは五パーセントを占めるにすぎない）。また、ヨーロッパでもアメリカでも、政府の収入や医療費を労働税が負担する割合は年々増えている。

## 資本所得に対する最適な税率はゼロパーセントなのか？

資本への課税が減少し、それに伴い労働への課税が増加しているのは、憂慮すべきことなのだろうか？　このプロセスが、格差の拡大を力強く推進しているのは間違いない。どの国でもいつの時代でも、労働者階級や中流階級の家庭は、所得の大半を労働から得ている。現在、所得階層の下位九〇パーセントのアメリカ人が稼ぐ税引前所得の八五パーセントは、労働によるものだ。資本による所得は一五パーセントしかない。富裕層はその反対である。上位一パーセントのアメリカ人は、所得の半分以上を資本から得ている。上位〇・一パーセントになると、所得の三分の二以上がそうだ【注11】。これは、どの資本主義社会にもあてはまる。所得階層が上になればなる

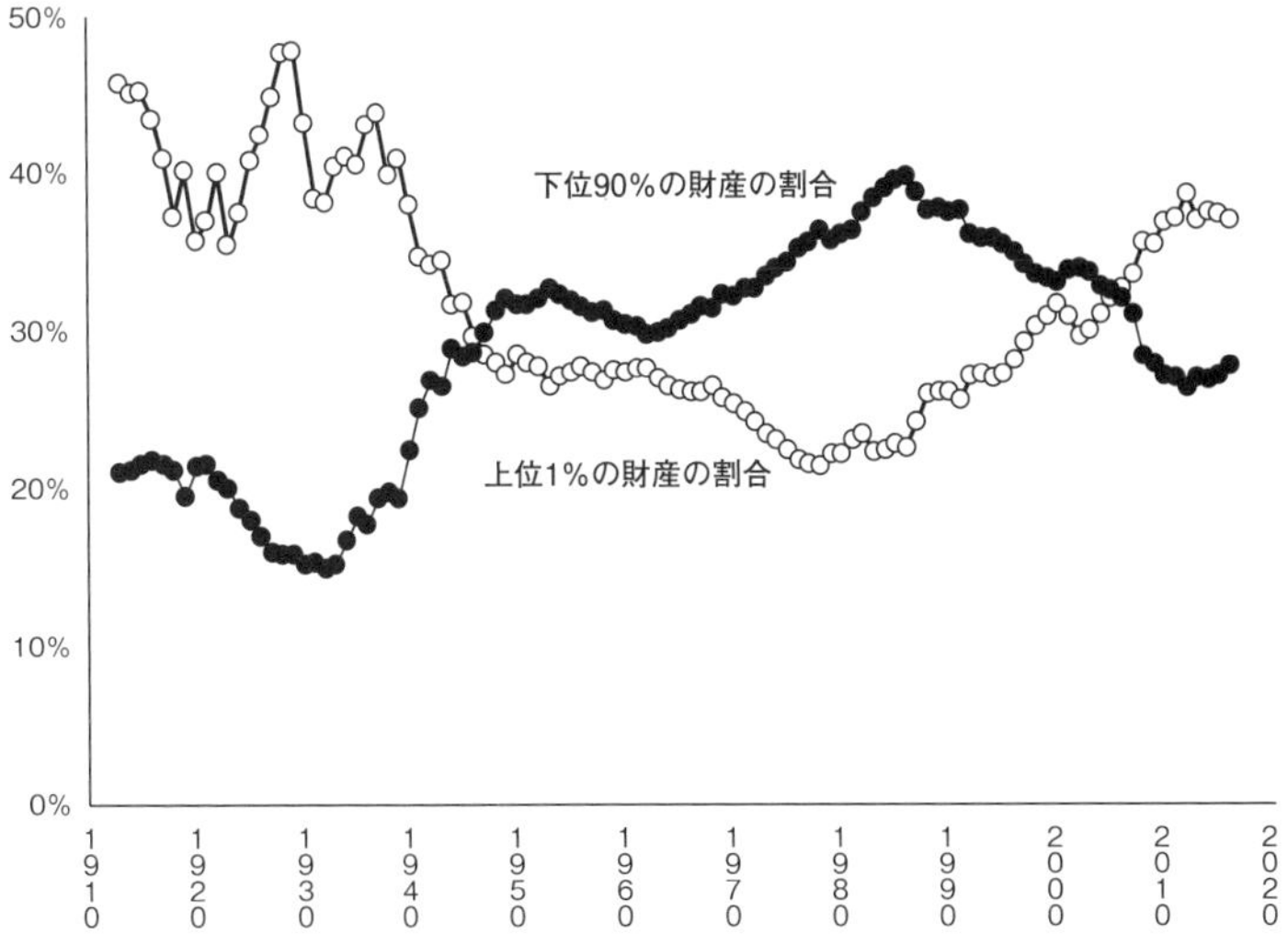


図5-3　アメリカの富の不平等の拡大
（アメリカの私有財産全体に占める上位1%と下位90%の財産の割合）

注　このグラフは、所得階層の上位1%の成人と下位90%の成人が所有する財産が私有財産全体に占める割合の推移を示している。財産とは、家庭が直接・間接に所有するあらゆる私有資産（住居、年金基金、金融資産など）からあらゆる負債を差し引いた額である。夫婦の財産は2等分している。上位1%の財産の割合は、1970年代後半の20%から現在のおよそ40%へとほぼ倍増している。一方、下位90%の財産の割合は、40%からおよそ25%へと急減している。データの詳細についてはtaxjusticenow.orgを参照。

ほど、資本による所得の割合が増え、最上位層ではその割合が一〇〇パーセントになる。したがって、政府が資本所得の税率を引き下げれば、富裕層に減税を施すことになる。

資本への課税を減らせば、大半の所得を資本から得ている富裕層は、さらに財産を蓄積できる。これは雪だるま効果をもたらす。資本所得の税率が低ければ、財産により生まれた所得のなかから貯蓄にまわせる割合も増える。その貯蓄が既存の財産に加わり、増えた財産がさらなる所得を生み出す、といった具合である【注12】。この雪だるま効果は、アメリカの富の集中を高める大きな要因となっている。所得階層の上位一パーセントの成人が所有する富の割合は、一九七〇年代後半には二二パーセントだったが、二〇一八年には三七パーセントへと爆発的に増えている。逆に、下位九〇パーセントの成人が所有する富の割合は、四〇パーセントから二七パーセントへと減少している。一九八〇年当時と比べると、いまでは上位一パーセントと下位九〇パーセントそれぞれが所有する富の割合が逆転しており、その間に下位九〇パーセントが失ったものを、上位一パーセントが手に入れたことになる【注13】。

だがある経済理論によれば、このような展開は喜ぶべきことであり、資本への課税を減らせば、長期的には一般労働者の利益になるという。一九七〇年代から一九八〇年代にかけて発展したこの理論では、資本所得に対する最適な税率はゼロパーセントとされる。企業利益、利子、配当、キャピタルゲイン、家賃、居住用財産、事業用財産、私有財産、不動産、遺産に対する税はすべて廃止し、その代わりに労働所得や消費に対する課税を増やすべきだと考える【注14】。この理論を文字どおりに受け取れば、次のような驚くべき結論に至る。ビル・ゲイツのような富豪は完全に課税から解放されるべきであり、政府はそのために失われる税収を補うため、事務員や退職者にさらに課税すべきだ。そうすればいずれは、財産がまったくなく資本所得など一銭もない最貧困層の税引前所得も増え、万人の利益になる。

浮世離れした推測にすぎないと思われるかもしれないが、これが世界中の経済学の大学院で教えられている規範的な理論であり、アメリカ政府の政策論議における一般的な基準なのである。もちろん、この基本理論にはさまざまなバリエーションがあり、そのなかには資本所得にもある程度課税したほうがいいとするものもある。だが実際の政策論議では、こうした細かい違いは忘れられがちだ。アメリカの税法の専門家に、資本所得に課税すべきかどうか聞いてみるといい。「課税すべきでないと経済学者が証明している」と主張する専門家があまりに多いことに驚くに違いない（実際、筆者はそれを経験している）。確かに、資本税を完全に排除している大国は一つもなく、あらゆる資本税の即時撤廃を主張している人も実際にはほとんどいない。それでも、資本への課税はきわめて有害だとする考え方が主流となっている。

この考え方はどこから生まれたのか？　それは主に、資本の供給（市民が毎年貯蓄にまわす所得の割合、および外国からの純資本流入量）は税引後利益率の変化にきわめて敏感に反応するという見解から生まれている。そのため、わずかに課税するだけでも、長期的には多大な資本ストックが失われる。資本は労働者の生産性を高める。したがって、資本に課税すれば、賃金が落ち込む。経済学ではこれを、資本税はすべて労働に転嫁されるという。つまりこの世界観では、法人税は労働者に転嫁される可能性がきわめて高いと見なされる。企業に課税すれば、工場が外国へ移転してしまう。あるいは資本資産の購入を控えるため、資本ストックは減り、それととももに賃金も下がる。これを経済学的に言えば、法人税は労働者に帰着する。

租税の帰着の問題は、税制分析の中核を成している。そこで、資本への課税に反対している人々がよく利用するこの主張が正しいかどうかを理解するため、ここで法人税の帰着について考えてみよう。法人税を削減するとどうなるだろう? 配当や自社株の買い戻しが増え、株主の所得が急増するかもしれない。だが企業は、機械や設備の購入を増やすこともできる。そうすれば、労働者の生産性が高まり、賃金は上昇する。あるいは、販売する製品の価格を下げることもできる。そうすれば実質的に、労働者と資本所有者双方の利益になる(所得に対する消費の割合が違うため、得られる効用には差があるが)。このように、課税を変えると、経済行為や経済産出量、所得の分布がさまざまに変化する。それを追跡するのが、「租税の帰着」である。

この分野における経済研究からは、直感的に理解しやすい結論が導き出されている。それは、弾力性の低い生産要素の税負担が増し、弾力性の高い生産要素の税負担が減る、というものだ。具体的に言うと、資本の弾力性が高ければ(資本への課税が増えると貯蓄や投資が減るのであれば)、資本よりも労働の税負担が増えることになる。もちろん、資本税が労働に転嫁される場合があるように、労働税が資本に転嫁される場合もある。労働の弾力性が高ければ(労働への課税が増えると労働量が減るのであれば)そうなる。よく知られているように、アダム・スミスは『国富論』のなかで租税の帰着について分析を行ない、賃金への課税が資本に転嫁される仕組みを説明している。それによると、農民が最低生活水準にある（何とか生きていくだけの稼ぎしかない）場合、その賃金に課税すれば、農民は飢えることになる。この場合、賃金税は貧しい農民から裕福な地主に転嫁される。労働力を維持するには、地主が賃金を増やすほかないからだ。

租税の帰着の問題は結局、単純な実証的問題に行き着く。資本や労働にはどれほどの弾力性があるのか？　資本税を上げると、資本ストックは減るのか？　それが本当なら、資本への課税は有害であり、法人税を削減すれば長期的には労働者の利益にもなる、ということになる。

## 長期的に見た資本課税と資本蓄積

大半の評論家によれば、資本の弾力性がきわめて高いのは、重力の存在と同じぐらい確かなことだという。だが、基本的な経済理論から生まれたほかの予測（最低賃金は雇用を破壊するなど）同様、この考え方についても、それが本当かどうか確認してみる必要がある。確認する方法はいくつもあるが、ここでは投資率と資本税の長期的な推移を比較してみることにしよう。実際のところ、資本への課税が増えたときには投資が著しく減少していたのか？　もしそうなら、資本税を課すと資本ストックは減少し、結果的に労働者が苦しむことになる。

だが簡単に言ってしまえば、その答えはノーである。アメリカでは二〇世紀初頭にまでさかの

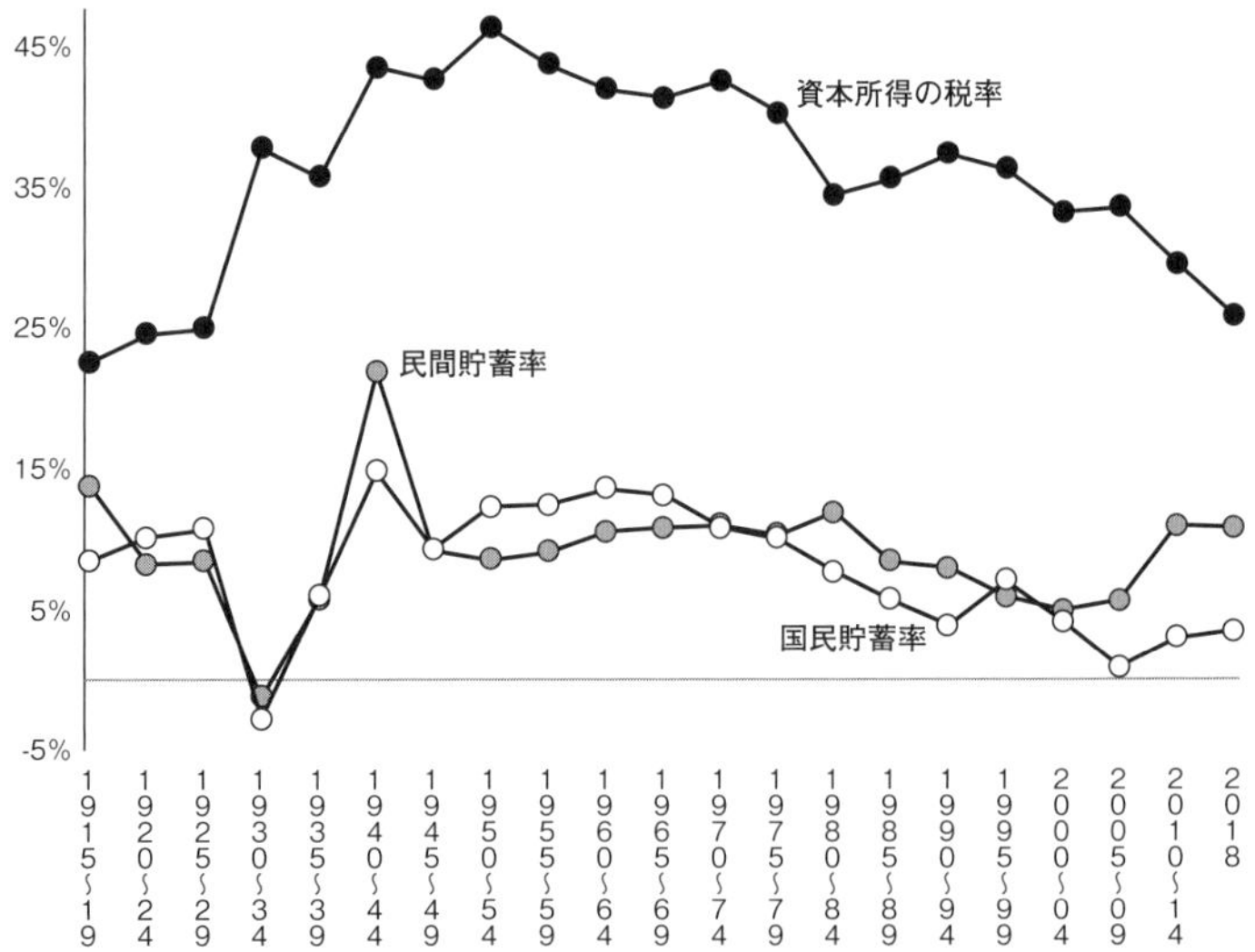


図 5-4　資本課税と資本蓄積
(アメリカのマクロ経済における資本所得の税率と貯蓄率)

注　このグラフは、マクロ経済における資本所得の税率（総資本所得に対する総資本税収の割合）、民間貯蓄率（家庭および企業の貯蓄が国民所得に占める割合）、国民貯蓄率（民間貯蓄および政府貯蓄が国民所得に占める割合）の推移を示している。アメリカでは 1940 年から 1980 年まで、資本所得の税率も貯蓄率も高かった。1980 年以降、資本所得の税率が引き下げられたが、貯蓄率も下がった。このマクロ経済データを見るかぎり、資本への課税により貯蓄が減るようには見えない。データの詳細については taxjusticenow.org を参照。

ぼって、貯蓄や投資のデータを資本所得の平均税率と比較できる。それによれば、資本所得の税率が高かった一九五〇年代から一九八〇年代にかけての時期は、貯蓄や投資が歴史的に高い水準にあった時期でもある。国民所得に占めるその割合は、平均して一〇パーセントを超えている。民間貯蓄(個人や企業の貯蓄)、国民貯蓄(民間貯蓄および政府貯蓄)、国内投資(国民貯蓄から海外の純貯蓄を差し引いたものだが、海外の純貯蓄はきわめて少ないため、ほとんど国民貯蓄と変わらない）いずれを見ても、同じことが言える。一九八〇年代に資本所得の税率が下降を始めて以来、資本蓄積が増えている兆候は一切ない。むしろ逆に、国民貯蓄率は一九八〇年以降徐々に低下し、二〇〇〇年代の半ばにはゼロパーセント近くまで下落した。富裕層の貯蓄率はほとんど変わらなかったが、所得階層の下位九九パーセント（および政府）の貯蓄率が激減したのだ。これは、力強い政策提言のもとになった「ゼロ資本税」理論が想定していた事態とは、正反対である。

過去一〇〇年にわたり、資本課税と資本蓄積との間に相関関係は見られない。一九八〇年以前、アメリカの資本課税にはかなりの変動があったものの、貯蓄率や投資率は国民所得の一〇パーセント前後を維持していた。例外は、世界恐慌の時期と第二次世界大戦の時期だけである。世界恐慌の際には、大量の失業が発生し、実質所得が前例のないほど減少したため、貯蓄が激減した。第二次世界大戦中は、消費が制限されていたため、貯蓄が増加した。こうした例外的な歴史的事象を除けば、アメリカの貯蓄率に明確な傾向はない。一九世紀までさかのぼる貯蓄データがあるフランスやドイツ、イギリスでも、同じことが言える。両世界大戦時を例外とすれば、これらの国の民間貯蓄率も国民所得の一〇パーセント前後を維持している。その間に、資本所得の平均税率が大幅に変化していたにもかかわらずである（一九世紀には五パーセント未満だったが、第二次世界大戦後の数十年間は五〇パーセントを超えていた）【注15】。

念のために言っておくが、これは、資本への課税が経済的なコストにならないことを証明しているわけではない。それでも、貯蓄率や投資率があまり変化していないという事実から、資本税は長期的に見ても資本所有者が負担しており、労働者が負担しているわけではないことがわかる。資本税が高くても資本ストックは減らない（したがって賃金も下がらない）のなら、資本税はそのまま資本所有者に帰着していることになる。富裕層は所得の大半を資本から、労働者階級や中流階級は所得の大半を労働から得ていることを考慮すると、資本税は主に、労働者階級ではなく富裕層に損害を与えていると言える。もちろん、貯蓄の判断は税の影響をまったく受けないというわけではない。資本に一〇〇パーセント課税すれば、その国の資本はかなり減ると思われる。だが、入手可能な経験的証拠を見るかぎり、税引後の資本利益率が多少変化したとしても（二〇世紀の間の利益率は二～五パーセントだった）、大した影響はない。

## 税制ではなく規制が資本蓄積を増やす

すると、こんな根本的な疑問が浮かんでくる。資本蓄積が資本課税の影響をほとんど受けていないように見えるのはなぜか？　その答えを一言で言えば、資本課税は、資本蓄積に影響を及ぼす無数の経済的・社会的要因の一つにすぎないからだ。しかも、比較的軽微な要因でしかない。

この無数の要因のなかで重要なのは、民間の貯蓄行動に影響を及ぼす規制である。

大半のアメリカ人の財産は主に、住居や退職年金などの資産と、住宅ローンや学生ローン、消費者金融などの負債から成る【注16】。国政は、こうした資産や負債のそれぞれに直接影響を及ぼす。第二次世界大戦後の数十年間、連邦政府は規制により、企業が従業員に積立方式年金を提供するよう奨励していた。また、三〇年住宅ローンの創設を支援し、生涯にわたり貯蓄を行なう有効なツールを提供した。住宅ローンを完済して住宅資産を構築すれば、それが貯蓄になるからだ。ところが、一九八〇年代以後になると対照的に、高等教育への公的助成が減少したため、学生ローンが急増した。また、金融規制の緩和により、住宅ローンの借り換えを延々と繰り返すことが可能になり、消費者への信用供給が急増するなど、市民が借金に陥りやすくなった。

現在、標準的な超合理的経済モデルを使わず、もっと現実的に人間行動をとらえようとする行動経済学が急成長している。この研究分野から得られた大きな教訓の一つが、税制上の優遇措置よりも税制以外の政策のほうが貯蓄率に影響を与えられる、というものだ【注17】。たとえば、選択肢をあらかじめ指定する制度について考えてみよう。新たに雇用された労働者が、４０１k年金制度（アメリカで一般的に採用されている企業年金制度）を既定の選択肢として提示されると、任意に年金制度を選ばなければならない場合に比べ、年金制度に加入する割合が四倍も高くなる（既定の選択肢として提示された場合には八〇パーセント、任意の場合は二〇パーセントが加入する）【注18】。こうして選択肢をあらかじめ指定しておけば、年金貯蓄が増えるだけでなく、労働者の全体的な貯蓄率も上がる。年金貯蓄を増やしたからといって、それにより年金貯蓄以外の富の蓄積（住宅ローンの返済など）が妨げられるわけではないからだ。一方、年金貯蓄を増やすという名目で従来行なわれてきた税制上の優遇措置（投資利益を課税控除するなど）の場合、年金以外に投資されていた資金が非課税の年金口座に流れるだけで、貯蓄率が目に見えて上がることはない【注19】。このように富の蓄積については、選択肢をあらかじめ指定するといった簡単な規制さえあれば、税制上の優遇措置よりもはるかに大きな効果をあげられる【注20】。

とはいえ、資本に課税しても何の影響もないというわけではない。資本の弾力性はさほど高くないが、資本は隠匿できる。富裕層は海外に財産を隠す。多国籍企業はバミューダ諸島に利益を移転する。投資の資金を非課税の口座に移すこともできる。租税回避産業は富裕層を顧客にしており、富裕層の所得の大半は資本から得ているため、租税回避産業が抑制されないかぎり、どうしても資本税を回避する機会が多くなる。しかし、こうした租税回避は、実際の富の蓄積（その人たちが株式や債券、不動産をどれだけ所有しているか）には何の影響も及ぼさない。そこにこそ、この問題に関する議論が混乱する原因がある。確かに資本は、税制に敏感に反応する場合がある。だがその反応は、貯蓄への課税が増えたから消費を増やそうというのではなく、書類を操作するだけである。こうした反応は、決して避けられないものではない。一九八〇年代以来、租税回避が横行しているのは、政府がそれを容認してきたからであり、それ以前はもっと少なかった。

企業利益への課税についても同じことが言える。企業利益は、一般的にはきわめて弾力性が高いと思われている。だが実際には、企業が各国間の税率の違いに反応する場合、たいていは、工場を税率の低い国に移転するのではなく、帳簿上の利益をタックスヘイブンに移転するだけだ。つまり、利益だけ移転して資本は移動しない。数多くの証拠が示すとおり、法人税率はそのほかさまざまな面に影響を及ぼす【注21】。法人税率が上がれば、会社を法人化せず、パートナーシップなど、法人課税の対象にならない組織形態を選ぶ傾向が高くなる。また、利子は課税控除の対象となるため、資金の借り入れが増える。一時的な投資税額控除があれば、投資計画が加速するだろう。だが、こうした選択はいずれも、その会社の長期的な資本ストック（建物、機械、設備のストック）に何の変化ももたらさない。したがって、企業利益への課税を減らしても、労働者の賃金が増えるとは限らない。

このように、無数の評論家が大衆に信じ込ませようとしている内容とは裏腹に、法人税の負担が労働者に転嫁されることは経済学的に「証明」されていない。もし本当に、法人税の負担が労働者にのしかかるのなら、世界中の労働組合が法人税の削減を政府に懇願していることだろう。実際のところ、高い法人税のために一般労働者が苦しんでいるという見解を誰よりも積極的に支持しているのは、裕福な株主たちなのだ。たとえば、二〇一八年のアメリカ中間選挙の際には、コーク兄弟（それぞれ五〇〇億ドルもの資産を所有している）の支援するロビー団体が二〇〇〇万ドルもの資金を費やし、トランプ大統領の法人税引き下げにより賃金が上がると有権者に訴える運動を展開している【注22】。同様に、労働税の負担が資本に転嫁されることも、経済学的に証明されていない。長期的に見れば、資本税の負担は資本所有者が、労働税の負担は労働者が背負うことになる。貧困層に課される税により富裕層が苦しむことはないように、富裕層に課される税により貧困層が苦しむこともない。

## 崩壊に向かう累進所得税

資本への課税を減らし、労働への課税を増やすと、利益にならないばかりか、実質的に損失を被ることになる。まず、グローバル化の持続可能性が損なわれる。グローバル化の勝者ばかりが租税回避により得をするとなれば、反動的な保護主義を擁護する声が広がるおそれがある。だが、問題はそれだけではない。きわめて危険な租税回避方法に道を開くことになる。それは、労働から資本への所得の移転である。資本所得の税率が下がれば、富裕層は、税率の高い労働所得を税率の低い資本所得に変えようとする。この両所得の税率の差が大きければ大きいほど、そのインセンティブは大きくなる。この所得移転が広まると、大問題が発生する。現代の税制の累進性に大きく貢献している個人所得税が崩壊してしまう。

もちろん、所得の移転ができない場合もある。教師や事務員、そのほかほとんどの被雇用者は、賃金を配当に見せかけることなどとうていできない。だが、富裕層が所得を移転するのはいたって簡単だ。会社を設立すればいいのである。

ジョンという弁護士を例に説明してみよう。ジョンは、租税競争によりとうとう法人税が廃止された二〇五〇年の世界に暮らしている。弁護士の仕事で年間一〇〇万ドルもの収入を得ているが、普段の支出は四〇万ドルほどだ。この場合、ジョンはどうするだろう？　まずは、ジョン社という会社を設立する。そしてこの会社がジョンに、食事や衣服、休暇などの費用をまかなうために必要な四〇万ドルを（配当として）支払い、残りの六〇万ドルを留保する。こうすればジョンは、一〇〇万ドル稼いでいるにもかかわらず、四〇万ドルに対してのみ個人所得税を支払えばいい。残りの六〇万ドルには課税されない。法人税がないため、留保分は非課税となる。こうなると、所得税は消費税と変わらなくなる。

このように、法人税率が低いときには、富裕層は会社を設立して利益を増やすことができる。弁護士や医師、建築士などの自営業者であれば、法人として営業すればいい。金融資産の所有者であれば、株式や債券を持株会社に移せばいい。民間企業の所有者兼経営者であれば、自分の賃金を削減し、その分を自社内に留保しておけばいい。ソフトウェアエンジニア、金融アナリスト、コラムニストなど、高給の被雇用者にも同じことが言える。独立して請負業者として法人化し、グーグルやシティグループや《ワシントン・ポスト》紙に、労働に対する報酬を請求すればいい。

会社を設立して租税回避を狙う富裕層に対抗するため、累進所得税を採用している国では法人税も採用している。法人税は、富裕層が会社の収入だと主張して納税を回避するのを防止する手段となる。もちろん、法人税の役割はそれだけではない。たとえば、企業が利用するインフラを構築・維持する資金を企業に拠出させる役割もある。だが、いつの時代であれ、法人税の主な存在理由は租税回避の防止にあった。法人税が個人所得税と同時に生まれた理由もそこにある。Oリングの破損によりスペースシャトルのチャレンジャー号が爆発したように、法人税の機能が損なわれれば、累進所得課税の制度全体が崩壊する。

富裕層がみな会社を設立するようになれば、累進所得税が崩壊する（単なる消費税と化す）だけでなく、その消費税さえ回避される可能性が際限なく高まる。というのは、社内で消費したことにすればいいからだ。先ほどの例で言えば、ジョン社がジョンに（課税対象となる）配当を支払うのではなく、ジョンの食事、衣服、休暇などの費用を支払うのである。これはもはや脱税と言うほかない。会社の支出として認められるものは厳密に規定されており、個人的な消費支出はそれに含まれない。だが、誰もが会社を設立するようになれば、そんな規則で企業を監視するのも難しくなる。こうしたダミー会社は、その所有者である自分以外の誰にも説明責任がないからだ。実際、現在のチリを見てみるといい。富裕層の大多数が独自の個人会社を持ち、その会社に自分の消費支出を肩代わりしてもらうことで、日常的に脱税を行なっている【注23】。

ここまで読めば、もはや根本的な問題がどこにあるかは明らかだろう。二〇一八年からアメリカの法人税が二一パーセントへと大幅に引き下げられたことにより（法人税については世界的に同様の傾向が見られる）、富裕層にとって会社の設立は、かつてないほど有益な租税回避手段になりつつある。所得の大部分を貯蓄にまわせる人々であれば、わざわざ手間をかけて会社を設立するだけの価値は十分にある。消費されない所得への課税を、わずか二一パーセントに抑えられるからだ。

これはばかばかしい空想にすぎないのか？　いや、所得移転の例は世界中いたるところに無数にある【注24】。現在の状況を入手可能な歴史的記録と比べてみると、一つだけ違う点がある。最近まで政府は、富裕層の労働所得の税率と資本所得の税率の差が開かないよう配慮していた。差がなかったわけではないが、たいていは数ポイントの差だった。ところが現在では、資本への課税が世界的に減少し、未知の領域へと向かっている。

一九八〇年代のタックス・シェルターに驚き、アメリカの大企業で流行する利益移転に愕然《がくぜん》とした経験がある人は、さらに驚愕することになるだろう。私たちはいまや、不公平税制の第三局面に入ろうとしている。その前に好ましい変化が訪れる可能性もないわけではない。だがこのままでは、租税回避の新たな波がやって来る。租税競争が激化し、世界的に法人税が引き下げられれば、次なる災厄が猛威を振るうことになるだろう。

# 第六章　悪循環を止めるには

二〇一九年、国際通貨基金（ＩＭＦ）は一連の専門家に、資本課税や租税競争の行く末について意見を求めた。すると大半の専門家は、租税競争は間もなく「激化する可能性が高い」と答えた【注1】。各国には課税の形式を選択する権利がある。そのため、タックスヘイブンに税率の引き下げをやめるよう強制することは誰にもできない。近隣の国より税率を低くしたほうが利益になるのであれば、そうする国が必ず現れる。すると企業は、なるべく税負担が軽いところを探し求める。あまりに悪質な租税回避については、対処する方法もあるかもしれない。だが、ますます緊密に統合されていくグローバル経済のなかで多国籍企業に高い税率を課すことなど、とうていできない、と。

この見解は間違っている。グローバル化すれば法人税は維持できなくなるなどということはない。法人税をどうするかは、私たちの選択にかかっている。現在「底辺への競争」が猛威を振るっているのは、私たちがそれを選択したからにほかならない。確かに、意識的かつ明確に選択したわけでもなければ、透明性の高い環境で民主的に議論して選択したわけでもないかもしれないが、それでも選択したことに変わりはない。国際協調を選択することもできたのに、それを選択しなかった。多国籍企業が税率の低い場所に利益を計上しないようにする選択もできたのに、企業にそれを許している。だが、今日からほかの選択をすることもできる。

## これまでなぜ国際的に協調できなかったのか?

現在の苦境から逃れる方法を考える際には、その前にまず、これまでなぜ、グローバル化が引き起こす税制の問題に対処できなかったのかを理解する必要がある。

その理由については一般的に、比較的穏健な状況説明がなされている。たとえば、こんな説明である。金融のグローバル化は最近の現象だ。いまでは世界の企業利益の二〇パーセント近くが、本社のある国以外で生み出されている【注2】。二〇〇〇年代以前は、この数字は五パーセント未満だった。わずかそれだけの利益が適切に課税されていなかったとしても、税収に大した影響はない。そのため学界にも政界にも、その課税について懸念する人はほとんどいなかった。するとそのすきをつくように、多国籍企業の利益が急増した。各国の財務省はそれを、一九二〇年代の旧態依然たる脱税がいまだに行なわれているのだろうと思った。だが前章で述べたように、この思い込みはあまりに楽観的すぎた。ほかにどんな脱税法がありうるのかを誰も考えようとしなかった。この無知のおかげで企業は、とがめをほとんど受けることなく法の欠陥を悪用することができた。

また、この説明によれば、企業の租税回避の規模が明らかになるまでに時間がかかったのも、多国籍企業の活動が不透明だからという単純な理由による。企業には一般的に、どの国に利益を計上するかを公表する義務はない。たとえばアップルは毎年、世界全体での連結利益を証券取引委員会に報告しているが、その利益をどこに計上したのか、アイルランドやドイツやジャージーの子会社にいくら利益を計上したのかを公表してはいない（利益は計上された国や地域で課税される）。そのため大衆には、アップルがどれだけの利益をタックスヘイブンに移転しているのかを知るすべがない。大半の大手多国籍企業にも同じことが言える。

だが、こうした無知を理由にするのはあまりに都合がよすぎる。詳しいデータや特殊な知識がなくても、法人税率が劇的に減少している事態には気づけるはずだ。実際のところ、グローバル化が引き起こす税制の問題に対処できなかった背景には、単なる無知のほかに、不穏な理由がいくつかある。

まず挙げられるのは、租税回避産業によるロビー活動である。移転価格操作を担うこの産業は、一九二〇年代に生まれた法人課税制度を利用して利益をあげているため、その制度の維持を至上

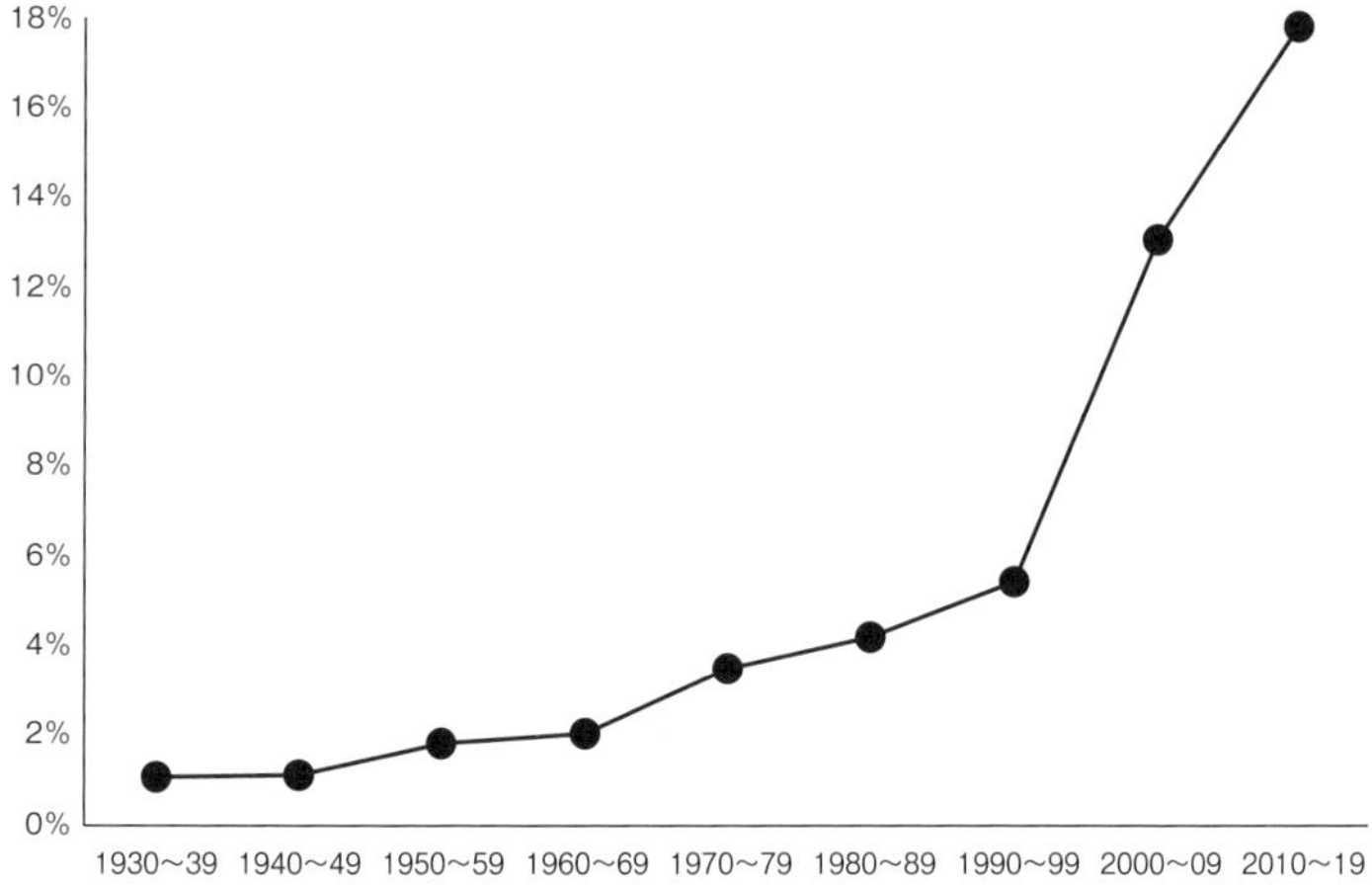


図 6-1　多国籍企業の利益の増加
（本社のある国以外での利益が世界全体の利益に占める割合）

注　このグラフは、多国籍企業の本社のある国以外での利益が世界全体の利益に占める割合の推移を示している。数十年前までその割合はごくわずか（5％未満）だったが、過去 20 年の間に増加し、2010 年代にはおよそ 18％に達した。データの詳細については taxjusticenow.org を参照。

命題としている。たとえば、企業が子会社ごとに課税されるのではなく、連結企業体としてまとめて課税されることになれば、子会社間の取引価格を操作しても意味がなくなり、租税回避産業は一夜にして廃れてしまう。そうなれば大変なことになる。現在、民間企業で移転価格操作のプロとして働いている人が二五万人もいるからだ（四大会計事務所で働いている人のほか、多国籍企業に直接雇われている人も含む）【注3】。この人たちが、自分の生活を脅《おびや》かす政策を黙って傍観しているわけがない。

租税回避産業はまた、国際協調の抑制にも多大な力を注いでいる。あらゆる国が同じ税率を採用すれば、企業は利益の移転に関心を示さなくなる。子会社間で特許を移転する意味も、ルクセンブルクの関連会社から資金を借りる理由もなくなる。バミューダ諸島の法人税制は、世界にとっては損失になるが、プライスウォーターハウスクーパースには利益になる。そのため四大会計事務所は、租税競争は避けられないものであり、むしろいいことなのだと大衆に思い込ませようとする。租税競争がなくなれば、そのビジネスが成り立たなくなるからだ。

実際この産業は、租税競争自体がいいことなのだと主張することでロビー活動を正当化しているが、その背景には、租税競争がなくなれば政府が肥大化するという政治思想がある。政治学者のジェフリー・ブレナンと経済学者のジェームズ・ブキャナンを中心に展開されたこの世界観によれば【注4】、民主的に選ばれた多数派は資産家に重税を課す傾向があるため、資産家は多数派の専制の犠牲になりやすい。これを防ぐため、政府の活動は何らかの制約を受ける必要がある。そんな制約になるのが、国際競争である。この考え方は、憲法や裁判などの非民主的な制度を通じて民主主義（特に財産の民主的規制）を抑制しようとする、古くからの知的伝統と重なる。

徴税は抑制と均衡のシステムに従うべきだという考え方そのものは、ばかばかしいものではない。税制を設計する適切な方法については議論を尽くしたほうがいい。憲法や司法による制約も重要な役割を果たしている。だが、租税競争が利益になるという主張は、民主主義への不信感をこれまで以上に高める。それは、資産家たちのこんな考え方を反映している。裁判や憲法、抑制と均衡のシステムだけでは、財産を守るには不十分かもしれない。多数派の専制から身を守り、政府の肥大化を抑えるためには、バミューダ諸島が必要だ、と。この見解に従えば、大衆には合理的な税制を自ら決める能力がないことになる。

そんな理論など、一部の自由至上主義者の幻想であり、奇妙なアメリカ的発想の一例として片づけてしまいたい衝動に駆られるかもしれないが、その影響力を甘く見てはいけない。このイデオロギーはもはやアメリカを越え、ヨーロッパ諸国などにも広まっている。実際、欧州連合の憲法に相当する欧州連合条約では、EU全体に共通する税制を実施するには加盟国すべての合意が必要なため、事実上租税競争が容認されていると言っていい。たとえ小国でも、EU全体で税率を調和させようとする試みを妨害できる。人口六〇万のルクセンブルクの意思が、五億人のヨーロッパ市民に影響を及ぼすことができるのである。ヨーロッパには大小さまざまな国があり、その経済的事情はそれぞれ異なる（小国のほうが租税競争により多くの利益を得られる）。それを考えると、条約のこの規定はあらゆる税制調和の障害になる。明確に述べられることはほとんどないが、このような規定があるのは、ヨーロッパの福祉制度は肥大化しすぎており、それをスリム化するために租税競争が必要だという思想が広まった結果だと思われる。この世界観によれば、政府をスリム化するには、民主主義だけでは不十分だ。入念に構成されたポスト民主主義的なEUの機関（たとえば欧州委員会は、選挙によらない公平な立場の委員により構成されている）にさえ、社会保障支出を抑制する力はない。スリム化を進めようとすれば、イタリアにはマルタが、フランスにはルクセンブルクが、ギリシャにはキプロスが必要になるのだという。

だが実際には、租税競争がもたらすとされる利益よりも、租税競争がもたらすコストのほうがはるかに大きい。先に述べたように、力強い法人税がなければ、累進所得税は存続できない。法人税が低いと、富裕層は会社を設立して所得税を消費税に変えてしまうため、所得税を徴税できなくなるからだ。こうして累進所得税がなくなれば、拡大する格差に対処する機会は失われてしまう。確かに、格差縮小を促す政策は、最低賃金の底上げ、企業統治の改革、高等教育を受ける機会の均等化、知的財産の規制の改善、金融産業の行きすぎた行為の抑制など、いくつもある。だが、これまで富の集中を抑制するうえで最大の効果を発揮してきたのは、累進所得税だった【注5】。

私たちはいま、相互に結びつきあった国々のなかの一市民として、岐路に立っている。このまま租税競争の道を歩んでいけば、不公平税制はさらにエスカレートし、格差は拡大する一方だろう。だが幸い、同じように実現可能なほかの道もある。租税競争の悪循環を止めるのは可能だ。多国籍企業にそれなりの税金をすぐに支払わせるのも夢ではない。それを実現する行動プランには、四つの柱がある。懲罰を科す、協調する、防御措置をとる、労せずして利益を得ようとするフリーライダーに制裁を加える、の四つである。

## 各国が自国の多国籍企業を取り締まる

第一の懲罰を与えるとは、各国が自国の多国籍企業を取り締まることを指す。アメリカの企業が外国で十分な税金を支払っていないのであれば、アメリカ政府がその企業に、不足分をアメリカで支払わせるようにする。イタリア政府はイタリアの企業に、フランス政府はフランスの企業に対して、同じようにする。

それをどのように行なえばいいのかを、具体的な事例を挙げて説明しよう。イタリアの自動車メーカーのフィアットが、無形資産の移転やグループ内取引の操作により、アイルランド（法人税率は五パーセント）で一〇億ドルの利益を、チャンネル諸島のジャージー（法人税率はゼロパーセント）で一〇億ドルの利益をあげることに成功したとする。これには大きな問題がある。フィアットが支払う税金は、本来支払うべき税金よりはるかに少ない。イタリアの国内企業は、それよりはるかに多い税金を支払っている。経済学ではこの不足分を「租税過少」という。だがありがたいことに、タックスヘイブンが徴収しない分の税金をイタリア政府が代わりに徴収し、この租税過少を抑制することはできる。具体的にはイタリア政府が、フィアットのアイルランドでの所得に二〇パーセント、ジャージーでの所得に二五パーセント課税する。つまり、フィアットが営業しているすべての国で、同社の実効税率が二五パーセントになるように、「矯正税」を課せばいい。

こうしてフィアットの租税過少を抑制したとしても、国際条約には一切抵触しない。タックスヘイブンに協力を求める必要もない。さらに驚くべきことに、新たにデータを収集する必要さえない。必要な情報はすでにある。市民社会団体の圧力を受け、いまでは多国籍企業の活動にまとわりついていた秘密のベールが取り払われつつある。OECDの「税源浸食と利益移転に関する包括的枠組み」の一環として、すでに大企業には、国別の利益や納税額の報告が義務づけられている。とはいえ、いまだ財政の完全な透明化にはほど遠い。この国別の報告は公開されておらず、それを入手できるのは税務当局だけだ。それでも、情報が存在していることに変わりはない。アップルは、国ごとにどれだけの所得を得たのかを、内国歳入庁に報告しなければならない。ロレアルはフランス政府に、フィアットはイタリア政府に、同様の情報を提示しなければならない。およそ七五の国が、こうした情報の収集をすでに始めているか、近い将来にその実施を約束している。そのなかには経済大国がすべて含まれている【注6】。

ありふれた税務管理の問題に見えるかもしれないが、この新たな情報源のおかげで、大国が自国の多国籍企業を取り締まるのがかつてないほど容易になった。これにより、アメリカ、フランス、イタリアなどどの国の政府も、自国の大企業がどの国であげた利益であろうと、最低課税率

（たとえば二五パーセント）を適用することが可能になる。多国籍企業は事実上、本国の政府により最終的に徴税されることになる。アップルがジャージーで二パーセントしか課税されていないのであれば、アメリカ政府が残りの二三パーセントを徴収する。パリに本社を置く宝飾品メーカー、ケリングが税率五パーセントのスイスに利益を計上しているのであれば、フランス政府が残りの二〇パーセントを徴収する。このような政策を実現すれば、多国籍企業がタックスヘイブンに利益を計上しようとするインセンティブはたちまち消えてなくなるだろう。バミューダ諸島に利益を計上すれば非課税だったとしても、その節税分が本国での課税により完全に相殺されてしまうのであれば、タックスヘイブンに利益を計上する意味がない。

こうして多国籍企業を取り締まれば、本国に多額の税収がもたらされる。二〇一九年には内国歳入庁が、二〇一六年のアメリカ企業の国別報告書を初めて公表した。この数値をもとに、アメリカ政府が多国籍企業に矯正税を課せば、どれだけの税収が得られるかを計算してみよう。二〇一六年、アメリカの大企業は全世界でおよそ一兆三〇〇〇億ドルの利益をあげた。これに対し、アメリカ政府および外国政府に支払った税金の総額は二六二〇億ドルである。つまり、全世界での平均実効税率は二〇パーセントということになる。だが、それほどの税率を課していない国がたくさんある。二二〇億ドルの利益が計上されたバハマの税率はゼロパーセント、二四〇億ドルの利益が計上されたケイマン諸島の税率もゼロパーセント、三九〇億ドルの利益が移転されたプエルトリコの税率は二パーセントである。これらの国ごとに二五パーセントの最低課税率を適用していれば、アメリカ政府はこの年、さらに一〇〇〇億ドル近くも税収を増やせた計算になる（そのほかの条件がすべて同じ場合）。その場合、アメリカの多国籍企業の平均実効税率は、二〇パーセントから二七パーセントへと七ポイント上がる【注7】。

もちろん、二〇一六年にこの矯正税が導入されていたら、アメリカの企業はバミューダ諸島へ計上する利益を減らし、税率の高い国へ計上する利益を増やしていたに違いない（それこそがこの政策のねらいである）。これまでバミューダ諸島に計上されていた利益はアメリカに計上され、アメリカ政府の税収を増やすことになるかもしれないし、ドイツやフランスに計上されることになるかもしれない。そのため、アメリカ政府が矯正税により増やせる税収は、実際には一〇〇〇億ドルに満たないだろう。だがここで重要なのは、アメリカの企業、ひいてはその株主（その大多数がアメリカ人）が、全世界にさらに一〇〇〇億ドルを支払わざるを得なくなるという点にある。それに、他国が課す矯正税により、アメリカ政府が得をする場合もある。フランス政府が自国の大企業に矯正税を課すようになれば、フランスの企業はルクセンブルクに計上する利益を減らし、アメリカに計上する利益を増やすかもしれない。そうなればアメリカの税収は増える。

現実的に見て、大国が近い将来、自国の多国籍企業の取り締まりを始める可能性はあるのか？その可能性は大いにある。というのは、取り締まりが自国の利益になるからだ。租税競争は貿易とは違い、一部の国だけが得をし、ほかの国は損をする。経済大国はすべて、この損をする側の陣営に属している。そのため、この不毛なゲームをやめようとする明らかなインセンティブがある。第四章で説明したように、小国が低い税率を採用すれば、国民所得に対する割合から見て、かなりの法人税収を確保できる。それにより集められる海外利益が、国内の課税基盤に比べるとはるかに大きいからだ。ところが大国の場合、この戦略をまねても得られるものは何もない。確かに、税率を下げれば、海外利益を集めることはできるかもしれない。だが、その税率は国内企業にも適用されるため、それにより失われる税収のほうが、海外利益から得られる税収を上まわってしまう。その結果、大国が税率を引き下げた場合には間違いなく、全体的な法人税収は減る。そのみごとな実例が、二〇一八年から税率を引き下げたアメリカである。この減税により、連邦法人税の税収は四五パーセントも減少した【注8】。アメリカはマルタのような国とは違い、タックスヘイブンになったとしても政府の税収は増えない。

つまりは、こういうことだ。ほとんどの多国籍企業は経済大国に本社を置いているため、イタリアやドイツやアメリカの政府が、自国の多国籍企業によって税率の低い国に計上された利益に矯正税を課せば、この不毛なゲームを終わらせることができる【注9】。

ここで第一の重要なポイントをまとめておこう。タックスヘイブンが税率を引き上げなくても、国際的な租税競争の悪循環は止められる。小国が税率を引き下げれば、莫大な利益を確保できるかもしれない。だがそれは、ほかの国が企業利益への効果的な課税をいますぐ始める妨げにはならない。

## いまこそ国際協調を

では実際に、大国の政府が自国の多国籍企業を取り締まり、矯正税を課すようになったらどうなるだろう？　フィアットやアップルやロレアルは、本社をタックスヘイブンに移してしまわないだろうか？　だが幸い、この問題に対処する方法はいくつもある。そのなかでも重要なのが国際協力である。

前述したように、大半の国はすでに、あまりに露骨な利益移転を制限するため税法を調和させることに同意している。そうなると、次のステップは当然、大国が一致協力して共通の最低税率を採用するということになる。G20の構成国（世界の経済大国がすべて含まれている）はいずれも、自国の多国籍企業がどこで営業していようと二五パーセントの最低税率を適用することに、異論はないはずだ。これらの国はすでに、この最低課税に必要な情報を持っている。それに、矯正税を課せば自国の利益にもなる。そう考えると、近年になって租税競争が激化しているため奇妙に思えるかもしれないが、解決策は手の届くところにある。

もちろん、G20各国が相互の合意に基づき最低税率を導入しても、すべての問題が解決するわけではない。企業は、本社をタックスヘイブンに移すことで納税を回避できる。この問題はいまや国民的議論と化している。実際、アメリカの政治家は「課税逆転」問題に頭を悩ませている。課税逆転とは、アメリカの企業が、アイルランドなど税率の低い国や地域の外国企業と合併し、合併相手の国籍を採用する行為を指す。

だが、この問題はあまりに誇張されている。これほど課税逆転が話題になっているにもかかわらず、実際に南国の島へ本社を移した企業はごくわずかだ。確かに、注目を浴びた事例もないわけではない。コンサルティング会社のアクセンチュアは二〇〇一年、本社をシカゴからバミューダ諸島へ移した（二〇〇九年にはアイルランドに移転している）。金融サービス会社のラザードも二〇〇五年、本社をニューヨークからバミューダ諸島へ移転させた。健康補助食品会社のハーバライフは二〇〇二年以降、ケイマン諸島の居住企業となっている。租税回避企業を追跡しているブルームバーグによれば、一九八二年から二〇一七年までに本社を外国へ移したアメリカの企業は、八五社にのぼる（その多くは製薬関連の企業であり、大半は名前も聞いたことのない企業である）【注10】。そのほか、最初からオフショア金融センターに本社を設立している企業もわずかながらある（また、この期間以前に本社を移した企業もある）。そのなかでも有名なのが、油田関連サービス大手のシュルンベルジェである。この会社はカリブ海南部に浮かぶキュラソー島に本社を置いている。

こうした動きはきわめて憂慮すべきものに見えるが、実際のところこれらは大海の一滴にすぎない。世界の大企業二〇〇〇社のうち、現在アイルランドに本社があるのは一八社、シンガポールに本社があるのは一三社、ルクセンブルクに本社があるのは七社、バミューダ諸島に本社があるのは四社だけだ【注11】。およそ一〇〇〇社は、アメリカやEU内に本社を置いている。そのほかの企業の本社も、大半は中国や日本、韓国などのG20諸国にある。

十分なインセンティブがあるにもかかわらず、本社を外国に移転する企業がこれほど少ないのはおそらく、企業の国籍は容易に操作できないからだろう。企業の国籍は、厳密なルールにより制限されている。たとえば、一度アメリカで法人化された企業は、簡単には本社を外国に移せない。アメリカで法人化された企業は税法上、ずっとアメリカの企業として扱われる。アメリカの企業が国籍を変えられるのは、外国企業に買収されたときだけだ。つまり、外国企業との合併である。しかも、合併により国籍の変更が法的に認められるためには、さまざまな条件を満たさなければならず、その条件も年々厳しくなっている（二〇一六年のオバマ政権下での規制強化がいい例である）。なかでも、所有権の実質的な変更はもっとも重視される。そのため、アメリカの企業がバミューダ諸島のペーパーカンパニーと合併したとしても、バミューダ諸島に国籍を移すことはできない。アメリカの大企業がカリブ海の島々に本社を移転するのは、事実上不可能なのである。オバマ政権による規制強化以来（これまではトランプ政権もそれを引き継いでいる）、課税逆転は完全に停止している。

つまり、第二の重要なポイントはこうなる。わずかばかりの大国が参加するだけだとしても、国際協調により租税回避は抑制できる。G20各国が明日にでも自国の多国籍企業に二五パーセントの最低税率を適用すれば、ただちに世界の企業利益の九〇パーセント以上が、少なくとも二五パーセントは課税されることになる。

## 企業が回避した税を回収するには

国際協調には時間がかかるため、しばらくはその成果が見込めないかもしれない。そのため第三の柱として、国際協調への参加を拒否する国に本社を置く企業に対し、防御措置をとることが必要になる。

スイスの企業ネスレを例に、具体的に説明してみよう。スイスが自国の多国籍企業の取り締まりを拒否したとする（独自に行動したほうが国益にかなうと判断した、裕福な株主が政治家を味方につけた、などの理由が考えられる）。すると、スイス政府が自国の多国籍企業に二五パーセントの最低税率を適用しようとしないため、ネスレに課される税率は低くなる。利益をタックスヘイブンに移転すれば、とがめを一切受けることなく納税を回避できるからだ。この問題にどう対処すればいいのか？

その答えを一言で言えば、スイスが徴収しようとしない税を、税率の高い国が代わりに徴収すればいい。いちばん簡単なのは、ネスレの全世界での総利益を、同社が販売を行なっている国や地域に振り分ける方法である。たとえば、ネスレがどの国で営業し、どこに本社を置き、どこに特許を保有していようが、ネスレがアメリカであげた販売利益が総利益の二〇パーセントに相当するのであれば、同社の総利益の二〇パーセントはアメリカで生まれたものであり、アメリカで課税できるものとする。同様に、ネスレがフランスであげた販売利益が総利益の一〇パーセントに相当するのであれば、同社の総利益の一〇パーセントはフランスで課税できるものとする。

これはばかばかしい空想にすぎないのか？　まったくそんなことはない。実際、アメリカの大半の州は、そのような形で法人税を徴収している。アメリカの四四の州には、連邦法人税に加え、州法人税が存在する（最高がアイオワ州の一二パーセント）。たとえばカリフォルニア州では、コカ・コーラ社の利益のどれだけに課税すればいいかを判断する場合、コカ・コーラ社のアメリカでの総利益を、同社が販売を行なっている州にそれぞれ振り分ける。カンザス州やアラスカ州、メリーランド州など、もっと複雑な振り分け方法を採用し、販売した場所だけでなく、企業の資産や従業員の住所まで考慮している州もないわけではない。だが最近では、販売した場所にのみ基づく方法を採用する州が圧倒的に増えている。これまでの実績により、この振り分け方法の有効性が証明されているからだ（カナダの州やドイツの市町村でも採用されている）【注12】。地方政府にできるのなら、国がこの制度を導入できないはずがない。

租税回避に対抗するため、より万全な仕組みを採用することもできる。ネスレの全世界での総利益を各国に振り分けるのではなく、同社の租税過少分を振り分けるのである。具体的に説明しよう。アメリカ政府（あるいは、この仕組みを採用するほかの国の政府）が、ネスレの全世界における租税過少分の総額を計算する。租税過少分とは、ネスレが営業している国でそれぞれ二五パーセントの最低税率を適用した場合に、同社が支払うことになる追加税にあたる。ネスレがアメリカであげた販売利益が総利益の二〇パーセントに相当する場合、アメリカ政府はネスレの租税過少分の総額から、その二〇パーセントを徴収する。つまり、ネスレが製品を販売している国の政府が、スイス政府が担おうとしない役割（矯正税の徴収）を担うのである。

筆者が知るかぎり、このような方法はこれまで提案されたことがないが、この解決策にはさまざまな利点がある。

第一に、すぐに実行できる。先に述べたとおり、多国籍企業の国別の利益・納税額・売上に関する情報は、すでに存在する。ネスレの場合はスイスの税務当局が収集しているが、二〇一八年以降この情報は外国と自動的に共有されるようになった。ＯＥＣＤによれば、二〇一九年二月現在、国別報告を自動的に共有している国の組み合わせは二〇〇〇を超える【注13】。フランスやアメリカなど、ネスレが製品を販売している国の大半はすでに、必要な情報を手元に持っており、同社の租税過少分の総額を計算することも、その未払いの税のなかから自国が受け取るべき分を徴収することもできる。その情報が手元にないのなら、企業に要求すればいい。どの国の政府も、企業が国内市場に参入するのを認可する際に、安全規制などさまざまな条件を提示している。その条件の一つとして、必要最低限の会計の透明性を求めたとしても、何ら問題はない。

第二に、既存の国際条約に抵触しない。各国はこれまで、企業が二重に課税されないように無数の協定を交わしてきたが、こうした協定の間に見られる不一致のために、さまざまな租税回避が横行することになった。それにもかかわらず、ＯＥＣＤや各国政府はいまだにその協定にしがみつき、それに抵触するという理由から、企業課税を改革しようとする試みを認めようとしない。だが、本節で提案する防御的税制措置は、企業が最低基準（たとえば二五パーセント）に満たない税額しか支払っていない場合にかぎり、追加税を徴収する。その仕組みからして、二重に課税されることは一切ない。したがって、二重課税協定にも抵触しない。

どんな国であれ、この防御的税制措置を採用するインセンティブがあるはずだ。矯正税の徴収が利益にならない国はない。そうしないのは、税金を奪われるまま放置しておくに等しい。多国籍企業が莫大な販売利益を生み出している国の政府がすべて、この防御的税制措置を採用すれば、各企業の租税過少分は余すところなく振り分けられる。バミューダ諸島に本社を置いている企業でさえ、二五パーセントの最低課税に直面する。もはや逃げ場はない。

## タックスヘイブンへの制裁

言うまでもないことだが、租税回避産業の創意工夫の力を甘く見てはいけない。会計士や弁護士は将来、新たな抜け穴を見つけるかもしれない。だからこそこの行動プランには、第四の柱がある。主権を売りわたし、租税回避を可能にするタックスヘイブンへの制裁である。

非協力的なタックスヘイブンに制裁を科すのは、経済的合理性にかなった行動である。どの国にも、独自の法を定める権利がある。だが、その法が多大な負の外部性をもたらす場合、犠牲となる国にはそれに報復する権利がある。二五パーセントの実効税率を課すなど（これは国際的に見ても歴史的に見ても、決して高い数字ではない）、世界的な最低課税基準を設けようとしているのに、それに同調しないのは、他国を犠牲にして自国の税収（および世界の株主の利益）を増やす不当なダンピング行為でしかない。この種の行為はやめさせなければならない。そのためには、非協力的なタックスヘイブンとの金融取引に税を課すなどすればいい。第三章でも述べたように、実際にアメリカ政府は、タックスヘイブンとの金融取引への課税をちらつかせ、その銀行データを内国歳入庁に開示させることに成功し、不可能と思われていた国際協力に新たな道を開いた。同様のアプローチは、共通の企業課税基準を採用しようとしない国の説得にも利用できる。

このアプローチに対しては、どの国にも税制を自由に決める権利があり、ある国がほかの国に法人税率の引き上げを強要するのはその国の主権侵害にあたる、という反論がある。実際スイスは以前、そう主張して銀行秘密を守り、他国の税務当局との協力を拒否していた。だがそのスイスも、アメリカの圧力に屈して方針を変更しつつある。一連のスキャンダルにより、オフショア金融センターの不正利用の規模が明らかになったからだ。このように、変化を促すには、タックスヘイブンが他国にもたらしている負の外部性の規模を数値で示すと効果がある。最近になってようやく、多国籍企業がどの国にどれだけの利益を計上しているかといったデータを入手できるようになった。これを使えば、アイルランドの税制により、アメリカやフランスの税収がどれだけ減っているかを推計できる。もはや、一部の国の税制が他国にもたらす負の外部性を無視することは許されない。

## 「底辺への競争」から「頂点への競争」へ

ところで、この行動プランは政治的に見て現実的なのだろうか？　確かに、Ｇ20構成国すべてが一致協力して、自国の多国籍企業を取り締まり、共通の最低課税基準を採用し、タックスヘイブンに制裁を科すというのは、あまりに楽観的すぎるかもしれない。だが、G20の一部の国がそのような協調行動をとるというのは、決して非現実的ではない。世界の多国籍企業のおよそ半数がアメリカとEUに本社を置いており、この二大経済圏が世界の消費の五〇パーセント以上を占めている。そのため、本書が提案するプランをアメリカとEUが共同で採用すれば、世界の企業利益のおよそ七五パーセントに、二五パーセントかそれ以上の税率を適用できる。アメリカとEUの多国籍企業が生み出すすべての利益（世界の企業利益の五〇パーセント）、およびそのほかの企業が生み出す利益の半分（二五パーセント）である。欧米の協力を支持するのなら、このような協定の締結を今後数年の主要な目標とすべきだろう。

さらに視野を広げ、税制の問題を通商政策の中心に据えてもいい。これからの貿易協定は、税制の調和に関する合意がなければ署名すべきではない。現在の大半の自由貿易協定は、外国人投資家の財産権の保護を最優先する内容になっている。だが、税の問題を完全に無視してそのような協定を結ぶ行為が妥当と言えるだろうか？　納税義務のない所有権などありえない。

ある程度高い最低課税基準を設ければ、国際的な租税競争の論理は逆転する。企業は、税を考慮する必要がなくなれば、労働者の生産性が高いところ、インフラの充実しているところ、消費者に自社製品を買えるだけの購買力があるところへ向かう。そのため各国政府は、税率の引き下げを競うのではなく、インフラ支出の増強、教育機会の拡大への投資、研究への資金提供を競うようになる。その結果、国際競争により、株主の利益ばかりが増えるのではなく、各国内の格差が縮小することになる。

この場合、各国政府が共通の最低課税率を超えて法人税率を引き上げても、何の問題もない。一例として、アメリカ一国だけが、明日から五〇パーセントの法人税率を採用したとしよう。歴史的に見ると、納税を回避するために本社を外国に移したアメリカの企業はごくわずかだ。ほかのＯＥＣＤ諸国に比べてアメリカの法人税がかなり高かった一九九〇年代後半から二〇一八年までの間でさえ、それは変わらない。だが、いきなり五〇パーセントにまで税率を引き上げれば、多くのアメリカ企業が外国に本社を移そうとする誘惑に駆られるかもしれない。さらに、新たに設立される企業はすべてアメリカ国外に本社を置くことになるかもしれない。しかしいずれの場合にせよアメリカ政府は、五〇パーセントの防御的税制措置により、かなりの税収を確保できる。企業が何をしようが、この仕組みからは逃れられない。アメリカで利益をあげており、外国で五〇パーセント未満の税率しか課されていないのであれば、企業はアメリカに税金を支払うことになる。

本章の冒頭に、ＩＭＦに意見を聞かれた専門家の意見を取り上げたが、あの主張は間違っている。グローバル化したからといって、各国政府が企業に高い法人税を課せなくなるわけではない。

法人税率の「底辺への競争」は避けられないものであり、タックスヘイブンに制裁を科すのは自由貿易の理念に反すると主張するのは、グローバル化を否定するに等しい。グローバル化を持続させるために必要なのは、資本課税の廃止ではなく資本課税の改革であり、競争ではなく協調であり、税制の問題を無視した自由貿易協定ではなく、税制の調和を推進する国際協定である。そう考えれば、累進税制が消えるべき運命にあるわけではないこともわかるだろう。統合が進むグローバル経済のなかでも、累進税制は改良・発展させていける。

# 第七章　富裕層に課税する

ドナルド・トランプは一回目の大統領候補テレビ討論会で、自分が納税を回避しているのは賢いからだと自慢げに語ると、二回目のテレビ討論会では、その優れた腕前を具体的に説明した。「私には控除がある。主に減価償却費だ。それがかなりのマイナスになる。ありがたいね」。トランプはさらに、現在の税制は不正に操作されているという主張を裏づけるため、ヒラリー・クリントンの裕福な支援者を引き合いに出し、彼らもあまり税金を納めていないと主張した。「彼女の友人たちも多くは多額の控除を受けている。ウォーレン・バフェットが受けている控除はかなりのものだ」

トランプが何を念頭に「かなりのもの」と言ったのかはわからないが、バフェットは生きている間に財産の大半を手放すつもりだと公言しているため、慈善事業への寄付に対する控除についてそう言ったものと思われる。バークシャー・ハサウェイの会長兼CEOを務めるバフェットは、こうした批判を受けると、その翌日に自身の納税に関する声明を発表した。「私の二〇一五年の財務報告書によれば、調整後総所得は一一五六万三九三一ドルである」。テレビ討論会でのトランプの主張とは違い、多額の控除はなかった。それにバフェットは、きちんと税金を支払っていた。「私のその年の連邦所得税は、一八四万五五五七ドルだった。前年の財務報告書も同じようなものだ。一三歳になった一九四四年以来、連邦所得税は毎年支払っている」。このような声明を発表したのは、「オマハの賢人」と呼ばれるバフェットが、社会への義務を回避しているトランプとは違い、市民としての責任を果たしていることを証明するためだったのは間違いない。

だが実際には、この声明はまったく逆のことを証明している。《フォーブス》誌によれば、二〇一五年にバフェットは六五三億ドルもの財産を所有していた。その財産の利益率がどれくらいなのか正確な値はわからないが、控えめに見積もって五パーセントだったとしよう。この場合、二〇一五年のバフェットの税引前所得は、六五三億ドルの五パーセント、すなわち三二億ドルとなる。バフェットはこのなかから、およそ一八〇万ドルを連邦所得税として支払ったと誇らしげに公表していた。トランプは税金を支払っていないが、自分はそんな男とは違う道徳観の持ち主なのだと反論したのである。だが、実際に計算してみてほしい。バフェットの所得税の実効税率も、結局はおよそ〇・〇五五パーセントにすぎない。

良心的な納税者といっても、納税を回避していることに変わりはない。その方法が違うだけだ。トランプは、父親から受け継いだ莫大な財産に対して支払うべき遺産税を回避し、そのニーズに合わせて租税回避産業が提示したあらゆる回避方法を駆使して、支払うべき所得税を削減した【注1】。一方バフェットは、別の方法を使った。バフェットの財産は主に、自身の会社バークシャー・ハサウェイの株式から成る。同社は配当を支払っていない。また、同社がほかの会社に投資する際には、その会社にも配当の支払いをやめさせている。その結果どうなっただろう？　バフェットの財産が数十年にわたり、個人所得税の課税対象にならないまま、この会社のなかに蓄積されていった。同社の利益は絶えず再投資されるため、バークシャー・ハサウェイの株価は年々上昇しており、いまや一株およそ三〇万ドルに達している。一九九二年時の株価の三〇倍である。そのためバフェットは、何らかの理由で現金が必要なときには、この株式をいくつか売るだけでいい。たとえば、四〇株を一株三〇万ドルで売れば、バフェットの個人銀行口座に一二〇〇万ドルが振り込まれる。そして、このわずかばかりのキャピタルゲインに対して、わずかばかりの税金を支払う。それだけだ。

よく知られているように、バフェットは自分が支払っている税金があまりに少ないことを残念に思っており、政治家もこの不公正を正そうとさまざまな提案をしてきた。そのなかでも有名なのが、二〇一一年にバラク・オバマが、二〇一六年にヒラリー・クリントンが支持した「バフェットルール」である。年間所得が一〇〇万ドルを超える個人には三〇パーセントの最低税率を適用するというこの税制案は、それ以来民主党の税制政策の柱となった。現在のキャピタルゲインの最高税率（二〇一九年時点で二〇パーセント）は、賃金所得の最高税率（三七パーセント）よりも低い。そのためバフェット（主な所得源はキャピタルゲイン）に課される税率は、自分の秘書（主な所得源は賃金）に課される税率よりも低くなる。バフェットルールは、この問題に対処するために提案された。ところが、これでは問題は解決しない。バフェットがわずかばかりの株式を売却したときに課される二〇パーセントの税率は、バフェットの本当の所得のなかのごくわずかな部分に適用されるだけだ。このわずかな部分に三〇パーセント課税したとしても、それが微々たる額であることに変わりはない。つまり、バフェットルールが法制化されたとしても、バフェットが支払うべき税額が大きく変わることはない。

自分で認めているように、トランプもバフェットもわずかばかりの税金しか支払っていない。きちんと税金を支払っていると豪語している億万長者でさえ、税収にさほど貢献しているわけではない。前述したように、あらゆる税を考慮すると、全体的に中流階級より超富裕層のほうが実効税率が低い。現在検討されているほとんどの提案は、この問題の解決にはほとんど役に立たない。この状況からどう脱け出せばいいのか？

## 富裕層に課税する理由——貧困層を助けるため

そもそも、富裕層に対する理想的な税率とはどれぐらいなのか？　これは、税の目的にかかわる問題である。この問題についてはさまざまな考え方があるが、この議論の出発点にふさわしいのが、哲学者のジョン・ロールズが提唱し、社会科学者の間で幅広い支持を得ている正義論である。ロールズによれば、社会的・経済的な不平等により社会の最貧困層の生活水準が高められる場合には、その不平等も容認される【注2】。この考え方を税制にあてはめれば、富裕層の金銭的利益を考慮する必要はないということになる。むしろ、富裕層への課税の程度によりほかの市民にどんな影響があるのか、ということだけを考慮すればいい。つまり税制の目的は、「富裕層にも公平な額を支払わせる」（いま一つはっきりしない概念である）ことではなく、一部の市民の莫大な富により最貧困層の生活を支えることにある。

具体的に言えば、こういうことになる。最高税率の引き上げにより税収が減るのであれば（富裕層が働かなくなるなどの理由による）、税率は引き下げたほうがいい。この場合、富裕層への税率の引き下げにより、政府が医療や育児などの社会事業に費やせる税収が増え、貧困層の生活環境が改善される。逆に、税率の引き上げにより税収が増えるのであれば、税収が増えるかぎりいくらでも税率を引き上げたほうがいい。税収が増えれば増えるほど、社会の最貧困層の利益になるからだ。つまり、富裕層に最適な税率とは、できるだけ多くの税収を生み出せる税率ということになる。この点では、どの経済学者の意見も一致している。誰でも直感的に理解できるように、余分な金銭は、ビル・ゲイツに渡すよりも貧しい人に渡したほうが、はるかに価値がある。富裕層にやや多く課税したところで、育児をする金銭的余裕がなくなるわけではない。だが、税率の引き上げにより、富裕層にコーヒーを提供している人や、富裕層の家を清掃したりしている人にも、育児をする金銭的余裕が生まれるのであれば、そうするだけの価値はある【注3】。

この目的を念頭に置いて考えると、課税は応用工学の問題になる。一九二〇年代、天才的な数学者・経済学者だったフランク・ラムゼイは、あらゆる納税者が同じ税率を課される場合、税収を最大化する税率は、課税対象所得の弾力性に反比例することを証明した【注4】。これはどういうことなのか？　弾力性という概念については第五章で説明した。課税対象所得の弾力性が低い場合、税率を上げたとしても、計上される所得はあまり変わらない。そのため、税率を上げれば、自動的に税収は増える。逆に、課税対象所得の弾力性が高い場合、税率が高くなると課税基盤が著しく縮小してしまい、あまり税収を増やせなくなるため、望ましくない。この最適課税の基本原則は「ラムゼイルール」と呼ばれる。つまり、弾力性の高い所得にはあまり課税すべきではない。

　だが、ラムゼイのアプローチには限界があった。ラムゼイは誰もが同じ税率を課される場合（均等税）しか考えていなかった。だが均等税というのは、やや稚拙な徴税手段である。所得税を累進制にし、所得が多くなればなるほど高い限界税率を課すこともできる。実際、すでに述べたように、ほとんどの民主主義国は所得税に累進制を採用している。そこで一九九〇年代後半には、ラムゼイの理論を発展させ、累進所得税における富裕層の最適税率を求める研究が進められた。その結果によれば、標準的なラムゼイルール同様、税収を最大化する所得税の最高限界税率は、課税対象所得の弾力性に反比例するという。ただし、話はそれほど単純ではない。この場合に重要なのは、富裕層の所得の弾力性だけである。また、最適税率は格差の程度にも左右される。富の集中度が高いほど、富裕層に課すべき最適税率も高くなる【注5】。

## 富裕層に最適な平均税率は六〇パーセント

　この理論を考慮すると、最高税率に応じて富裕層の行動がどう変わるかが、最高税率を決める重要なポイントになることがわかる。一般的な議論では、富裕層が計上する利益は弾力性がきわめて高いため、それにあまり課税すべきではないという主張が、自明のことと見なされている場合が多い。だが、現実はそれほど単純ではない。弾力性は決して不変ではないからだ。弾力性は政策により多大な影響を受ける。

税率の引き上げに対する富裕層の反応は、以下の二つに絞ることができる。第一に、実際に経済行動を変える。労働時間を減らす、もうけの少ない職業を選ぶ、といった例がこれにあたる。これについては、それを防ぐためにできることはあまりない。誰であれそうする権利がある。第二に、租税を回避する。こちらの反応のほうがはるかに一般的だろう。だが第一の反応とは違い、この租税回避は政策により大幅に削減できる。

企業が南国の島に利益を計上したり、弁護士が会社を設立したり、医師がタックス・シェルターに資金を投じたりするのは、何も自然の法則に導かれてのことではない。税法により一部の所得形式がほかの所得形式より優遇されており、市民がその違いを利用するのを政府が容認している場合に、こうした行動が発生する。だが、時代により容認されたり奨励されたりしているものは、規制したり禁止したりすることもできる。所得が資本から生まれようが労働から生まれようが、消費されようが貯蓄されようが、バミューダ諸島に計上されようがアメリカに計上されようが、チューリヒの銀行口座に支払われようがパリの銀行口座に支払われようが、あらゆる所得に同じ税率が課され、租税回避産業の活動が厳しく制限されれば、租税回避はほぼなくなる。こうなると富裕層にはもはや、経済的資源そのものを減らす以外に租税を回避する方法がない。つまり、貧しくなる選択をするしかない。

租税を回避するためとはいえ、自ら進んで貧しくなろうとする人などめったにいない。そのため一般的には、税法により引き起こされる行動の変化はごく限られている。スティーヴ・ジョブズの税率がゼロだったらもっと驚異的な製品が生み出せたとも思えないし、内国歳入法の内容が違っていればマーク・ザッカーバーグは芸術への道を歩んだだろうとも思えない。確かに、アップルはジャージーに利益を移転し、フェイスブックはケイマン諸島にペーパーカンパニーを設立し、租税回避産業は肥大化し、富裕層が支払うべき税額の削減に取り組んでいる。だがこれらは租税回避であり、規制環境の緩和により増えているにすぎない。

たとえば、一九八六年税制改革法により所得税の最高限界税率が二八パーセントに引き下げられると、富裕層が計上する所得額が増加した。だがこの増加は、主に租税回避戦略の変化によるものであって（個人所得税の課税対象になるパートナーシップとして会社を設立すれば、三五パーセントもの法人税を支払わなくてすむ）、労働供給量が増えたからではない【注6】。最新の研究によれば、租税回避が抑制されている場合、一般的に課税対象所得の弾力性はかなり低い。したがって最適税率はかなり高くなる。

それでは、具体的にその数値はどれぐらいなのか？　高いと言っても、一〇〇パーセントにはならない。一〇〇パーセントにするとほとんどの人が、社会全体のためにのみ働くよりも、家族と一緒に時間を過ごしたり、庭の手入れをしたりするようになる。数多くの研究によれば、富裕層からの税収が最大になる最高限界税率は、七五パーセント前後になるという。この場合の富裕層とは、所得階層の上位一パーセント、二〇一九年で言えば年間所得が五〇万ドルを超える人々を指す【注7】。この七五パーセントという数字は、過去二〇年間に行なわれた数多くの実証的研究に基づいた、現段階でもっとも信頼のおける推定値である。租税回避が制限されていれば、富裕層は税率の変化にさほど反応しない。手取り率を一パーセント増やしたとしても（たとえば一ドルの所得のうち税引後に手元に残る額が、七〇セントから七〇・七セントになる）、それにより増える税引前所得はおよそ〇・二五パーセントでしかない【注8】。したがって、富裕層に重税を課しても課税基盤はさほど縮小せず、最適な最高限界税率は七五パーセント前後になる。

この結論については、いくつか考慮すべき点がある。第一に、ここで扱っているのは最高「限界」税率だということだ。つまり、総所得のうち、ある境界値（現時点では五〇万ドル）を超えた所得分に対してのみ課される税率である。したがって、この所得階層の平均税率はそれより低くなる。その境界値までの所得に対しては、もっと低い税率が課されるからだ。限界税率と平均税率がほぼ等しくなるのは、超富裕層だけである。具体的に言えば、現時点で、五〇万ドルを超える所得に対する限界税率を七五パーセントに引き上げると、上位一パーセントのアメリカ人の平均税率は六〇パーセントになる【注9】。つまり、最高税率区分の納税者の平均税率として最適なのは、六〇パーセントということだ（上位一パーセントのなかでも下位の納税者は六〇パーセント未満、超富裕層は最大七五パーセントになるが、上位一パーセントを平均すると六〇パーセントになる)。実際のところ、この平均税率という視点で考えたほうが、さまざまな点で透明性が増す。各所得階層の人々が政府の資金需要にどれだけ貢献しているかが、より具体的に理解できるからだ。マクロ経済の平均税率がおよそ三〇パーセントだから、上位一パーセントのアメリカ人の平均税率が六〇パーセントになると、所得に占める割合から見て、平均的なアメリカ人の二倍の税金を支払うことになる。

第二に、この最適税率は、連邦政府・州政府・地方政府に支払われるあらゆる税を考慮している。富裕層に最適な平均税率は六〇パーセントと言う場合、そこには連邦所得税だけでなく、州所得税、法人税のうち富裕層が支払う分、給与税、売上税なども含まれる。ただし、給与税は上限が設定されており、売上税は富裕層においてはわずかな割合しか占めていないため、最適な平均税率や最高限界税率は、連邦所得税と州所得税と法人税を合わせたものと考えて差し支えない。

そして最後に、何よりもはっきり伝えておかなければならないことがある。最高税率を引き上げたとしても、税法や徴税のあり方に何の変化もなければ意味がないということだ。世間には、租税回避サービスが無数に流布している。富裕層の実効税率を引き上げる前に、まずは租税回避を抑制しなければならない。そのためには、税率に極端な不平等があったとしても、長期にわたり安定した税制を維持していけるような機関を創設する必要がある。

## 富裕層の租税回避を防ぐには――公衆保護局の創設

第一に取り組むべきは、租税回避産業の規制を担当する公衆保護局の創設である。アメリカには、金融産業を規制する消費者金融保護局、航空産業を規制する連邦航空局、製薬産業を規制する食品医薬品局など、さまざまな政府機関がある。これらと同じように公衆保護局は、税務関連サービスを提供する企業を監視し、その業務が公益を害することのないようにする。

本書でも繰り返し述べているように、租税回避や脱税をそそのかすのは、納税者ではなく租税回避産業である。租税回避が横行する背景には、租税回避サービスの爆発的増加がある。もちろん、現行法にはふさぐべき抜け穴が無数にある（これについては後に取り上げる）。しかしこの抜け穴をふさいでも、問題の核心を突いたことにはならない。一九八〇年代に所得税の租税回避が急増した直接の原因は、新たに導入された抜け穴ではなく、租税回避産業のイノベーションにあった。一九九〇年代から二〇〇〇年代にかけて企業の租税回避が爆発的に増えたのも、同じ理由による。当時は移転価格を操作する手法がよく利用されたが、この方法は一九二〇年代から行なわれていた。こうした不公平を抑制するためには、詐欺まがいの租税回避サービスの提供をやめさせなければならない。

残念ながら、内国歳入庁による現在の租税回避産業の規制は、竹やりで銃に立ち向かっているようなものだ。そのような状況になったのには、いくつもの理由がある。第一に、同庁の執行予算が劇的に減少している。過去一〇年間で、内国歳入庁の予算（インフレ調整後）は二〇パーセント以上減少した【注10】。予算が減れば、監査官も減る。内国歳入庁の監査官は、二〇一〇年には一万四〇〇〇人以上いたが、二〇一七年には九五一〇人しかいない。監査官が一万人を切ったのは一九五〇年代半ば以来だが、当時のアメリカの人口は現在の半分ほどだった。第二の問題は報酬である。租税回避に成功すれば、かなりの報酬が手に入る。公的機関で脱税と闘うより四大会計事務所で働いたほうが、はるかに実入りがいい。

そして最後にもう一つ、重大な問題がある。内国歳入庁の活動は、政治の気まぐれに左右されやすい。同庁の日々の業務に行政機関が直接口を出すわけではない。だが議会や政府は内国歳入庁の活動に、もっとわかりにくい形で、より根本的な影響をもたらす。たとえば、監査に利用できる資金、富裕層の租税回避戦略の取り締まり、経済的実体法理の適用が、議会や政府の考え方に左右される【注11】。これらの判断は、大統領から直接指示されるわけではないにせよ、議会や政府を支配するイデオロギーの影響を受ける。たとえば政権与党が、遺産税は侵すべからざる財産権を侵害するものだと主張すれば、内国歳入庁は遺産税の徴税に多額の資金を費やしにくくなる（実際、第三章でも述べたように、一九八〇年以来遺産税の監査の頻度は急減している）。こうした目に見えない徴税能力の衰えは、民主的な選択によるものではなく、累進税制にとって脅威となる。レーガン政権当時のような租税回避の狂乱が二一世紀に再現されるのを防ぐためには、政権や議会の意向に関係なく、一般市民、税務産業、内国歳入庁、いずれもが安心して税法の精神の実現を任せられる機関が必要だ。内国歳入庁がその役目を担うと一方的で不公平だと思われかねないため、独立した機関にしたほうがいい。

公衆保護局には大きな使命が二つある。第一に、経済的実体法理を適用する。これが最大の使命である。経済的実体法理に従えば、租税回避のみを目的とするあらゆる取引が違法になる。それを適用するためには、必要な情報の収集が欠かせない。そのため、税務対策産業が商品化した新たなサービスを公衆保護局が自動的に認識できるような仕組みを法制化しておくべきだろう。そうすれば、知的財産のグループ内売却、ダミーのパートナーシップへの投資、世代間移転信託など、富裕層や企業の租税回避を支援するために生み出される新たなサービスを見つけるのも容易になる。業務内容を開示しない企業には、厳しい罰則を科せばいい。経済的実体法理に反するサービスを見つけたら、すべて即座に違法とする。

第二に、海外での徴税状況を監視し、アメリカの課税基盤を損なうタックスヘイブンに経済制裁を科すよう財務省に指示する。イギリス領バージン諸島はわずかな手数料を払えば匿名で企業を設立できるため、マネーロンダリングの温床になっている。ルクセンブルクは多国籍企業を優遇する秘密の取引を行なっている。こうした行為は外国の税収を盗み取っているも同然であり、自由取引の論理を持ち出しても正当化はできない。主権の商品化に対しては、その国との金融取引に重税を課すなど、これまで以上に厳しい規制を行なう必要がある【注12】。

## 抜け穴をふさぐ――同額の所得には同じ税率を

租税回避を抑制する重要な方法がもう一つある。同額の所得には同額の税金を支払うという単純な一般常識を実践するのである。これは一見すると当然のことのように思えるが、二一世紀に入ってからの二〇年間に行なわれた改革の大半は、この常識に逆行している。二〇〇三年に配当に優遇税率が適用されてから二〇一八年に法人税が引き下げられるまで、アメリカの政治家の主な関心事は、資本への課税を労働への課税より減らすことにあった。同様の傾向は、フランスなどヨーロッパ諸国でも見られる。エマニュエル・マクロン政権は二〇一八年、利子と配当に累進的でない均等税を採用している。

同額の所得に対して同じ税率を課せば、「抜け穴をふさぐ」ことになる。そのためには、考慮しなければならないポイントがいくつかある。

第一に、あらゆる種類の所得を累進所得税の課税対象にすべきだ。賃金や配当、利子、家賃、企業利益だけでなく、キャピタルゲインも累進所得税の課税対象にするのである。現在、フランスやアメリカなど多くの国では、キャピタルゲインに低率の均等税しか課していない。しかし、ほかの所得よりキャピタルゲインの税率を低くしなければならない理由などない。そんなことをしても、労働所得や企業利益をキャピタルゲインとして入手する富裕層が増えるだけだ。これまで多くの国がこうした税制に頼ってきたのは、資産（株式や債券、住居など）の購入価格を税務当局が追跡しておらず、キャピタルゲインに対する徴税が難しかったからだろう。アメリカの内国歳入庁がこうした情報を体系的に収集するようになったのは、二〇一二年になってからである。だが現在では、十分な情報処理能力を安価に利用できるため、一世代以上にわたり価値が上昇している資産も含め、キャピタルゲインに累進税を課すことも可能になった【注13】。企業が売却されたときに不当に重いキャピタルゲイン税を支払わなければならなくなる（そのときだけ多大な収入が生まれるため）という反論をよく聞くが、この問題は支払い期間を引き延ばすことで対処できる。実際、遺産税ではそのような対処が日常的に行なわれている。

さらに、政府はいまや資産の購入日まで把握している。その情報を利用すれば、キャピタルゲインからインフレの影響を取り除くこともできる。現行の税制では、二〇一二年に一〇〇ドルで購入した資産を二〇二〇年に一五〇ドルで売却すれば、キャピタルゲイン五〇ドルが課税対象になる。だが、これはあまり合理的ではない。価値の増加分五〇ドルのうち、二〇ドルは一般物価のインフレによるものであり、所得ではないからだ。本当の意味でのキャピタルゲインは三〇ドルだけであり、残りの二〇ドルに課される税は、富裕税とでも言ったほうがいい。しかも、インフレ率に左右されるため、ランダムに課される不透明な税である。そんな目に見えない富裕税は廃止し、真にキャピタルゲインと言える三〇ドルのみを累進所得税の課税対象にしたほうがいい。このような減税なら誰もが同意するだろう。

## 企業の租税回避を終わらせる——所得税の統合

第二に、「同額の所得には同じ税率」原則を適用する際には、企業の所得税（法人税）と個人の所得税を統合すべきだ。ヨーロッパ諸国はかつてそうしていたし、オーストラリアやカナダなどはいまでもそうしている。法人税と個人所得税を統合した場合、企業利益が株主に分配されると、株主が支払うべき所得税額から、会社が支払った法人税額が控除される。ジョンという人物を例に説明してみよう。ジョンは、個人所得税に五〇パーセントの限界税率が課されるほどの裕福な株主である。この人物は会社を所有している。その会社は一〇〇ドルの利益をあげ、そのうちの二〇ドルを法人税として支払い、残りの八〇ドルを配当として分配したとする。所得税を統合した税制では、次のようになる。ジョンの課税対象所得は、配当の八〇ドルだけでなく、企業利益の一〇〇ドルすべてとなる。ジョンに課される所得税の限界税率は五〇パーセントなので、その一〇〇ドルの所得に対して五〇ドルの税金を支払わなければならない。だが、ジョンの所有する企業はすでに、法人税として二〇ドルを支払っているため、ジョンが支払うべき五〇ドルから二〇ドルが差し引かれる。その結果、ジョンが支払うべき税額は三〇ドルとなる。

法人税は個人所得税の前払いでしかないという基本的事実に基づくこの税制には、さまざまな利点がある。何よりもまず、企業が法人税を回避しようとするインセンティブを劇的に低下させる。たとえばアップルが、四大会計事務所からの助言に従い、納税を完全に回避したとしよう。だが所得税を統合した税制では、アップルが法人税を支払っていなければ、その裕福な株主たちに課される税額から法人税分が控除されることもない。そのため株主たちは、自分の持分となるアップルの利益に対して、(上記の例で言えば)まるまる五〇パーセントの税率を課される。逆にアップルが法人税を支払っていれば、その分だけ株主レベルで支払われる税金は減る。こんな税制であればアップルも、租税回避に費やす予算を削減せざるを得なくなるに違いない。

所得税を統合した税制のもう一つの利点は、ゆがみを正す点にある。たとえば、会社が法人化されても(法人税の対象になる)、法人化されなくても(アメリカでのパートナーシップのように、その利益はすべて所有者の所得とされ、個人所得税の対象になる)、何も変わらなくなる。また、企業が債券を発行しても株式を発行しても、違いがなくなる。利子にしろ配当にしろ、同じ税金がかかるからだ。さらに視野を広げれば、資本にも労働にも同じように課税されることになる。労働より資本のほうが少なく課税されるわけでも、多く課税されるわけでもない。前述のジョンの場合で言えば、一〇〇ドルの利益に対する税金の総額は五〇ドルであり（会社が支払う二〇ドルと、ジョンが支払う三〇ドル）、その税率は五〇パーセントだが、ジョンが一〇〇ドルの利益をあげるのではなく同額の賃金を受け取ったとしても、税率は変わらない。税法上は労働と資本を同等に扱うのが理想であり、その理想から離れるのはいかなる形であれ望ましくない。そこから離れれば租税回避の機会が生まれる。租税が回避されれば税収が減る。したがって、累進的な税制を目指すのであれば、労働よりも資本に多く課税するのではなく、最高限界税率の引き上げを通じて、すべての所得に対してより累進的な課税を行なうべきだ。

統合所得税は、アメリカではこれまで導入された経験はないが、ヨーロッパでは二〇世紀の大半の期間にわたり採用されていた。かつてはイギリス、ドイツ、イタリア、フランスなどに見られたが、次第に廃れてしまった。その理由を一言で言えば、グローバル化への対応ができなかったからだ。一九九〇年代に入るまで、外国の企業に投資する人はほとんどいなかった。ところが、一九九〇年代から二〇〇〇年代にかけて、国境を越えた投資が急増した。だが政府は、国内の投資家（株主）が支払うべき税額から、外国の企業が支払った法人税分を控除することを認めなかった。たとえば、ゼネラルモーターズのフランス人株主は、法人税分の税額控除を受けられなかった。そのため、ルノーのフランス人株主より多くの税金を支払わなければならない。すると欧州司法裁判所が二〇〇四年、外国企業の不平等な扱いは差別にあたるとの判決を下した。その結果フランスは二〇〇五年、統合所得税の廃止を決定したのである【注14】。

この問題に対処する方法は簡単だ。外国企業の法人税も、国内企業の法人税同様に控除すればいい。フランス政府は、アメリカ企業のフランス人株主に税額控除を認めるべきであり、アメリカ政府は、フランス企業のアメリカ人株主に税額控除を認めるべきだ。ある国で働いてはいるが税法上はほかの国の居住者とされる人々の賃金については、すでにこうした相互関係が成立している。そのような取り決めは、二国間の租税協定で簡単にできる。前章で述べた法人税の国際協調と絡めて交渉を行なえば、さらに効果的だ。グローバル化したからといって、統合所得税制が機能しなくなるわけではない。

「同額の所得には同じ税率」原則を適用する際には、もう一つ考慮すべき点がある。統合所得税を採用すれば、賃金であれ分配された利益であれ、同じ一ドルであれば常に同じ税率が課されることになる。これは正しい方向へ向かう一歩ではあるが、厄介な問題が未解決のままだ。留保利益（企業が稼いだ利益のうち配当として分配されない分）はいまだ、ほかの所得より低く課税される。たとえば、ジョンの会社が配当を支払わず、利益を再投資すれば、ジョンは得をする。一〇〇ドルの利益は、二〇パーセントの法人税の課税対象になるだけで、個人所得税の課税対象にはならないからだ。いつの時代でもどの国でも、裕福な株主には、企業内に利益を留保しようとするインセンティブがある。そうすれば配当税を回避し、非課税で貯蓄できる。実際、非公開会社では利益を留保する可能性がきわめて高い。非公開会社とは、株主が少なく、株主が自身の利益になるよう配当政策を自由に決定できる会社を指す。この問題に対処するには、非公開会社についてもあらゆる利益を株主に振り分けるようにすればいい。上場していない会社はすべて、パートナーシップと同じように扱う。そうすれば、法人税の課税対象にはならないが、会社のあらゆる利益が所有者の個人所得税の課税対象になる。一九八六年税制改革法が成立して以来、大半の非公開会社がパススルー企業（訳注：パートナーシップなどのように、法人税の課税対象にならず、利益が所有者に振り分けられるタイプの企業）として設立されてきた。そのなかには、大企業や複合企業も多く含まれる。こうしたアメリカの経験を踏まえれば、株主レベルで非公開会社に課税するのは技術的に可能だ【注15】。

これまで富裕層は、非課税で所得を再投資してきた。だがこのルールに従えば、現在の不公平税制の元凶の一つとされるこのような行為も不可能になる。また、一九八〇年代以来急増していたペーパーカンパニー事業も崩壊する。ペーパーカンパニーを設立しても、もはや税制上の利点がなくなるからだ。ペーパーカンパニーは言うまでもなく企業ではない。税法上それを企業と認め、租税回避を容認するのはばかげており、ただちにやめなければならない。

## 上位一パーセントが支払う税額はどれぐらいになるのか?

租税回避を最小限に抑えれば、富裕層からの税収を増やすことは可能だ。この点については幅広い見解の一致が見られる。だが、実際にどれぐらい増えるのだろう? 筆者の推計によれば、国民所得に対する割合がおよそ四ポイント増える。二〇一九年であれば七五〇〇億ドルである。

この数値に至った計算方法は次のとおりである。まず、上位一パーセントの富裕層は全体で、国民所得の二〇パーセントを稼いでいる。また第一章で見たように、あらゆる税金を考慮すると、現在のこの階層の平均税率は三〇パーセントである。アメリカの国民所得の二〇パーセントに三〇パーセントの税率が課されているため、この階層が支払っている税額は国民所得の六パーセントということになる。つまり、《ウォール・ストリート・ジャーナル》紙が絶えず訴えているように、富裕層も税収に貢献していると言える。だが、富裕層の支払う税額がそれだけの割合を占めるのは、同紙が主張するように、富裕層に対する実効税率が高いからではない。富裕層の実効税率は、アメリカのマクロ経済の平均税率とほとんど変わらない。そうではなく、アメリカでは富裕層の所得があまりに多いからだ。

先に述べたように、租税回避を最小限に抑えた場合、富裕層からの税収を最大化する平均税率は、現行の三〇パーセントよりもはるかに高い、およそ六〇パーセントである。とはいえ、富裕層の税率を二倍にすれば、いくら租税回避を抑制したとしても、富裕層が計上する所得はある程度減る。たとえば、有力者が有償でスピーチをする機会が減ったり、企業幹部が早めに退職したりするようになる。そのため税引前所得の格差は縮小する。もっとも信頼のおける推計によれば、税引前国民所得に占める上位一パーセントの所得の割合は、現在の二〇パーセントからおよそ一六パーセントに減少する【注16】。そこで、この数値をもとに計算してみよう。富裕層の平均税率を二倍にすると、国民所得の一六パーセントに六〇パーセントの税率が課されるため、この階層の支払う税額は国民所得のおよそ九・五パーセントになる。つまり、標準的な経済理論によれば、上位一パーセントから徴収できる最大税収は、国民所得の九・五パーセントということだ。ただし、上位一パーセントのすぐ下に位置する人々の税率もわずかに上がる（富裕層の税率を引き上げるためには法人税率の引き上げも必要になるが、それが上位一パーセント以外の税率にも影響を及ぼす）。そのため、税収はさらに〇・五ポイントほど増え、富裕層が支払う税収の総額は国民所得の一〇パーセントになる。したがって、現在より四ポイント増える。

富裕層の平均税率を三〇パーセントから六〇パーセントに倍増させることは、現実的に可能なのだろうか？　これについては、すでに述べたように前例がないわけではない。一九五〇年代には、所得階層の上位〇・一パーセントの平均税率はおよそ六〇パーセントだった。一九五〇年に

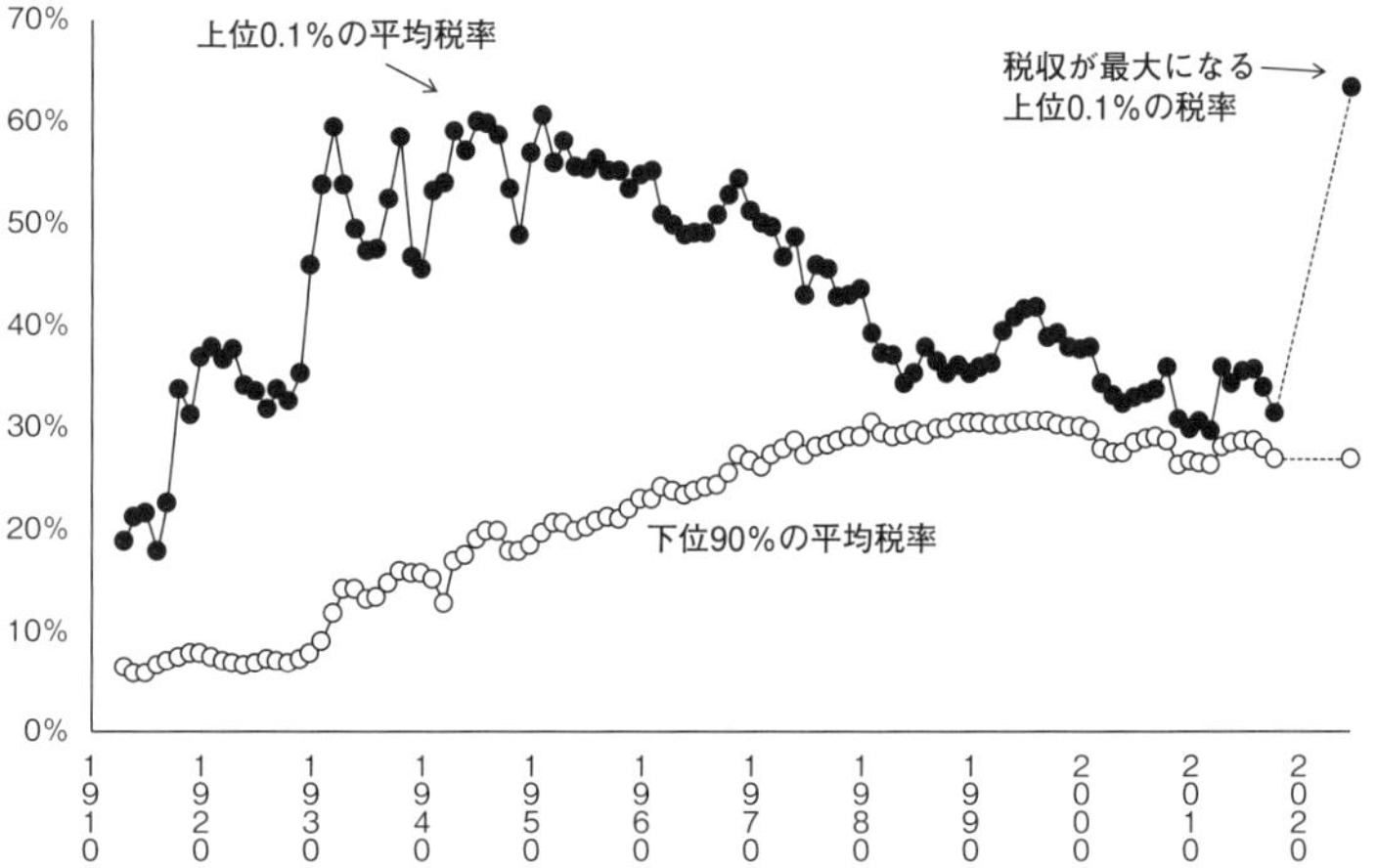


図7-1　アメリカ政府が富裕層に重税を課していた時代
（上位0.1%と下位90%の平均税率）

注　このグラフは、所得階層の上位0.1%と下位90%の平均税率を示している。あらゆる連邦税・州税・地方税を考慮した、税引前所得に対する割合である。現在、税収が最大になる上位0.1%の税率は65%前後であり、20世紀半ばの実効税率とほとんど変わらない。データの詳細についてはtaxjusticenow.orgを参照。

は、上位〇・〇一パーセントの平均税率が七〇パーセント近くに達している。当時は、高い法人税により莫大な税収が生み出されていた時代であり、株式の所有はまだごく一部に限られていた。そのため富裕層の実効税率は、ほかの階層に比べてかなり高かった。一九五〇年には、下位九〇パーセントは所得の一八パーセントを税金として支払っていただけであり、上位〇・一パーセントより四〇ポイント近く低い。所得階層の最上層に高い累進税率を課すのは常軌を逸しているという意見には、説得力がない。

確かに、累進税制の最盛期でさえ、超富裕層には含まれない富裕層（上位一パーセントには含まれるが上位〇・一パーセントには含まれない層）の平均税率は四〇パーセント程度だった。そのため、上位一パーセント全体の平均税率も五〇パーセントほどでしかなく、現在最適とされる六〇パーセントよりも低い。それでも富裕層の所得が国民所得に占める割合は、現在より二〇世紀半ばのほうがはるかに低かった。経済理論的には、所得の集中度が高まっているときには、富裕層への課税を増やすべきである。

ただし、累進性を高めた税制を実施するといっても、単に時代を元に戻せばいいというわけではない。第二次世界大戦後の累進税制にはさまざまな利点があったものの、完璧にはほど遠かった。たとえば、「同額の所得には同じ税率」原則に反し、キャピタルゲインの税率は通常所得の税率より低かった。また、個人所得税には抜け穴がいくつもあった。つまり、富裕層が納税を回避する余地があちこちにあったということだ。最新のテクノロジーを使い、過去や外国の教訓を活かせば、もっと優れた税制の実現は可能だ。

## 富裕税――大富豪への適切な課税方法

二一世紀の富裕層に課税し、六〇パーセントという最適税率を実現するには、相互に補い合う三つの要素が必要になる。その三要素とは、累進所得税、法人税、累進富裕税である。法人税は、利益が分配されるかどうかに関係なく、あらゆる利益に課税する（つまり法人税は事実上、富裕層に最低限の課税を行なう役目を果たす）。累進所得税は、高所得者ほど高い税率を課す。そして累進富裕税は超富裕層に、その本当の支払い能力に応じた納税を行なわせる。

なぜ所得税だけでは足りないのだろうか？　その答えを簡単に言ってしまえば、富裕層のなかには、かなりの財産を所有していながら課税対象所得が少ないという人がたくさんいるからだ。たとえば、まださほど利益をあげていないが、将来莫大な利益をあげると予想される企業を所有している場合がある（ジェフ・ベゾスなど）。また、所有している企業がすでに高収益をあげているが、課税対象所得が少なくなるよう操作している場合もある（ウォーレン・バフェットなど）。後者のほうがよく見られるが、いずれの場合にせよ、こうした大富豪はほぼ非課税で生活できる。だが第五章でも述べたように、経済効率という観点から見ても、それはおかしい。超富裕層が政府の資金需要に貢献することなく莫大な資産をさらに増やしていくのを認めるべき理由はない。

富裕税を導入しなければ、資産階層の最上層に六〇パーセントの平均税率を課すのは難しい。所得税の最高限界税率を引き上げても、ジェフ・ベゾスやウォーレン・バフェットが支払うべき税額は大して変わらない。そもそも課税対象所得がさほどないからだ。遺産税など、ほかの税率を引き上げたとしても、やはり意味はない。ジェフ・ベゾスのような世界的な富豪も、いつかは莫大な財産に対して遺産税を支払うことになると考えれば、多少は慰めになるかもしれない。だが、ベゾスは二〇一九年にはまだ五五歳であり、二〇五〇年以前に遺産税を支払うことなどまずない。それどころか、マーク・ザッカーバーグは一九八四年生まれだ。この男が政府の歳入に貢献するのは、おそらく二〇七五年以降になるだろう。この問題に対処するには、そんな遠い未来を待つのではなく、いますぐに財産そのものに課税すればいい【注17】。

富裕税は所得税に代わるものではない。富裕税の目的は限定的であり、超富裕層の税率がほかの所得階層より低くならないようにすることにある。企業幹部やスポーツ選手、映画俳優などは多額の所得を稼ぐため、包括的な所得税により適切に課税できる。だが超富裕層の大半は、莫大な財産を所有していながら課税対象所得がほとんどない。そのため富裕税が必要になる。

富裕税を累進所得税や法人税と組み合わせ、最富裕層の実効税率を六〇パーセントにする方法は無数にある（taxjusticenow.org で、これらの税をさまざまに組み合わせた場合の効果をシミュレーションできる）。図7-2では、法人税の実効税率を二倍にし（二〇一八年の税制改革以前のレベルに税収を戻す。これも決して不可能ではない）、所得税の網羅性と累進性を高め（資本と労働を同等に扱い、最高限界税率を六〇パーセントにする）、遺産税収を倍増させ（徴税を強化する）、五〇〇〇万ドルを超える財産には二パーセント、一〇億ドルを超える財産には三・五パーセントの富裕税を導入した場合を例示している。

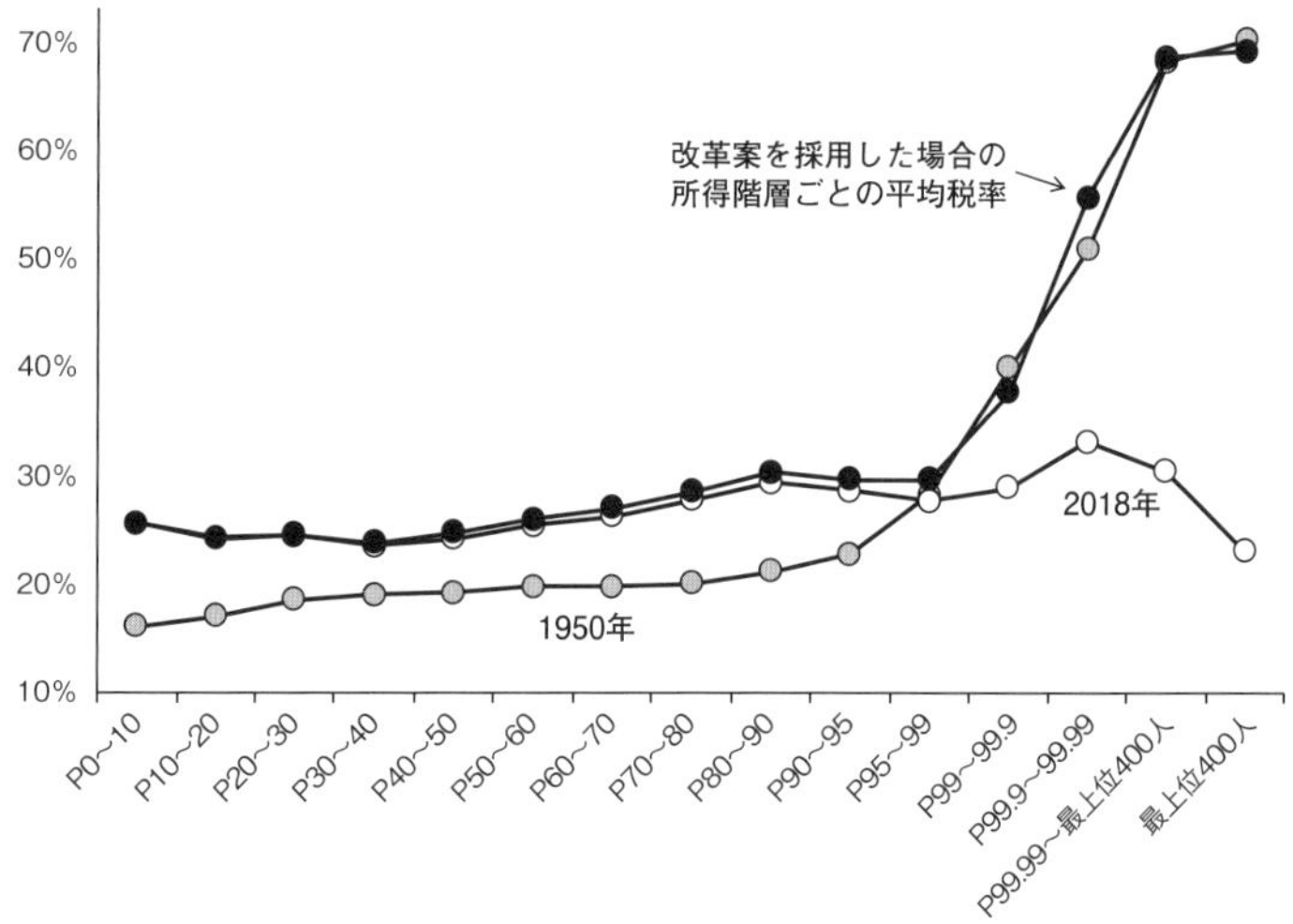


図 7-2　実現可能な改革案の一例――トルーマン＝アイゼンハワー政権時代の累進レベルに戻す（税引前所得の所得階層ごとの平均税率）

注　このグラフは、1950 年と 2018 年、および、ある改革案を採用した場合の所得階層ごとの平均税率を示している。法人税率を引き上げ、個人所得税の累進性を高め、累進富裕税を導入する改革案である。この改革により累進レベルは、1950 年当時のレベルにまで回復する。データの詳細については taxjusticenow.org を参照。

その結果はどうだろう？　富裕層の税率が一九五〇年代と酷似した税制になる。

一九五〇年代の税制と大きく違うのは、累進富裕税がある点だ。一九五〇年代には富裕税はなかったが、五二パーセントもの法人税率により高い累進性を実現していた。当時の営利企業は株主が比較的少なく、その株主もほとんどが機関投資家ではなく個人投資家だった【注18】。だが現在では、上場されているアメリカの株式の二〇パーセント以上を外国人が、三〇パーセント以上を年金基金が所有している【注19】。そのため、前章で述べた方策（多国籍企業が支

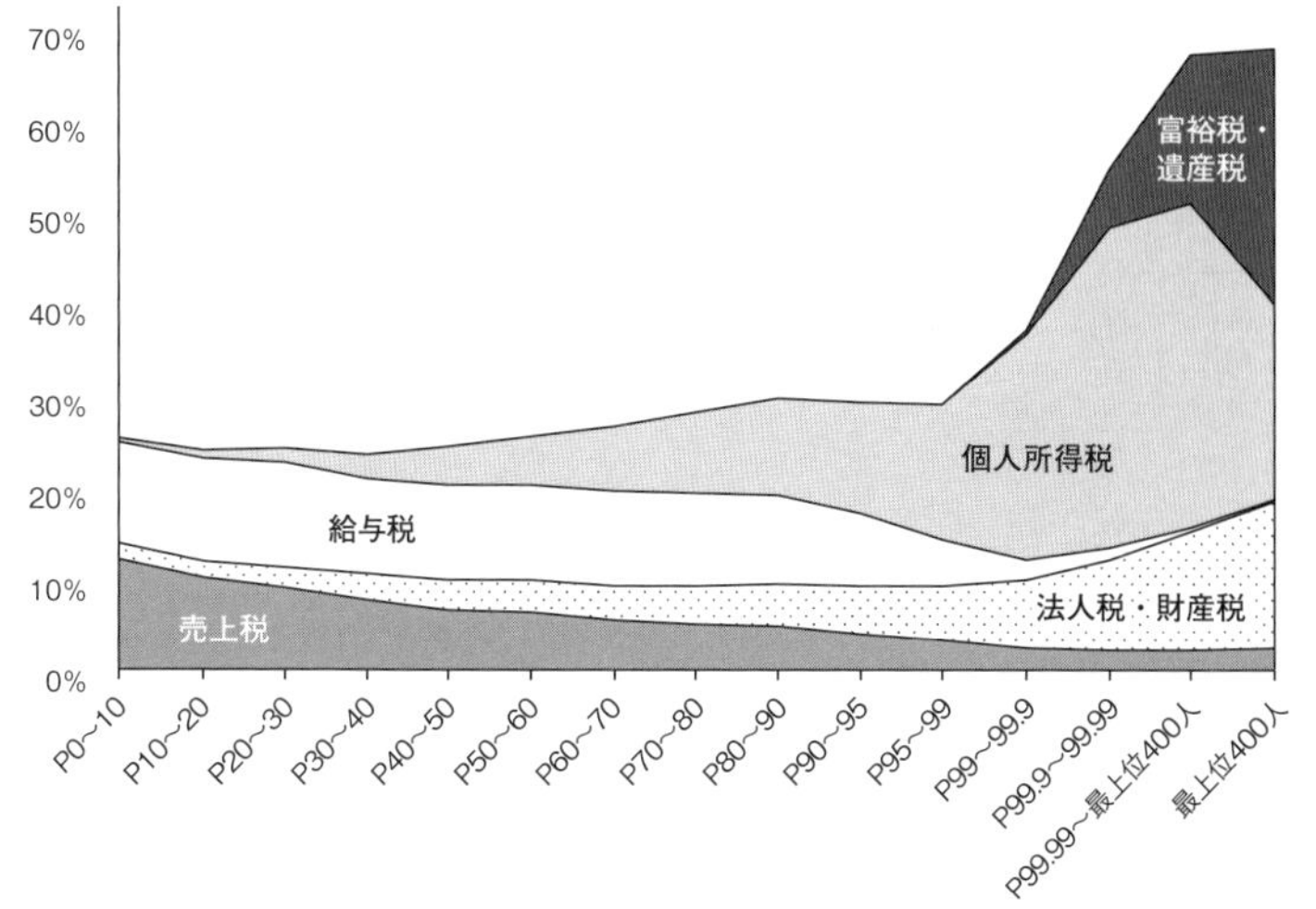


図7-3　富裕税——累進税制に欠かせない要素
（税引前所得の所得階層ごとの平均税率）

注　このグラフは、法人税率を引き上げ、個人所得税の累進性を高め、累進富裕税を導入する改革案を採用した場合の、所得階層ごとの平均税率を示している。累進富裕税が、最上位層の累進性を回復するのに欠かせないことがわかる。データの詳細については taxjusticenow.org を参照。

払っていない税の体系的徴収）を法人税率の大幅引き上げと組み合わせても、一九五〇年代と同等の累進性は生み出せない。公平な税制を取り戻す手段としては、累進的でない法人税はあまり役に立たない。また、前述したように、所得税を大幅に改善したとしても、超富裕層に適切な課税はできない。したがって、どんな税制改革にも富裕税が必須となる。

## 財産に課税するには——市場の力を利用する

累進富裕税が効果的なのは、人為的に少なくできる課税対象所得とは違い、財産の額ははっきり決まっているからだ。財産の額とは、所有する資産の市場価格からあらゆる負債を引いた値である。ウォーレン・バフェットが内国歳入庁に申告している課税対象所得は、実際に手に入れた経済的利益のごくわずかでしかない。実際のところ、バフェットは五〇〇億ドル以上の財産を持っている。五〇〇〇万ドルを超える財産に二パーセント、一〇億ドルを超える財産に三パーセントの富裕税を導入すると(これは二〇一九年に上院議員のエリザベス・ウォーレンが提示した案である)、バフェットは年間一八億ドル前後の税金を支払うことになる。これは、二〇一五年にバフェットが支払った所得税一八〇万ドルの一〇〇〇倍にあたる。

しかし、どんな財産も簡単に値をつけられるわけではない。バフェットの会社バークシャー・ハサウェイは上場企業であり、その市場価格ははっきりしている。しかも、バフェットの財産はすべてバークシャー・ハサウェイの株式に投資されているため、バフェットの財産に課税するのは簡単だ。ところが富裕層は、非上場企業(非公開会社とも呼ばれる)の株式を所有することもある。また、芸術作品や宝石などの財産は、値をつけるのが難しい場合もある。それでも全体的に見ると、価格評価に関するこうした懸念は、やや誇張されすぎている。

アメリカを始めとする現代的な資本主義諸国では、財産権が明確に定められており、大半の資産には値がつけられている。筆者の試算によれば、アメリカの所得階層の上位〇・一パーセントが所有する財産の八〇パーセントは、上場株、債券、合同運用型ファンドの証券、不動産など、簡単に市場価格がわかる資産で構成されている。残りの二〇パーセントは主に非公開会社の株式だが、その価格評価もさほど問題にはならない。上場されていないとはいえ、大規模な非公開会社の株式は定期的に売買されている。たとえば、配車サービス企業のリフトやウーバーは二〇一九年に株式を公開したが、富裕層はそれ以前からこれらの企業に投資していた。非公開会社は銀行、ベンチャーキャピタリスト、資産家など、豊富な資金を持つ「適格投資家」を相手に、新たな株式を定期的に発行している。こうした取引は事実上、非公開会社に値をつけることになる。

確かに、そんな取引が何年も行なわれていない場合もある。少数の株主が支配する成熟した非公開会社になると、そのようなケースが多い。たとえば、農業関連産業大手のカーギルを見てみよう。このアメリカ有数の非公開会社は、カーギル家とマクミラン家の関係者一〇〇人ほどが九〇パーセントの株式を所有している。現段階では、最後にカーギルの株式が取引されたのは一九九二年だった。そのときには、同社の株式の一七パーセントが七億ドルで売却された。つまり、会社全体では四〇億ドル以上の値がつけられたことになる【注20】。だが、それから三〇年近くが過ぎた現在のカーギルの評価額はどれぐらいなのか？　どんな推計をしようと、そこには不正を働く機会が無数にあるのではないか？　そう考えると、財産への課税は絶望的に思えるかもしれない。

だが、カーギル家やマクミラン家への公正な課税は決して不可能ではない。まず、税務当局が一九九二年時点のカーギルの評価額を、それ以降の同社の利益の推移に基づいて更新するという方法がある。カーギルが現在、一九九二年の三倍の利益をあげているのであれば、同社の評価額が一九九二年のおよそ三倍になっていると考えても、あながち不当とは言えない。ただし、そのほかのデータも集めて、信頼できる評価額を算出すべきことは言うまでもない。たとえば、カーギルと直接競合する上場企業（アーチャー・ダニエルズ・ミッドランドやブンゲなど）のデータである。こうした企業が一ドル収益をあげるごとに株価がいくら変動するかを調べ、その株価収益率が一九九二年以来どう変化してきたかを考慮すれば、カーギルの価値をより正確に評価できる。実際、現在では何百人もの金融アナリストが日々、そんなデータやもっと洗練された方法を駆使して非公開会社の価値を評価している。アメリカには、この分野の専門知識がいくらでもある。民間企業の標準的手法を利用すれば、内国歳入庁が毎年カーギルの市場価格を適正に推計するのもさほど難しいことではない。

しかし、それだけでは問題は解決しない。カーギル家やマクミラン家は、内国歳入庁が自分たちをだまし、カーギルの価値を不当に高く見積もっているのではないかと思うかもしれない。また、カーギルの業務が一九九二年以降すっかり変わっており、最新の評価手法をもってしても正確な価値を把握できない場合もあれば、カーギルがほかの競合企業にはない弱みを持っている場合もある。そんなときにはどうすればいいのか？

この問題の核心には、市場が存在しないという事実がある。アーチャー・ダニエルズ・ミッドランドやブンゲの株式には、活発で流動的な市場がある。一方、カーギルの株式には、そんな市場は存在しない。したがってこの問題を解決するには、政府が介入して市場を生み出せばいい。たとえば、内国歳入庁がカーギルの株主に、現金ではなく現物（カーギルの株式）で富裕税を納める選択肢を提示する。株主たちがこの選択肢を採用するのであれば（内国歳入庁がカーギルの価値を過大に評価していると思った場合にのみ、そうするはずだ）、内国歳入庁は税金として納められたその株式を、公開市場でいちばん高い値をつけた人に売却する。そうすれば、ベンチャーキャピタリストや未公開株式投資ファンド、財団、大手農業関連企業の株式取得に興味を持つ資産家などが、値をつけてくれるに違いない。

筆者が知るかぎりこの方法はまだ誰も提案していないが、この解決策を導入すれば、富裕税を導入する重大な障害がなくなる。所得税があらゆる所得を平等に扱うべきであるように、富裕税もまた、あらゆる財産を現行の市場価格で同じように評価すべきだ。価格がわからない財産があれば、価格を生み出せばいい。市場価格を生み出すには、市場を生み出すに越したことはない。たとえば、富裕税の平均税率が二パーセントの場合、カーギルの株主には毎年、所有している株式の二パーセントを税金として納めてもらう（会社の所有権を維持したいのであれば、同等の現金で支払ってもいい）。こうすれば、バフェットのバークシャー・ハサウェイ同様、逃げ道はなくなる【注21】。カーギルの株式を現金に換える仕事は、政府に任せればいい。

この解決策に従えば、財産への課税に関してよく聞かれるもう一つの問題にも対処できる。それは、財産の流動性の問題である。富裕層は、多額の財産を持っていたとしても、それほどの税金を払えるほどの所得はないかもしれない。手元に現金がないのに税金を払わせるのは不公平ではないのか？　だが率直に言って、こうした流動性の問題は、不誠実な意図をもって持ち出される場合がきわめて多い。一般的に見て、数億ドルもの財産を持ちながら数百万ドルの税金を支払うだけの現金がないという主張には、まるで説得力がない。超富裕層が現金をほとんど持っていないと主張する場合、それはたいてい、所得税を回避するため、利益をなるべく現金化しないよう操作しているからだ。つまり、自ら財産の流動性を低めているのである。

だが、現実に流動性が問題になる場合もある。その好例が、高く評価されてはいるが利益をあげていないスタートアップ企業の株式である。主な財産がこうした株式だけだと、毎年現金を生み出すのは難しいかもしれない。新興企業は一般的に配当を支払わないからだ。しかしこの場合も、現物（企業の株式）で納税する選択肢を認めれば、問題は解決する。富裕層の財産は主に株式で構成されており、株式は不動産と違って分割できるため、納税にも利用できる。富裕税を現金だけでなく資産でも納められるようにすれば、累進富裕税は累進所得税より導入が難しいとは言えなくなる。

中流階級はすでに財産に対する税（財産税）を支払っているのに、富裕層は支払っていない。というのは、富裕層の財産の大半は金融資産が占めており、金融資産は財産税から除外されているからだ。アメリカでは一九世紀の間、ほとんどの州で、実物資産も金融資産も含め、あらゆる資産に財産税を課していた。現在とはきわめて対照的である。また、二〇世紀初めには連邦遺産税という形で、他国に先駆けて財産への累進課税を実施した。ところがいまでは、その遺産税が消滅の危機に瀕している。この優れた伝統に背を向ける前のアメリカは、財産を民主的に規制する税制の最前線に立っていた。超富裕層の財産に累進税を課せば、アメリカがその分野をリードする立場に返り咲くことも夢ではない。

# 第八章　ラッファー曲線の呪縛を乗り越える

二〇一五年以来、ワシントンDCにあるアメリカ歴史博物館を訪れれば、アーサー・ラッファーがラッファー曲線のメモを記したナプキンを鑑賞できるようになった。そこに展示されているのは、ラッファーが一九七四年にレストラン《トゥー・コンティネンツ》で使った本物のナプキンではなく、後年に製作された複製品なのかもしれないが、そのナプキン上に描かれたグラフにはラッファー曲線のあらゆる要素がある。グラフの一方の軸はある経済圏の税率を、もう一方の軸はそれによる税収を示している。税率がゼロであれば当然、税収はない。税率が上がれば、最初のうちは税収も増える。ところが、税率がさらに上がり続けると、どこかの時点で税収は減少を始める。そして税率が一〇〇パーセントに達すると、税収は再びゼロになる。このグラフが示す内容を簡潔に言えば、税率を上げすぎれば税収は減る、ということだ。ちなみにこのナプキンは、ドナルド・ラムズフェルドに捧げられている。フォード政権下の一九七五年から一九七七年まで、そしてジョージ・W・ブッシュ政権下の二〇〇一年から二〇〇六年まで国防長官を務めた人物である。

博物館に展示されているナプキンのメモは、ややわかりにくい。グラフの軸は縦横が反対であり、方程式はみな符号が間違っているなど、混乱があちこちに見られる。それでもラッファーは、フランク・ラムゼイのような数学の天才ではなかったにせよ、もっともな指摘をしている。明日からすべての所得に一〇〇パーセントの税率が課されるようになれば、市民は所得を隠すことに多大な労力を費やすようになるか、働くのを一切やめてしまうだろう。税率がゼロパーセントでも一〇〇パーセントでも税収は得られないため、税収が最大になる税率はその間のどこかになる。この税率は「ラッファー・レート」と呼ばれる。

もちろん、この税率を判断するのは難しい。五〇パーセントなのか、六〇パーセントなのか、八〇パーセントなのか？　純粋に論理的な観点から見れば、市民が課税にどれほど敏感に反応するかによって、いかなる数値もありうる。だが、税収が最大になる税率が何パーセントであろうと、一般的には、その数値を超える税率を設定すべきではないと思われている。そんなことをすれば、もっと低い税率を設定した場合よりも税収が少なくなる。だからどんな社会であれ、ラッファー曲線の下降局面側（税率が上がるほど税収が減る部分）に立ち入るべきではない、と。しかし、この一般常識は正しいのだろうか？

本章では、富裕層には税収が最大になる税率を上まわる税率を採用するのが妥当な理由、課税基盤の一部を破壊したほうが社会のためになる理由を説明していきたい。そんな主張は常軌を逸していると思う人がいるかもしれない。だがそう思うのは、これまでの税制に関する議論が、ラッファー曲線を重視しすぎていたからだ。ラッファーの理論は、歴史や政治、および市場経済の力関係を無視している。そんなラッファーに縛られていてはいけない。

## ラッファー以前の所得税の最高税率

ある意味では、たとえ税収が減ったとしてもきわめて高い税率を採用したほうがいいという主張は、驚くべきことではない。少なくとも、アメリカ人読者にとってはそうだろう。アメリカ政府は数十年にわたり、それを公的立場としてきたからだ。第二章で述べたように、一九三〇年から一九八〇年までの所得税の最高限界税率は、平均七八パーセントであり、一九五一年から一九六三年までは九〇パーセントを超えていた。九〇パーセントもの限界税率を課せば、どれほど利益を優先する市民でも、さらに所得を増やそうとする意欲を失う。政治家はその事実を、ラッファー曲線が登場するずいぶん前から知っていた。実際、フランクリン・ルーズベルト政権からドワイト・アイゼンハワー政権までの間、最高限界税率を増やしても税収は増えなかった。当時は、ラッファー曲線の下降局面側にあり、所得が破壊されていた。

だがこれは決してミスではなく、意図的な政策だった。ルーズベルトやその後の大統領が一〇〇パーセントに近い最高税率を採用したのは、超富裕層の所得を制限し、所得格差を抑えるためである。そのため、異常なほど多い所得（現在の数百万ドル以上に相当する所得）にしかこの税率を適用していない。超富裕層だけが、その税率の対象になったのだ。たとえば一九六〇年には、成人一人あたりの平均国民所得のおよそ一〇〇倍（現在の六七〇万ドルに相当）を超える所得に、九一パーセントの最高限界税率が適用された【注1】。その一方で、高収入の専門職や中堅企業の幹部など、超富裕層には含まれない富裕層（現在の数十万ドルに相当する所得を持つ人）は、二五パーセントから五〇パーセントまでの限界税率が適用されており、現在とほとんど変わらない（たとえば、カリフォルニア州やニューヨーク州で州所得税まで含めると、そのぐらいの数字になる）。

入手可能な証拠によれば、超高額所得に対して一〇〇パーセント近い税率を課す政策は、目的を達成したようだ。一九三〇年代後半から一九七〇年代前半にかけて、実際に所得格差が縮小している。税引前国民所得に占める上位一パーセントの所得の割合が、この期間に半減したのだ。第二次世界大戦前は二〇パーセント近くあったのに、一九七〇年代前半には一〇パーセントをわずかに超える程度まで下がっている。一九六〇年には、年間の課税対象所得が六七〇万ドルを超える所得に九一パーセントの税率が課されたが、それほどの所得を稼いだのは三〇六世帯だけだった【注2】。その一方で、経済は力強く成長している。第二章でも見たように、格差の縮小は数字だけの錯覚ではなく、実際に起きていた。もちろん、租税回避はあった。だが、富裕層が内国歳入庁の目の届かないところに巨額の所得を隠していたわけではない。そもそも、前述の上位一パーセントの所得の割合を算出した際には、内国歳入庁に申告したかどうかにかかわらず、あらゆる所得を考慮に入れている。そこには、企業内に留保された利益や非課税債券への投資など、当時租税回避にまわされた所得も含めている。一〇〇パーセントに近い最高税率により、実際に税引前所得の集中が抑えられたのである。

こうした政策を採用していたのは、アメリカだけではない。イギリスはさらに上を行き、一九四一年から一九五二年までと一九七〇年代半ばには、所得税に九八パーセントもの最高限界税率を採用していた（その間の期間も常に八九パーセントを超えている）。アメリカ同様、この高税率はごく少数の市民にのみ適用され、さほど税収は生み出さなかったが、所得や富の集中は劇的に抑制された。実際、一九四〇年代から一九七〇年代後半まで、格差は過去最低水準を維持していた。

## 所得税の最高税率を一〇〇パーセントに近いレベルにすべき根拠

アメリカでもイギリスでも、この時代の税制は以下の三つの考え方を反映していた。第一に、極端な格差は社会を害する。第二に、レントシーキングを阻止すれば経済は発展する。第三に、自由市場は富の集中をもたらし、民主主義的・実力主義的理想への脅威となる。

こうした考え方はアメリカ建国当時から存在するが、英米のリベラル派に特有のものというわけではない。過剰な富の集中は社会契約に悪影響を及ぼすという発想は、著名な保守派にも見られる。たとえば、一八世紀後半にはジェームズ・マディソンがこう記している。「政党の主たる目的は、以下の二つの方法で悪と闘うことにある。一、万人に政治的平等を実現する。二、少数の市民が不相応なほど多くの富を蓄積して財産の格差を拡大してしまう不必要な機会を抑制する」【注3】。保守派は一般的に、莫大な富はそれにふさわしい働きをした結果だと主張する（ロシアやアフリカの悪辣な「泥棒政治家」とは違い、アメリカの大富豪は「雇用を創出」しているとよく言われるが、こうした主張は、独占力や立法への影響力など、両者に共通する数多くの特質を無視している）。この点で重要な違いはあるものの、そんな保守派のなかにさえ、莫大な富それ自体は悪だという点には同意する者が多い。だからこそ、所得税に対して一〇〇パーセント近い最高税率を課したルーズベルトの政策が、レーガンまでの共和党政権にも引き継がれたのだろう。マディソンによれば、過剰な富の集中は民主主義にとって、戦争と同じぐらい有害だという。「戦時には、行政官の自由裁量権が拡大し、役職や栄誉、報酬の分配にかかわる影響力が増す。（中略）共和主義におけるこの有害な側面は、富の格差がある場合にもあてはまる」【注4】

富は力になる。極端な富の集中は極端な力の集中を生む。政府の政策に影響を与える力、競争を阻害する力、イデオロギーを形成する力、それらが一つになって、自分に有利になるよう所得の分配を操作する力になる。その力は、市場でも政府でもメディアでも発揮される。これこそが、一部の人間が莫大な富を所有するとほかの人の手に渡る富が減る中心的な理由である。現在の超富裕層の所得は、社会のほかの階層を犠牲にして成り立っている。ジョン・アスターやアンドリュー・カーネギー、ジョン・ロックフェラーなど、金ぴか時代の実業家が「悪徳資本家」と呼ばれているのは、そのためだ。

現在、アップルや、アマゾンの創業者ジェフ・ベゾス、ウォルマートを経営するウォルトン一族は何をしているだろう？　自分たちの財産や地位を守ることばかりしている。たとえば、新規参入企業を、脅威的な存在になる前に買収している。競合企業や規制当局、内国歳入庁と争っている。新聞社を買収している。莫大な富を蓄積した人々がいつでもどこでもしていることだ。アップルやアマゾン、ウォルマートの創業者はみな、多大なイノベーションを成し遂げ、新たな製品やサービスを生み出してきた。なかには、いまだイノベーションを追求している創業者もいる。だがその後継者たちは、会社の現在の地位を守ることに汲々とするばかりであり、今後そこから偉大なイノベーションが生まれるとは思えない。

ラッファー曲線を乗り越えるべき理論的根拠がここにある。莫大な富は、二酸化炭素の排出同様、ほかの人々に負の外部性をもたらす。炭素税を課すのは、税収を増やすためではなく二酸化炭素の排出量を減らすためだ。同じことが、超高所得に対する高税率にも言える。その目的は、長期にわたり政府の活動資金を集めることではなく、超富裕層の所得を制限することにある。そうすれば、莫大な富の固定化や格差社会につながるさまざまなレントシーキングを防止・抑制できる【注5】。一ドル稼ぐごとに九〇セントを内国歳入庁に持っていかれるのであれば、二〇〇〇万ドルもの報酬を手に入れたり、ゼロサム金融商品を生み出して数百万ドルを稼いだり、特許薬の価格を吊り上げたりする意味はなくなる。超高所得に対して一〇〇パーセント近い税率を課せば、経済力が分散され、税引前所得の格差が縮小し、市場での競争が活発化する。

だが、純粋に論理的な観点から見れば、この主張（自由市場経済が生み出す格差の縮小を正当化する標準的理由）とは逆の考え方もありうる。莫大な富や巨額の所得は正の外部性を持ち、超富裕層は社会に、自分たちが稼いだ額以上の利益をもたらしている、という考え方だ。一般市民はみな、現在数十億ドルもの収入を得ているビル・ゲイツから多大な恩恵を受けており、課税でその収入を奪ってしまえば、市民の暮らし向きはもっと悪くなるかもしれない。たとえば、ある情報筋によれば、ビル&メリンダ・ゲイツ財団は政府よりも資金を有効に使っているというが、富裕層に高税率を課せば、この財団の資金も減ってしまう。こうした考え方は、有名なトリクルダウン理論の一種と言える。この理論によれば、富裕層の富は、やがて社会のほかの階層にしたたり落ちていく(トリクルダウン)という。

ラッファー曲線を乗り越えるべき理論的根拠が本当に妥当なものかどうかを検証するためには、この議論で見落とされがちだったあるものに目を向ける必要がある。つまり、データである。

## 莫大な富が社会にもたらす利益――データなき議論

この問題を科学的に検証するには、多くのデータが必要になる。超富裕層が豊かになるような政策が実施されると、経済全体の成長率や各社会階層の所得にどんな影響があるのか? 富裕層への課税を減らせば、労働者階級の所得は増加するのか? そこでまずは、さまざまな社会階層ごとの所得の成長率を調べてみよう。

残念ながら、国民経済計算には国民所得全体の成長率に関する情報しかなく、社会階層ごとの所得の成長率に関するデータはない。政府統計の重大な欠陥である。そのため筆者は数年前から、この欠陥を是正する取り組みを始めた。その目的は、過去数十年にわたる経済成長の恩恵を実際に受けているのは誰なのかを突き止めることにある。つまり、労働者階級、中流階級、富裕層、超富裕層それぞれに、経済成長はどう分配されたのか、ということだ。この検証には全体の成長率も確かに重要だが、それではあまりに大雑把すぎる。教師や銀行家、退職者や労働年齢の成人など、あらゆる職業、あらゆる条件において所得がどう変化したのかが重要になる。

こうして筆者は、「国民経済計算分布」なるものをつくりあげた。一年ごとに、アメリカに住むあらゆる成人に国民所得を体系的に割り振ったデータベースである。とはいえ、市民一人ひとりが正確にいくら稼いだかを知ることはできない。そんな情報が包括的に記録された管理ファイルはどこにもない。したがって、このデータベースのデータは、いかなる実在の人間にも対応していない。それはいわば、納税申告書、世帯所得や世帯財産の調査、社会保障制度の統計、そのほかさまざまな公的データを統計的に組み合わせてつくられた、統合的なデータである。つまり、このデータベースのアメリカ人は、統合的な架空の存在ではあるが、アメリカの社会全体を完全に再現している。その所得の合計は、実際の国民所得と一致する。このデータベース上では一九八〇年以降の所得の年間平均成長率は一・四パーセントになるが、これもマクロ経済の統計と一致する。

筆者の推計は決定的なものではない。そのため、政府の統計担当者がこの作業を引き継いで改良を重ね、いずれは公的機関が公式の国民経済計算分布を発表するようになることを願ってやまない。現在使用されている国民経済計算も、そのような形で二〇世紀半ばに生まれている。それでもこのデータベースに、一貫性があり（所得階層ごとの成長を合計すればマクロ経済の成長と一致する）、透明性があり（計算方法や情報源を公表している）、普遍性がある（他国でも同様の統計手法が用いられている）ことは間違いない【注6】。

## 一九四六～一九八〇年――公正な高成長

所得税の最高限界税率が一〇〇パーセント近いレベルにあった時代は、実際にどんな状況だったのか？

当時、誰が経済成長の恩恵を受けていたのかをわかりやすくするため、所得順に並べた全成人を一〇〇のグループ（百分位）に等分し、それぞれのグループの平均所得の成長率を計算した。ただし、最上位の百分位の所得は国民所得のかなりの部分を占めていると思われるため、このグループにはさらに細かい下位グループを設けた。上位一パーセントを一〇のグループに等分し、さらに上位〇・一パーセントを一〇のグループに等分する。こうすれば、最低賃金労働者から大富豪まで、あらゆる階層の所得の成長率を計算できる。

この計算から何がわかるだろう？　第二次世界大戦後の数十年間は、力強い成長が見られ、その成長の恩恵が幅広く共有されていた。一九四六年から一九八〇年までの間、成人一人あたりの国民所得の年平均成長率は二・〇パーセントだった。技術的に世界の最先端にある国で、これほどの成長率を一世代にわたり記録することはなかなかない。さらに、ほとんどのグループの所得が、マクロ経済と同じ二・〇パーセントほどの年間成長率を示している（図8－1A）。最上位一パーセントだけは例外的にマクロ経済よりも成長率が低いが、この一点を除けば、各グループの所得の成長率は驚くほど類似している。この時期の経済学者が、たった一人の「代表的個人」に基づいて経済をモデル化しようとしたのも、そのためだ。この時期にはほとんどのグループが、経済全体と同じような動きを見せている。

## 一九八〇～二〇一八年――経済成長から締め出される労働者階級

ところが、一九八〇年から二〇一八年までの時期を見ると、様相が一変する（図8－1B）。第一に、平均成長率が低下した。レーガン政権時代やそれ以後のアメリカ経済は、成長力の低下を大きな特徴としている。二〇〇八～二〇〇九年の金融危機後に成長がやや回復しているものの（ヨーロッパ諸国に比べると特に）、長期的な観点から、好況や不況、景気後退やその後の景

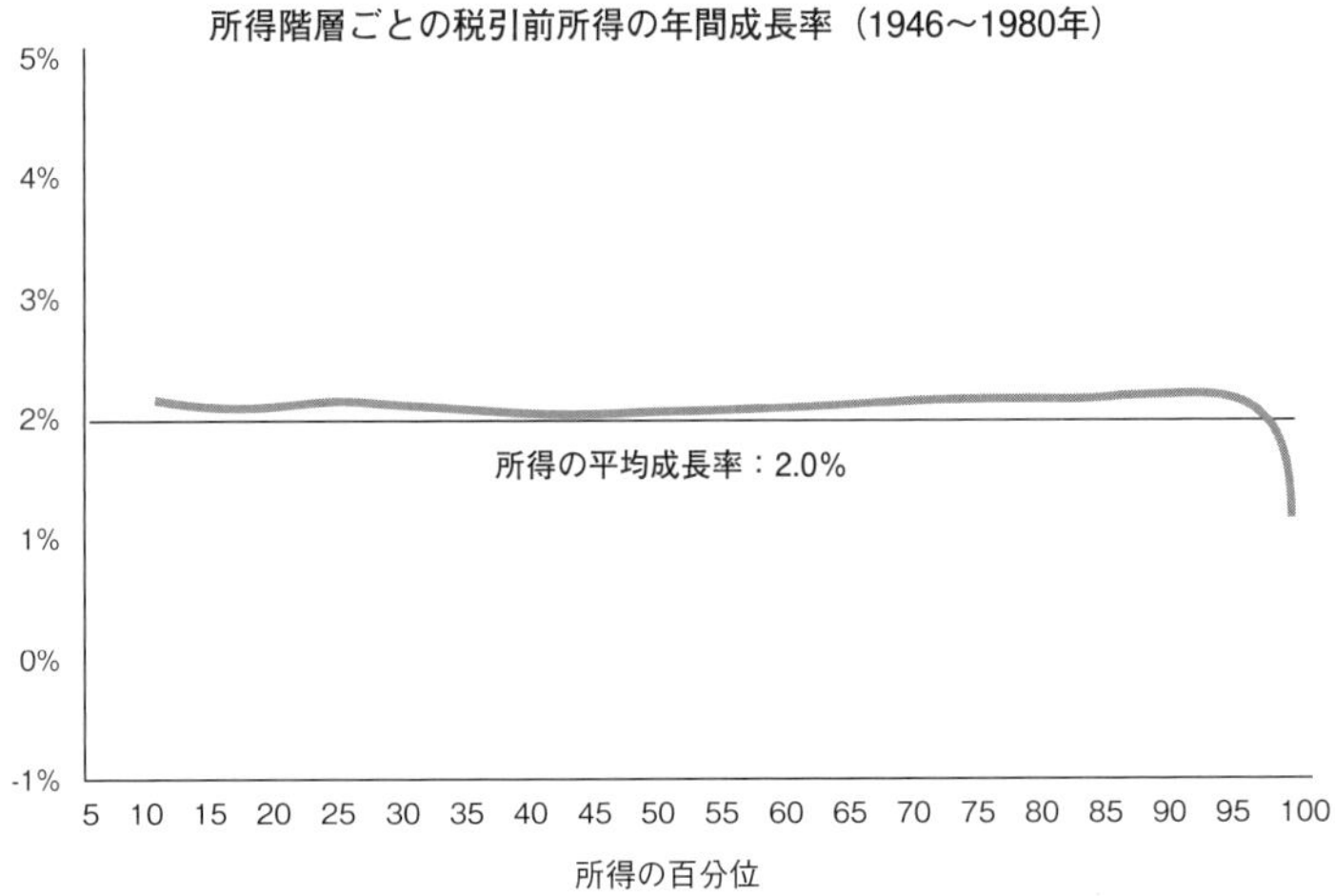


図 8-1A　万人が豊かになる成長から、富裕層のみが豊かになる成長へ

注　これらのグラフは、成人 1 人あたりの税引前所得の年間実質成長率を所得分布の百分位ごとに示している。上のグラフは 1946 〜 1980 年の期間、次ページのグラフは 1980 〜 2018 年の期間である。1946 年から 1980 年までは、成長が均等に分配され、ほとんどの所得グループがマクロ経済の平均と同じ年率 2%の成長を示している（上位 1%だけは例外的に成長率がそれより低い）。だが 1980 年から 2018 年までになると、成長が均等に分配されないようになり、成長率は下位の所得グループできわめて低く、中流階級でもそれをやや上まわる程度でしかないが、超富裕層ではきわめて高くなっている。データの詳細については taxjusticenow.org を参照。

気回復を平均して見れば、決してよい状況とは言えない。一九八〇年以降の成人一人あたりの国民所得の年平均成長率は、わずか一・四パーセントである。二一世紀に入ってからになると、その数字はさらに落ち、〇・八パーセントになる。

第二に、大半のグループが、全体の成長率である一・四パーセントに達していない。人口の九〇パーセント近くがそれより低い成長率を記録しており、そのなかの多くがこの数字をかなり下まわっている。一・四パーセント以上の成長率を経験しているのは、所得

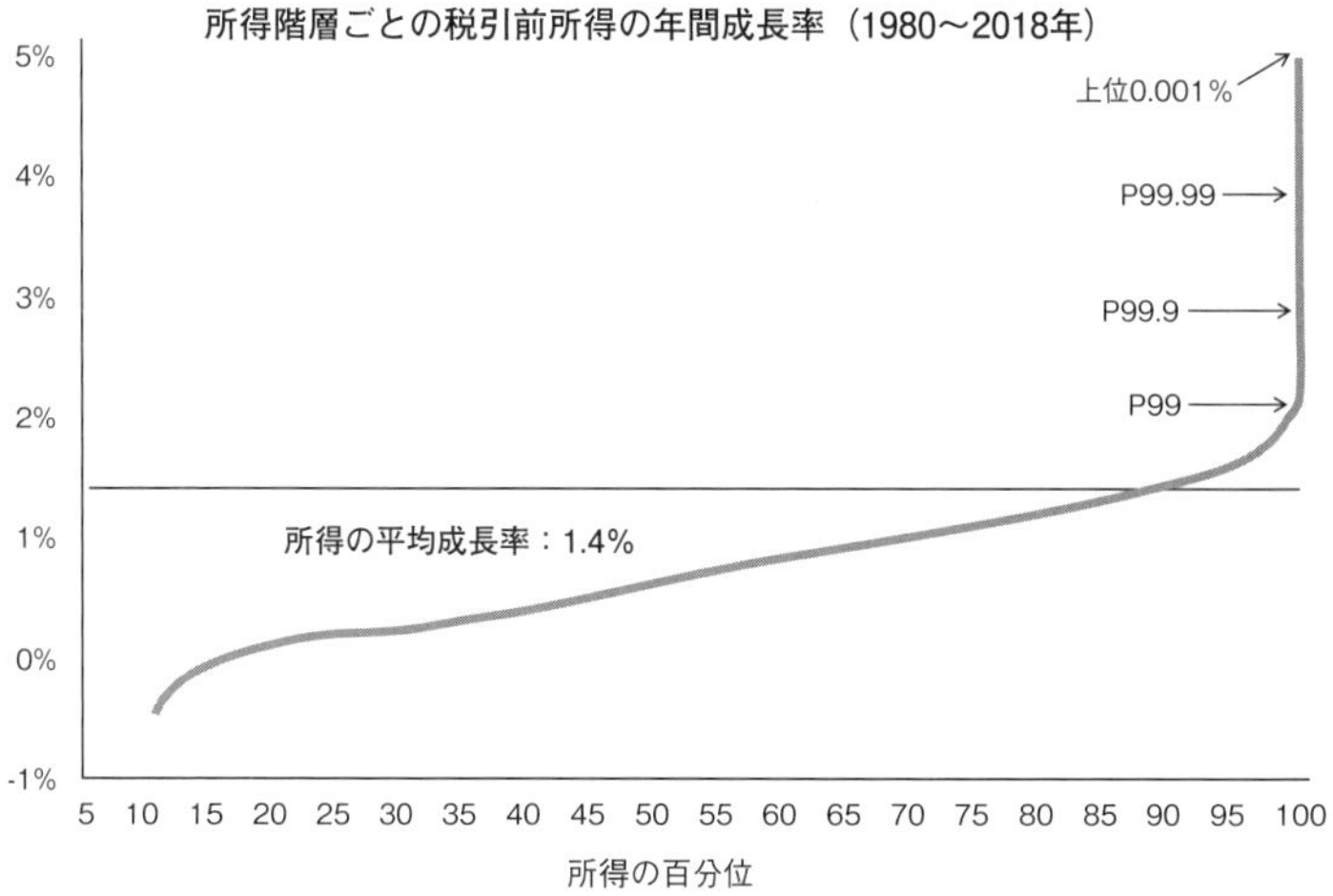


図 8-1B

階層の上位一〇パーセントだけだ。つまり、所得の成長と経済の実績とがまるで関係していないグループがほとんどなのである。経済全体の成長率（一・四パーセント）と個人の所得の成長率（平均は〇・六五パーセント）との間には、大きな差がある。これでは、「代表的個人」に基づいて経済をモデル化しても意味がない。

その一方で、アメリカの富裕層は豊かになった。図8-1Bのグラフが急上昇している部分を見てほしい。上位一パーセントの富裕層（現在では五〇万ドル以上の所得がある成人）の所得が大幅に増えたのがわかる。そのなかでも上位の超富裕層になると、成長率はさらに高くなる。一九八〇年以降、上位〇・一パーセントの所得は三二〇パーセント、上位〇・〇一パーセントの所得は四三〇パーセント増えた。最上位〇・〇〇一パーセント（アメリカでもっとも裕福な二三〇〇人）になると、その数字は六〇〇パーセントを超える。

それに対し、所得階層の下位五〇パーセントを占める労働者階級の所得は、この同じ四〇年の間ほとんど変わっていない。この階層の平均税引前所得はごくわずかしか増えておらず、一九七〇年代後半には一万七五〇〇ドル前後（インフレ調整後）だったが、二〇一八年になっても一万八五〇〇ドルにとどまっている。つまり、この四〇年間の年平均成長率は〇・一パーセントでしかない。一九八〇年以降、国民所得に占める富裕層の所得の割合が増えているだけではない。富裕層の所得が急増する一方で、人口の半分の所得は停滞している。富裕層の所得が労働者階級に「トリクルダウン」していることを示す証拠は一切ない。労働者階級は経済成長から締め出されている。

もちろん、だからといって、トリクルダウン理論が労働者階級に害を及ぼしてきたと証明されたわけではない。超富裕層がほかの階層の人々を犠牲にして富を蓄積してきたことが証明されたわけでもない。純粋に論理的な観点から見れば、税制により富裕層を優遇しなければ、労働者階級の生活がさらに悪化した可能性もある。このグループの実質所得が、過去四〇年にわたり年平均〇・一パーセントの割合で増加するどころか、減少してしまったかもしれない。そんなことになるとはあまり思えないが、その可能性を何の検証もなく排除してしまうことはできない。百分位ごとの所得の成長率の統計は実に有益だが、それだけでさまざまな政策の優劣について決定的な判断は下せない。残念ながら、一九八〇年に戻り、それ以前の税率を維持していたらどうなっていたかを実験してみることはできないのである。

しかし、少なくともこれだけは確かだ。第二次世界大戦後の数十年間の所得の成長率を比較してみれば、トリクルダウン理論が正しいとは言えない。

## 労働者階級の所得の成長率――二つの国を比較する

一九八〇年以来アメリカとは違う政策を実行してきたほかの国のデータを、このアメリカのデータと比べてみると、やはりトリクルダウン理論は正しくないことがわかる。

ここでは、さまざまな意味でヨーロッパを代表するフランスを見てみよう。成人一人あたりの平均国民所得で見ると、現時点ではフランスよりアメリカのほうが三〇パーセントほど高い。だがこれは、アメリカのほうが一人あたりの生産性が高いからではなく、労働時間が長いからだ。アメリカ人は、労働を始める年齢が早く（高い学費を支払うためなど）、労働を終える年齢が遅い（少ない社会保障給付金を補うためなど）。また、休暇の取得日数が少なく、育児休暇も短い。そのため生産性という観点から見れば、アメリカもフランスも変わらない。現在の国民総生産を労働時間で割ってみると（生産性を評価するもっとも効果的な計算方法である）、どちらの国も

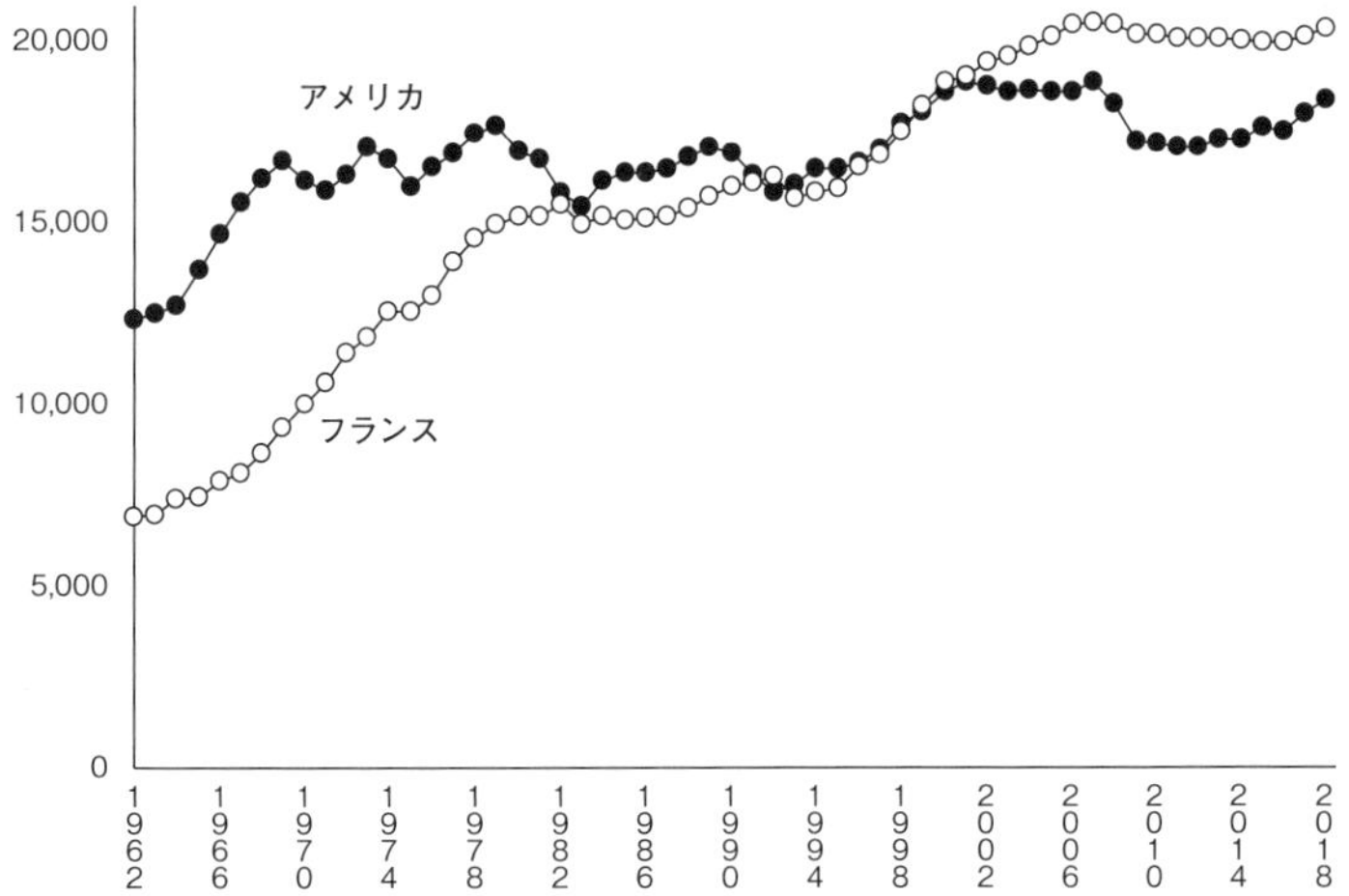


図 8-2　アメリカの労働者階級の苦境（アメリカとフランスの下位 50％の税引前平均所得、2018 年 US ドル換算）

注　このグラフは、アメリカとフランスにおける所得階層の下位 50％の成人 1 人あたりの平均所得の推移を示している（1962 年以降）。政府が課税や移転をする前の所得であり、2018 年の US ドルの価値に換算している。ユーロを US ドルに換算する際には、購買力平価為替レートを使った。フランスでは、下位 50％の所得がアメリカより速いペースで増加し、いまではアメリカを超えている。データの詳細については taxjusticenow.org を参照。

七五ドル前後であり、同様の傾向はしばらく前から見られる【注 7】。

ところが、アメリカのほうが労働時間が長いにもかかわらず、所得階層の下位五〇パーセントだけを比較してみると、この階層の成人一人あたりの平均所得は、フランスのほうが一一パーセント高い。金銭面だけを見れば（医療のレベルや余暇時間の長さを考慮しない）、フランスの労働者階級のほうがいい暮らしをしているのである。ちなみに、フランスの社会保障制度はこの結果とは何の関係もない。この計算のもとになっているのは、政府が課税や移転をする前の所得だからだ。育児や医療、教育に費やされる公的支出を考慮すれば、フランスの労働者階級の優位はさらに高まる。それはともかく、ここで注目すべきは、人口の半数を占める労働者階級を比べると、アメリカの労働者よりフランスの労働者のほうが市場から得ている所得が多い点である。

これは、いつの時代もそうだったわけではない。だが、過去四〇年にわたりアメリカの労働者階級の所得は停滞していたが、フランスの労働者階級の所得は増加してきた。その成長率は年平均〇・八パーセントと華々しいものではなく、二〇〇八～二〇〇九年の金融危機以降は完全に成長を停止している。とはいえ、わずか年率〇・八パーセントでも〇・一パーセントよりはよく、しかもそれが一世代にわたり続いた。その結果、フランスの労働者階級の所得が、アメリカの労働者階級の所得を追い越した。両者の平均を比べてみると、一九八〇年にはフランスよりアメリカのほうが二〇〇〇ドル高かったが、現在ではアメリカよりフランスのほうが二〇〇〇ドル高くなっている。

アメリカの労働者階級の所得が停滞した背景には避けられない事情があったと言う人もいる。その主張によれば、技術的進歩と国際貿易の増加という二つの経済的要因により、労働者の生産性は下がる一方となり、その生産物の需要も低下したという。だが、アメリカとフランスを比較すれば、この考え方が間違っていることがわかる。フランスもアメリカも、コンピューターの幅広い普及など、同じ技術進歩の波にさらされている。またどちらも、新興経済国と貿易している。自動車産業などでは、どちらの国の労働者も、多くが機械に置き換えられた。だがフランスでは、労働者階級の所得が増加している。確かに大幅に増えたわけではないが、一九八〇年以来三〇パーセントほど上昇している。一方アメリカでは、労働者階級の所得が停滞している。この事実から重要な教訓が導き出せる。アメリカの労働者階級が苦境に陥った主たる原因は、技術の変化やグローバル化ではない。

アメリカの労働者階級の生産性が突然低下したという主張は、まるで説得力がない。国際的な比較をしてみれば、アメリカ政府の政策により、所得が労働者階級から富裕層へ再分配されてきたことがわかる。一九八〇年代以降の歴代政権は、意図的にそのような選択をしてきた。連邦最低賃金の引き下げ、富裕層への減税、労働組合の権限の制限、公立大学の学費の増加などである【注8】。フランスなど大半の先進国も、同様の政策を部分的に採用してはいたが、アメリカではそれ以上に市場原理主義への転換が顕著だった。

## 成長は過小評価されているのか?

労働者階級の所得の長期にわたる停滞は、政治的・経済的に深い意味を持つきわめて重大な事態と言っていいだろう。だがなかには、それが以前の状況とあまりに著しい対照を成しているため、何かの間違いではないかと考える人もいる。実際には生活水準が向上しているのに、それが過小に評価されているだけなのではないか、というわけだ。これまでの推計から政策上の教訓を引き出す前に、まずはこの異論を論破しておこう。この主張には三つの特徴がある。

第一に、公式統計の成長率が低いのは、インフレ率を過大に評価しているからだとの意見がある。国民所得は生産の増加により増えるが、物価が上昇しただけでも増える。そのため統計学者たちは成長率を計算する際、国民所得の増加分のうち、どれだけが生産の増加によるもので、どれだけが物価の上昇によるものかを見きわめようとする。だがこれは、完璧には区別できない。毎年まったく同じ製品やサービスばかりを生産しているのであれば、話は簡単だ。だが経済が成長すれば、たいてい製品の質は向上していく。そのため、製品の価格が上がった場合、それは製品の質が向上したからなのか、物価が上昇しただけなのか、判別するのが難しくなる。品質の変化が目に見えてわかる場合には、容易に計算できるかもしれない（たとえば、テレビの画面は二〇年前より大きくなった）。だが、品質の変化が数値化しにくい場合もある（手術の身体への負担が低下した、コンピューター・ソフトウェアが以前より使いやすくなった、など）。問題はほかにもある。グーグルやフェイスブックといった企業は、顧客に無料でサービスを提供することがある。たとえば、グーグルマップが提供する地理位置情報サービスを利用するのに費用はかからない。そのため、これらのサービスは国民所得に含まれない。

こうした複雑な問題があるため、国民経済計算の統計は成長を過小評価しているという主張が出てくる（それが事実なら、筆者が作成した国民経済計算分布も成長を過小評価していることになる）。実際、過去数十年間の経済政策の決定に深くかかわった人や、ニュー・エコノミーの重要人物たちは多かれ少なかれ、そのような主張を口にしている。たとえば、レーガン政権時代に大統領経済諮問委員会の委員長を務めたマーティン・フェルドシュタインはこう述べている。「公式データは、実際の産出量や生産性の変化を過小評価している」【注9】。ビル・ゲイツも同様に、「裕福な国のＧＤＰでさえ実際の成長を十分に反映していない」と発言している【注10】。こうした主張は、シリコンバレーのエコノミストのお気に入りでもある。グーグルのチーフエコノミストのハル・ヴァリアンはこう語っている。「シリコンバレーで起きていることは十分に理解されていない。それを数値化する適切な方法がないからだ」【注11】。いずれのコメントも、経済成長はどこかに隠れており、それを数値化する手立てがないだけだと訴えている。

考え方としては、こうした異論も不当とは言えない。だが、最近の研究によれば、この問題を十分に考慮したとしても、公式データが描く全体像はさほど変わらない。それどころか、一九四六～一九八〇年の時期と一九八〇年以後の時期との成長率の差がさらに広がるおそれさえある【注12】。その理由は簡単だ。ビル・ゲイツらが述べる懸念は、最近になって生まれたものではなく、経済の成長過程で常に見られるものだからだ。同じ問題は一九八〇年以前からあった。むしろいまより当時のほうが問題になっていたかもしれない。確かに、スマートフォンの品質は向上している。だが、第二次世界大戦後の数十年間も同じように、自動車や家電製品の品質が向上していた。確かに、シリコンバレーで生み出された新たなサービスの一部は、無料で提供されている。だが以前から、テレビやラジオの番組は無料だった。それらを考慮すれば、一九八〇年以降のアメリカの成人一人あたりの国民所得の年平均成長率は、公式データの言う一・四パーセントではなく、一・五パーセントぐらいになるかもしれない。だがそれなら、一九四六～一九八〇年までの成長率も同様に、公式データの言う二・〇パーセントではなく、二・二パーセントほどになる。したがって、公式データを全期間にわたって修正しても、成長の鈍化がいっそう顕著になるだけで、労働者階級の所得の成長率はほとんど変わらない（〇・一パーセントが〇・二パーセントになる程度）。

実際には、公式統計は悲観的すぎるどころか、楽観的すぎるかもしれない。というのは、品質の向上を数値化しにくい場合があるように、品質の劣化を数値化しにくい場合もあるからだ。たとえば飛行機旅行サービスは、一九八〇年代以来品質が劣化している。それに公式統計には、気候の劇的な悪化や生物多様性の減少も考慮されていない。こうして見ると、全体的には、劣化にまつわる計算違いのほうが、向上にまつわる計算違いより大きい可能性が高い。グーグルマップは便利だが、地球の未来ほど重要ではない。

公式統計が労働者階級の経済成長を正確に伝えていないと主張する第二の理由として、階層間の流動性の問題を挙げる人がいる。下位五〇パーセントを構成する人は、年々変わっていく。所得を増やしてこのグループを離れていく人もいれば、このグループに入ってくる人もいる。アメリカには移民もやって来る。そのため、各グループの平均所得を年代を追って比較するのではなく、一人の人間の所得を一生にわたり追跡すれば、労働者階級が豊かになっているのを証明できると考える評論家がいる。この主張は、アメリカは「チャンスの国」だという一般的なイメージと関係している。

だが残念ながら、この考え方は間違っている。確かに、所得の流動性はある。一般的に個人の所得は、年齢が上がるにつれて増加する。経験を積んだり昇進したりすれば、賃金は上がる。だが統計を見ると、ある単純な事実がわかる。現在のアメリカの労働者階級の所得は、平均的に見て、その親世代が同年代だったころとほとんど変わっていない【注13】。人生のどの段階においても、前の世代より豊かになったわけではないのである。一人の人間の人生をたどれば労働者階級は豊かになっているという主張の誤りがわかるように、次のような事例を考えてみよう。国民所得の成長がゼロの世界を想像してほしい。高い賃金で働く古い世代が、低い賃金で社会人になる若い世代と年々交代していく世界である。このような世界では、個人の所得は生涯にわたり増えていくかもしれないが、国民所得は増えない。このゼロ成長の経済を見て、生活が向上していると言えるだろうか？　そうは言えない。労働者階級一人ひとりの所得が生涯にわたり増えていくとしても、それはいかなる意味であれ、労働者階級が豊かになっていることにはならない。

移民についてはどうだろう？　アメリカの労働者階級には、アメリカより賃金がはるかに低い外国から来ている人が多いのだろうか？　実際のところ、この基準に合致する移民がいないわけではないが、全体的に見れば彼らが統計に及ぼす影響はきわめて小さい。二〇一〇年から二〇一六年までのデータを見ると、アメリカに永住しに来る移民の割合は、年平均で人口の〇・三三パーセントほどでしかない。これは、カナダやドイツ、北欧諸国、イギリスなどの二分の一から三分の一の数字である【注14】。つまりアメリカは、トランプ政権が誕生する前から比較的移民が少ない国と言える。

## 再分配の限界

公式統計が労働者階級の真の成長を正確に伝えていないと主張する第三の理由として、政府の再分配を持ち出す人もいる。一九八〇年以来労働者階級の平均所得は年〇・一パーセントの割合でしか増えていないという本書の推計は、政府が課税や移転を行なう前の所得をもとにしている。

前述したように課税は増えているが、政府による所得移転はそれを上まわるペースで増えている。そのため、課税・移転後の所得で見ると、労働者階級の平均所得はもう少し増える。

だがこれも、大きな影響があるわけではない。課税・移転を考慮しても下位五〇パーセントの成長率がさほど上がるわけではなく、一九八〇年以降の年平均成長率が〇・六パーセント程度になるだけだ。それに、所得移転による格差縮小効果を性急にほめたたえる前に、よく考えてほしい。実際のところ、どんな所得移転が増えているのか？　その答えは簡単だ。主にメディケアとメディケイドである。つまり政府は、所得移転を通じてもっとも弱い立場にある人々を保護してきたわけではない。増大する育児コストを緩和するため親に補助金を提供してきたわけでもない。そうではなく、急増する国の医療費のかなりの割合をそれで支払ってきたのだ。これでは、その支払いにより恩恵を受けている人も、自分の好きなようにお金を使えない。支払われたお金は、その人たちの銀行口座に入るのではなく、医療サービス提供者の銀行口座に流れていく。その医療サービス提供者のなかには、優に上位一パーセントに入る人もいる。その支払いと引き換えに提供されるサービスに、その額に見合った価値があるのか？

結局のところ、市場原理主義の最大の弊害は、アメリカ人の平均余命に現れている。平均余命は所得より計算が簡単であるばかりか、これまで述べてきたような物質主義的な豊かさよりも、さまざまな意味で有益な指標となる。大半の人は、健康で長生きすることを何よりも望んでいるからだ。ところで、現代のアメリカ人は平均して見ると、毎年五ドル稼ぐごとに一ドルを、医師や病院、薬局、保険会社に支払っている。これは、過去のどの時代よりも多いうえに、ほかのどの国よりも多い。それなのに、アメリカ人の平均余命は低下しつつある。二〇一七年の時点で三年連続して低下している。一九八〇年には、アメリカ人の平均余命はほかのOECD諸国より一・五年長かった。だが現在では、ほかの先進国より二年近く短くなっている【注15】。

この低下は徐々に進んだが、そのタイミングは、労働者階級の相対的な生活水準が次第に悪化していった時期と完全に一致している。その間に富裕層の寿命は長くなり、貧困層の寿命は短くなった。最近では、戦争もないのに平均余命が低下した事例は一つしかない。共産主義の崩壊により混乱していた一九九〇年代前半のロシアである。

平均余命が逆行するこの驚くべき現象を見れば、本書で提示した所得の成長率の推計は、アメリカの労働者階級の苦境を誇張しているどころか、むしろ十分に反映していないと考えるほうが妥当だろう。

## 富の集中を抑制する——高めの富裕税

ラッファー曲線を乗り越えるべき実証的根拠がここにある。過去四〇年間を戦後の数十年間と比較しても、現在のアメリカをほかの先進国と比較しても、超富裕層の所得が急増したことではほかの階層が恩恵を被っているようには見えない。むしろ超富裕層は、主に労働者階級を犠牲にして所得を増やしている。

いまにして思えば、これはさほど驚くべきことではない。サプライサイド経済学に基づく政策では、供給を増やそうとする。だがそれは、何の供給なのだろう？　この政策により、教師や発明家、科学者たちがもっと働こうという気になるのか？　そうかもしれない。あまりそうなるとは思えないが、税金が安くなれば、利益が増えることに魅力を感じ、以前よりも仕事に励む人が出てくる可能性も否定はできない。だが、税引後所得に多少反応することはあるにせよ、彼らはどう見ても、金銭的利益に敏感に反応するような人間ではない。むしろ、そのような機会を利用しようとするのは、ゼロサム金融商品の販売業者、命取りになる薬の製造業者、租税回避を促進する業者やそれに手を貸す弁護士たち、便乗値上げをする企業、特許トロール（訳注：自身が保有する特許権を侵害している可能性のある企業を相手に、特許権を行使して巨額の賠償金を得ようとする者）、偽の大学卒業証書を提供する教育施設などだ。利益しか眼中にないこうした人々は、税金が安くなると労働の供給量を増やし、大胆なイノベーションを生み出す。そのペースが速くなれば、規制当局がそれに追いつくことも、一般市民がその詐欺行為に引っかからないよう事前に知識を得ることも難しくなる。つまり、最高税率が引き下げられてイノベーションが促進されたとしても、レントシーキングが活性化するだけだ。

富の蓄積を防ぎ、レントシーキングを抑制するさまざまな政策のなかでも、超高額所得に一〇〇パーセント近い税率を課す方法は、歴史的に効果が実証されている。だが、この方法には限界がある。先に述べたように超富裕層は、莫大な財産を所有していながら、申告する課税対象所得を容易に減らせる。所得税の最高限界税率を九〇パーセントに戻したとしても、アメリカの富豪の多くが支払う税額は大して変わらない。

この限界を克服するには、富裕層の財産そのものに高率の課税を行なう必要がある。前章で述べたように、五〇〇〇万ドルを超える財産に二パーセント、一〇億ドルを超える財産に三パーセントの限界税率という低めの富裕税を課すだけで、かなりの税収が生まれる。筆者の試算では、その額は毎年GDPのおよそ一パーセントに及ぶ。この程度の富裕税であれば、まだラッファー曲線の上昇局面側にある。

では、一〇億ドルを超える財産に一〇パーセントの限界税率というかなり高めの富裕税を課すとどうなるだろう？　一〇億ドルの財産を持つ人なら、先ほど述べた低めの富裕税の場合と同じ一九〇〇万ドルの税金を支払うだけですむ（五〇〇〇万ドルを超える財産に二パーセントの税率が課されるため、一〇億ドルの財産を持つ人は、九億五〇〇〇万ドルの二パーセント、すなわち一九〇〇万ドルを支払う）。そのため、このレベルの富裕税を課しても、低めの富裕税を課した場合に比べ、一〇億ドル規模の資産家になるのが難しくなるわけではないが、そのレベルを超える資産家にとどまるのは難しくなる。二〇億ドル規模の資産家は五パーセント、ジョージ・ソロスのような一〇〇億ドル規模の資産家は九パーセント、ジェフ・ベゾスのような一〇〇〇億ドル規模の資産家は一〇パーセント近い富裕税を課される。そうなると、ルーズベルトが所得税の最高限界税率を九〇パーセントに引き上げた結果、現在の価値で年間一〇〇〇万ドル以上を稼ぐ世帯数が急減したように、一〇億ドルを超える資産家の数は減少するだろう。つまり、税収を得られるだけでなく、富の集中を抑えることになる。

それでも、一〇億ドルを超える資産家は残るに違いない。数十年前からこれほど高率の富裕税が課されていた場合を考えてみよう。それでも、マーク・ザッカーバーグの二〇一八年の財産は二一〇億ドルに達していたと思われる（《フォーブス》誌によれば、同年の実際の財産は六一〇億ドル）。というのは、ザッカーバーグの財産は、初めて一〇億ドルを超えた二〇〇八年以来、年四〇パーセントの割合で増加しているからだ。毎年一〇パーセントの富裕税を課したとしても、これほどの勢いで増加する資産は抑えられない。だが、もっと古くからの資産家になると、話は違ってくる。たとえば、ビル・ゲイツの財産は四〇億ドルほどになる（二〇一八年の実際の財産は九七〇億ドル）。ゲイツはすでに三〇年以上にわたり一〇億ドルを超える財産を所有しているため、高い富裕税により財産を削り取られる期間も長くなるからだ。そのため、高めの富裕税を

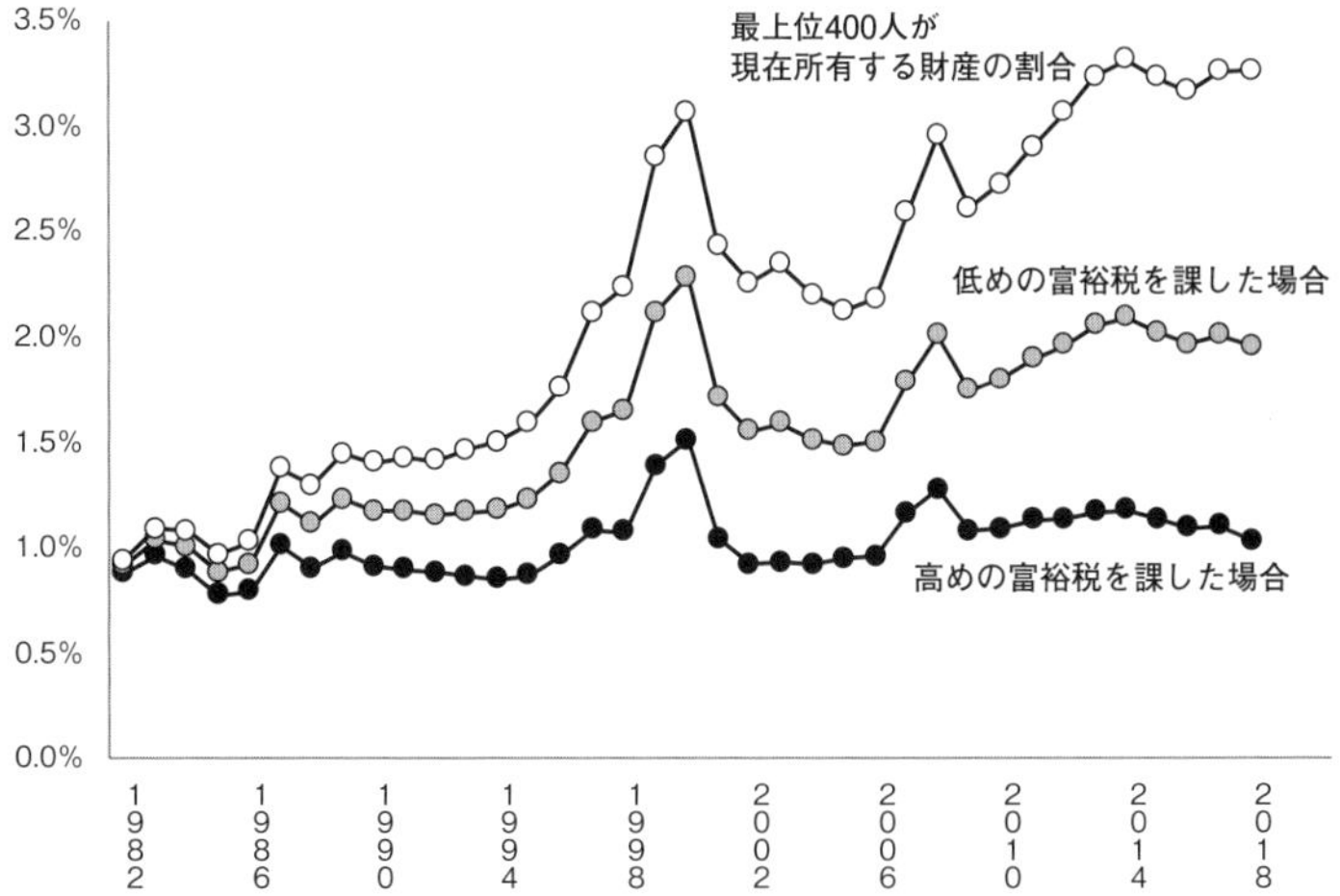


図 8-3　富裕税は格差の拡大や富の集中を抑えられるのか？
（最上位 400 人が所有する財産の割合――実情および 1982 年から富裕税を課した場合）

注　このグラフは、アメリカの所得階層の最上位 400 人（《フォーブス》誌による）が所有する財産の割合の 1982 年以降の推移、および 1982 年から低めまたは高めの富裕税を課していたらその割合がどう変化していたかを示している。低めの富裕税とは 10 億ドルを超える財産に 3％の限界税率、高めの富裕税とは 10 億ドルを超える財産に 10％の限界税率を意味している。最上位 400 人の財産の割合は、1982 年には 1％未満だったが、2018 年には 3.5％近くまで増加している。1982 年から低めの富裕税を課していた場合、この割合は 2018 年には 2％前後になる。高めの富裕税を課していた場合、この割合は 2018 年にはおよそ 1％となり、1980 年代前半と同水準になる。データの詳細については taxjusticenow.org を参照。

一九八二年から課していた場合、アメリカの所得階層の最上位四〇〇人は、二〇一八年になってもまだ数十億ドル規模の財産を持っているだろうが、その総額は現在の三分の一ほどでしかなくなる。その結果、彼らの財産がアメリカの財産全体に占める割合は、富の格差が大きく広がり始める前の一九八二年当時とほぼ同じになる。

二〇一八年に高めの富裕税を課していれば、最上位四〇〇人からだけでも二五〇〇億ドルもの税収が生まれていた。これはGDPの一パーセント以上に相当する。だが、一九八二年から高めの富裕税を課していた場合、二〇一八年にこれら四〇〇人から得られる税収は六六〇億ドルにまで減少する。ちなみに、低めの富裕税を課していた場合でも、税率がかなり低いにもかかわらず税収はおよそ五〇〇億ドルとなり、さほど変わらない。長期的に見ると、高めの富裕税を課せば超富裕層の財産がかなり削り取られるため、その支払う税額は減少する。つまり、ラッファー曲線の下降局面側に入ることになる【注16】。

高めの富裕税にはそれだけの価値があるのか？　最上位層から得られる税収が減ったとしても、一〇億ドルを超える財産に毎年一〇パーセントの富裕税を課して富の集中を抑えれば、社会がその恩恵を被ることになるのか？　この問題に対する筆者自身の考えは、データにより労働者階級の所得の停滞や莫大な富の集中が明らかになるにつれ、高めの富裕税を認める方向へと変わってきた。おそらく読者も同意してくれることだろう。

# 第九章　将来可能な世界

社会政策に関する議論の場に繰り返し登場する意見がある。いまさらそれを言うと驚かれるかもしれないが、税制において累進性は重要ではないという意見である。その主張によれば、政府は公共支出を通じて、いつでも好きなように所得を再分配できる。したがって、その支出が弱い立場の人々を助けるものであるかぎり、どう課税するかは重要ではなく、税収を確保すること自体が重要なのだという。この考え方はアメリカやヨーロッパに普及し、過去数十年にわたり国際通貨基金や世界銀行が提供する税務アドバイスに影響を与えてきた。そのためアジアやアフリカの政府が社会事業の資金を捻出しようとする際には、付加価値税（富裕層より貧困層に負担を強いる税）の増税が推奨された。その一方で、累進所得税や相続税や富裕税は不必要であり、政治的に危険でさえあるかもしれないと見なされた。

この戦略にまったく利点がないわけではない。付加価値税は多額の税収を生み出せる。それを教育や医療などの公益に利用すれば、生活水準を引き上げられる。だが、そう主張する経済学者に悪意はないのだろうが、その背景にある考え方に不備がある。いくら有益な支出を行なうにせよ、そのための資金を、税金としてただ機械的に徴収すればいいというわけではない。社会の発展には、さまざまな制度への信頼を築くことも必要になる。そのなかでも重要なのが、政府への信頼である。政府が富裕層よりも貧困層に多く課税していれば、信頼は維持できなくなる。

こうした視点は、課税の歴史を理解するのに欠かせない。中世には納税者の反乱があり、二〇一八年にはフランスで「黄色いベスト」運動が発生したように、政府への信頼は今後も重要な要素になると思われる【注1】。たとえば、環境税について考えてみよう。炭素に価格を設定するのは、気候変動への対処に欠かせない。だが、燃料など炭素を多く含む製品への支出が所得に占める割合は、富裕層より貧困層のほうが多い。したがって炭素税は、一般的に逆進的になる。この貧困層の負担を相殺するため、気候変動への対処には別の累進税が必要になる。この基本的事実を顧みない政府は、いずれ高い代償を払うことになる。

さらに、医療について考えてみよう。アメリカではこれまでに、国民皆保険を導入しようとする二つの包括的な取り組み（一九九三年のクリントン政権の提案と、二〇一四年にバーモント州で推進された単一支払者医療保険制度）が頓挫した。だがこれは、その制度に対して一般の支持が得られなかったからではなく、その資金をまかなう方法が公正ではなく、市民に受け入れてもらえなかったからだ。こうした事態は、支出ばかりを考慮して資金を集める方法を考慮していない場合に起き、結局何の支出も行なわれないことが多い。クリントン政権の一九九三年の国民皆保険制度案が失敗して以来、多くのアメリカ人が無保険のために命を落としている【注2】。保険を失う不安を抱えているアメリカ人は数百万人に及ぶ。

第七章で述べたように、アメリカ政府は富裕層への課税を増やせば、国民所得の四ポイント分も税収を増やせる。それだけあれば、現在無保険のアメリカ人数百万人に医療を提供できる。これは、公的資金により万人に医療や教育（幼少時から大学まで）を提供する方向へ、アメリカの社会制度を大胆に変革する出発点になりうる。ただしこの変革には、富裕層への課税引き上げから得られる以上の資金が必要になる。本章では、この資金を生み出す方法の一例を紹介したい。

## 社会制度の発展

一般的に、政府は医療や教育の費用をまかない、退職後の生活を支援すべきだと考えられているのはなぜなのか？　それは、十分な生活水準を手に入れることが基本的人権の一つと認識されているからだ。実際、教育や医療、高齢者への所得支援がなければ、十分な生活水準を手に入れる権利を実現することはできない。

二〇世紀に入るまでは、政府ではなく家族が、高齢者や病人の生活を支えていた。親が子どもの教育費用を支払い、子どもが高齢の親の世話をし、家族の支援を受けられない人には宗教団体が援助した。だが当時は、一般的に教育期間が短く、医療は発達しておらず、高齢者は長生きできなかった。その後、技術が発展し、平均余命が延び、医学が進歩すると、教育や医療や退職後の生活にかかる費用が増大した。その結果、共同体による財政支援が必要になった。

アメリカでは二〇一九年、労働者階級（人口の半分）の成人一人あたりの年間所得は一万八五〇〇ドルだった。その一方で、国民所得の二〇パーセントを医療費に費やしている。成人一人あたりに換算すれば一万五〇〇〇ドルである。先進国はどこも、医療費の抑制に努めてはいるものの、国民所得の一〇パーセント以上を医療費に費やしている【注3】。アメリカもこれをまね、国民所得の一〇パーセントまで医療費を抑えたとしても、まだ成人一人あたりの医療費は七五〇〇ドルになり、一万八五〇〇ドルの所得ではとてもまかないきれない。

では貧困層は、割安な医療や教育を購入すればいいのではないか？　だが、そういうわけにはいかない。安価な医療や教育など、いざというときに何の役にも立たないからだ。医療サービスにも散髪や外食と同じように予算に見合ったサービスがあるという考えは、間違っている。貧困層も、富裕層と同等の医療、同等の教育を必要としている。アメリカのほとんどの子どもは家庭環境がどうであれ、少なくとも一二年の教育を受けて高校までは卒業しているが、恵まれない家庭の子どもも大学に行くことを望んでいる。また、誰でも脚が折れたら治さなければならない。

これらまともな医療や教育を安価に提供するのに成功した先進国はない。

だからこそ先進国はいずれも、二〇世紀の間に徐々に、教育（未就園児の育児も含む）や高齢者の生活や医療の費用を政府に負担させるようになったのだ。もちろん、政府がどれだけ資金を提供すべきか、当人がどれだけ負担すべきか、教育や医療や高齢者支援といったサービスの提供者をいかに規制すべきか、といった点についてはさまざまな議論がある。だが、税金や義務的な負担金により多額の資金を集めることなく、高齢者支援や教育や医療の提供に成功した事例は一つもない。どの先進国でも、二〇世紀の間に税収の規模は大幅に増えた。一九〇〇年ごろには国民所得の一〇パーセント未満だったが、現在では国民所得の三〇〜五〇パーセントに達している。そのいちばんの理由は、社会制度の三つの柱に資金を供給するためだ。三つの柱とは、若者への教育、高齢者への生活支援、万人への医療である【注4】。

## 民間医療保険――重い人頭税

アメリカも事情は変わらない。給与税でまかなわれる現在の社会保障制度は一九三五年に創設されたが、毎年この制度を通じて国民所得のおよそ六パーセントが、高齢者や障害者の生活支援に費やされている。大衆の中等・高等教育も、主に政府を通じて提供され、一般税収でその費用がまかなわれている【注5】。高等教育の授業料が高く、学生ローンが多くの学生の重荷になっているとはいえ、アメリカの全教育支出のおよそ三分の二は政府が負担している。さらに政府は、貧困層、高齢者、兵役経験者に医療保険を提供している（貧困層はメディケイド、六五歳以上の高齢者はメディケア）。

それでも、アメリカの社会制度には大きな穴がいくつもある。政府は育児や早期教育にほとんど資金を投じておらず、その分野の国際ランキングでは最下位に近い位置にある。世界的に裕福な国では母親に一年以上の有給出産休暇を保障しているのに、アメリカではそのような保障は一切ない。またアメリカには、先進的な一部の都市を除き、五歳未満の子どものための公立学校もなければ公立保育園もない。ほかの裕福な国の政府は以前から、教育（早期教育も含む）は市場より地域社会に任せたほうが適切かつ効率よく提供できることを理解していたが、アメリカ政府はいまだそれを理解していない。

育児には法外な費用がかかる。託児所の年間費用が幼児一人あたり二万ドルに及ぶケースもざらにある。そのため多くの家庭では、親が育児をすることになる。親といっても、この仕事を主に引き受けるのは母親のほうだ。これは事実上、政府支出の不足分を補うため、女性の時間に重税を課しているに等しい（時間は、もっとも古くからある課税対象である）。この課税は、女性のキャリアに深刻な影響を及ぼし、男女の格差を広げる。実際、アメリカの母親の収入は第一子の出産後、父親に比べて平均三一パーセント減少する。その結果、女性のほうが男性より教育水準が高く、大学を卒業する割合も高いというのに、収入面での大きな男女格差がいまだ解消されていない【注6】。せっかく高等教育を受けたのに、子どもに早期教育を提供できないという理由でキャリアのいちばん大切な時期を棒に振らなければならないとは、効率という観点だけから見てもばかげている。

アメリカにはもう一つ、ほかの先進国に比べて特異な点がある。この国では、公的医療保険が国民皆保険とはほど遠い状況にある。医療支出全体のおよそ半分（国民所得の二〇パーセントのうちの一〇パーセント）は公費でまかなわれている。それでも大半の人は、民間の医療保険に入らなければならない。この民間医療保険制度により、何百万もの市民が保険から締め出され、無数の労働者が巨額の保険料に苦しんでいる。

第五章で述べたように、民間医療保険の保険料は民営の税金と言っていい。大半の労働者は雇用主を通じて保険に入り、名目上は雇用主がその費用を支払うとはいえ、保険料は給与税同様、労働コストであり、労働者が負担している。給与税との間に違いがあるとすれば、給与税よりはるかに逆進性が高いことだけだろう。というのは、保険料は収入とは関係なく、額が決まっているからだ（年齢や家族保障に応じて変わるのみ）。これはもはや人頭税である（独立前のアメリカの植民地や一九六四年以前のアメリカの一部の州では、人頭税の支払いが投票登録の条件とされていた。本書では、昔ながらの定義に従い、所得や資産に関係なくあらゆる成人に課される税金という意味で「人頭税」という言葉を使っている)。つまり、事務員も幹部と同じ額の保険料を支払わなければならない。

言うまでもなく、人頭税は人気がない。マーガレット・サッチャーは一九八八年、固定資産税に代えて人頭税を導入したが、前例のない反対運動にあい、一九九〇年には首相の座を追われた。医療費をまかなうためいきなり人頭税を課す政府などない。そんなことをすれば、低所得世帯に過重な負担を強いることになるからだ。だが現在のアメリカは事実上、その人頭税を課しているに等しい。雇用主が政府の代わりに重い人頭税を管理しているのである。二〇一〇年に医療費負担適正化法が成立して以来、五〇人以上の従業員を抱える雇用主には、従業員への医療保険の提供が義務づけられている。違反すれば、従業員一人あたり二五〇〇ドルの罰金が科される(二〇一九年現在)。医療保険の年間平均保険料が巨額になっている(保険に入っている労働者一人あたり一万三〇〇〇ドル)現状を考えれば、このような制度はとても維持できない。

この人頭税の負担の大きさを明らかにするため、民間医療保険の保険料も税金に含めたうえで、アメリカの所得階層ごとの平均税率を見てみよう。第一章で述べたように、通常の税だけを見ると、アメリカの税制は、最富裕層だけが逆進的な均等税のような様相を呈する。ところがそこに医療保険料という人頭税を追加すると、はっきりと逆進的になる。平均税率は、所得階層の最下

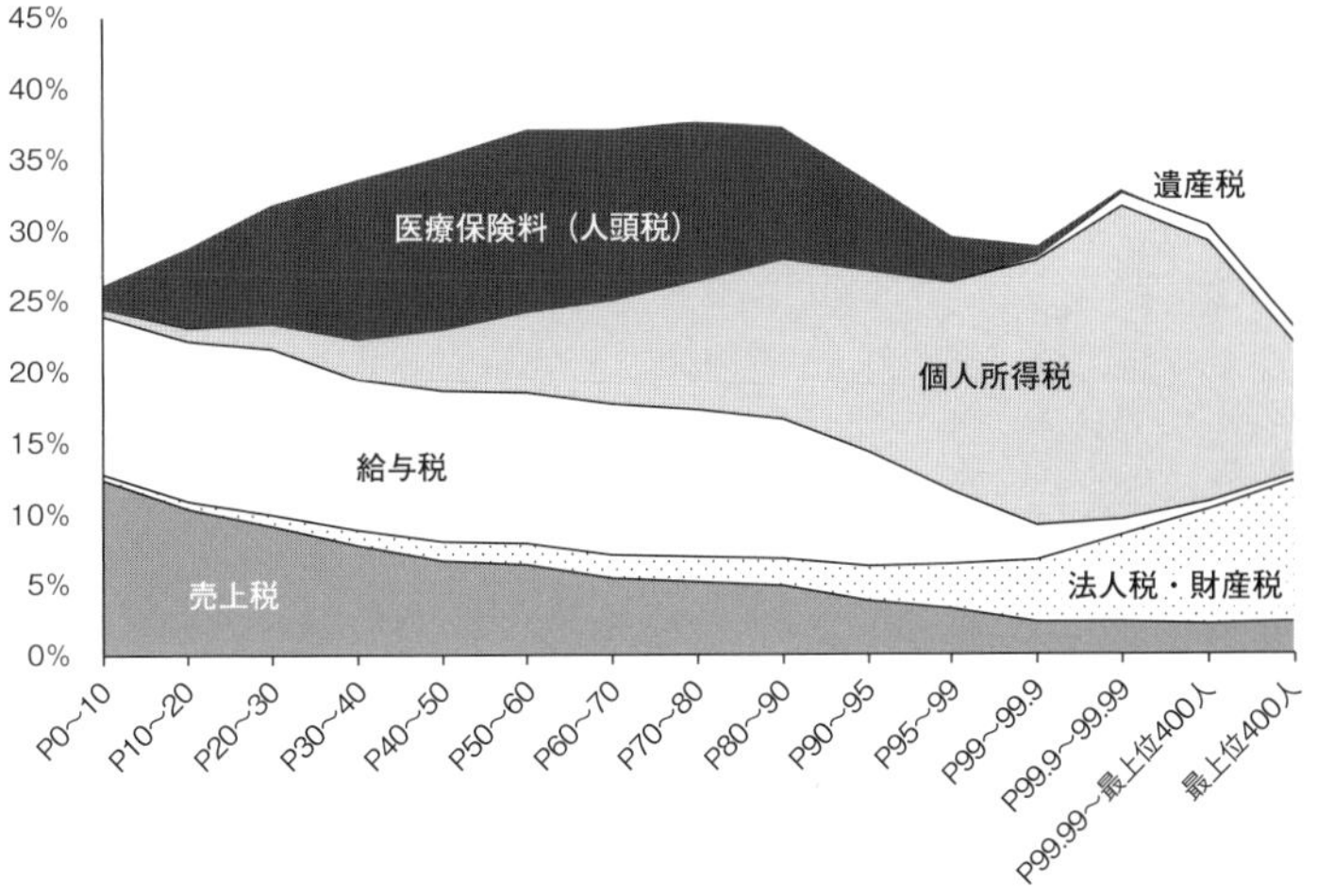


図 9-1　アメリカの税制は均等税なのか、きわめて逆進的なのか？
（強制的に徴収される医療保険料も含めた税率、2018 年）

注　このグラフは、所得階層ごとの平均税率とその税種別構成を示している（2018 年）。あらゆる連邦税・州税・地方税を考慮したほか、雇用主から提供される医療保険に加入する労働者はその保険料をほぼ強制的に徴収されるため、これも税に加えている。この疑似税を加えると、アメリカの税制はきわめて逆進的になる。労働者階級と中流階級は超富裕層より税率が高い（特に中流階級で高い）。データの詳細については taxjusticenow.org を参照。

層では三〇パーセントをやや下まわる程度であり、中流階級では四〇パーセント近くまで上がるが、最富裕層になると二三パーセントまで低下する。

この人頭税は、労働者階級と中流階級を直撃している。確かに、所得分布の最下層では、売上税や給与税ほどの負担にはなっていないように見える。だがこれは、アメリカの労働者階級の多くが、雇用主から医療保険の提供を受けていないからだ。そうなると労働者は、自分で保険に入って重い保険料を負担するか、家族の保険に加えてもらうか、メディケイドに登録するか、無保険のまま過ごすことになる。医療費負担適正化法により、メディケイドの資格要件が緩和され、民間医療保険に入る低所得者に助成金がおりるようになったが、それでも二〇一九年現在、成人のおよそ一四パーセントが無保険のままだ【注7】。それに、人頭税を通じて医療費をまかなっている労働者には何の救済措置もない。中流階級の人頭税のコストは、所得税のコストを大幅に上まわっている。

## 給与税や付加価値税以外の方法で社会制度をまかなうには

医療保険が全国民にほぼゆきわたり、公的な育児サービスの提供がはるかに充実しているほかの先進国では、これら社会に欠かせないニーズをどうまかなっているのか？　一般的に医療保険は、給与税か、付加価値税などの一般政府歳入によりまかなわれている。これでもないよりはましだが、こうした資金調達方法はあまり理想的ではない。

給与税は人頭税よりは公平だと言える。上限が設定されている場合もあるが、少なくともそれまでは、税額が賃金に比例するからだ。しかし、給与税には大きな問題がある。一般的に労働所得にのみ課税される点だ。資本所得は課税対象にならない。その課税基盤に資本所得を部分的に組み込んで給与税の拡張を試みている国もあるが、こうした取り組みにもかかわらず、医療費負担の大部分はやはり労働所得が担っている【注8】。

労働所得を得ている人も資本所得を得ている人も医療を利用できる以上、労働所得だけが医療費を負担すべき理由はない。それに前述したように、資本所得への課税は次第に減り（しかも資本所得は、大半の国では国民所得よりも速いペースで増えている）、労働所得への課税は次第に増えている（しかも労働所得は、国民所得より成長のペースが遅く、停滞している場合もある）。このような状況のなか、増大する医療費をまかなう手段から資本所得を除外するのは合理的ではなく、そのような制度を維持していけるとも思えない。

アメリカを除く先進国では、この給与税のほか、大規模な付加価値税を導入している。付加価値税の原理は二〇世紀初頭、ドイツの実業家ヴィルヘルム・フォン・ジーメンスとアメリカの経済学者トーマス・アダムスにより、それぞれ別々に考案された。フランスは一九四八年、他国に先駆けて付加価値税を試験的に導入し、一九五四年にはその採用範囲を拡大した。やがて一九六〇年代になると、各国でこの税が支持されるようになり、続く数十年の間に大半の国が付加価値税を導入した【注9】。こうして、物品税、売上税、取引高税など、それまでの消費税は、付加価値税に置き換えられた（取引高税は付加価値税に似ているが、中間財に課税する点が異なる）【注10】（訳注：日本の消費税は付加価値税に相当する）。

アメリカではいまでもこれらの消費税が採用されているが、付加価値税には消費税に勝る明確な利点がある。まず、製品にもサービスにも課税できる。また、取引高税とは違い、一連の生産を通じて税が累積しない。中間財の購入費用は、製品やサービスの販売利益から控除できるからだ。それに、最終販売時だけでなく生産の各段階で課税されるため、売上税より脱税が難しい。だからこそ、フランスの先例にならい、世界各国で幅広く付加価値税が採用されたのだ。

そのため、アメリカも付加価値税を導入すれば、不完全な社会制度を変革する資金をまかなえるのではないかという意見がある。だがこの考え方が正しいとは思えない。付加価値税には問題が二つある。第一に逆進的である点、第二に、課税基盤が給与税よりは大きいものの、それでもかなり小さい点だ。

付加価値税が逆進的なのは、所得にではなく消費に課税されるからだ。労働者階級や中流階級の多くは、貯蓄をする余裕がない。所得をすべて消費してしまい、何らかの問題が起きたときには、消費が所得を上まわる場合さえある。そのため付加価値税は、これらの階層にとって大きな負担となる。一方、所得階層をさらに上へ進むと、所得に対する消費の割合はだんだん少なくなる。たとえ惜しみなくお金を使ったとしても、消費するのは所得のなかのごく一部でしかないため、所得に対して超富裕層が支払う付加価値税の割合も微々たるものとなる。富裕層といえども、どこかの時点で貯蓄を崩すことはあるだろうが、それは、所得を稼いでから数十年後のことかもしれないし（退職後の生活資金として貯蓄を使う場合）、数世紀後のことかもしれない（貯蓄が数世代先の相続人に引き継がれた場合)。所得税に比べて消費税や付加価値税が根本的に不公平なのは、富裕層は所得を貯蓄して消費を先延ばしできるのに、貧困層は所得を即座に消費しなければならない点にある。「正義の実現をあまりに先送りするのは、正義を否定するのと同じである」【注11】というキング牧師の言葉は、課税にもあてはまる。

付加価値税はまた、一般的なイメージとは違い、経済のかなりの部分を課税対象から除外している。金融・教育・医療という現代経済の三大分野は、たいてい課税の対象外である。だが、アメリカの所得格差を拡大させた最大の元凶は金融であり、医療も格差の拡大に多大な影響を及ぼしている【注12】。それを考えると、これらの分野を除外する新税を導入したとしても、格差の縮小が進むとは思えない。金融が付加価値税の課税対象にならないのは、金融産業では「付加価値」を計算するのが困難だからだ。一般的な事業では、顧客への売上高から中間投入コストを差し引いたものが付加価値となる。だが金融産業の場合、資金を運用してその利益の一部を受け取ったり(銀行口座、投資信託、年金基金)、高い利率で資金を貸し出したり(クレジットカードローン、学生ローン、住宅ローン)しているだけで、そのサービスの料金を請求するわけではない。

金融・医療・教育分野の規模は、付加価値税が初めて導入された一九五〇年代にはすべて合わせてもさほど大きくなかったが、その後急速に成長した。また、付加価値税は逆進的と見なされているため、食品などの必需品には優遇税率が設けられている。こうした理由のため、フランスやドイツでは（両国の付加価値税の標準的な税率は、フランスが二〇パーセント、ドイツが一九パーセント）、付加価値税による税収は国民所得のおよそ八パーセントでしかない【注13】。つまり、付加価値税は国民所得の四〇パーセントしか課税の対象にしていないということだ。アメリカでは、医療や金融といった分野の規模がヨーロッパより大きいが、全体的な貯蓄率はヨーロッパより低い。それを考慮すると、アメリカに付加価値税を導入したとしても、国民所得に対する課税基盤の割合は、ヨーロッパと同じ程度になると思われる。したがって、たとえば付加価値税で国民所得の六パーセントにあたる税収を確保しようとすれば、一五パーセントの税率を適用する必要がある。

付加価値税や給与税にはこのような限界があり、格差が拡大しているこの時代に社会制度の資金をまかなう役割など果たせない。この二つの税がヨーロッパで人気を博していた戦後数十年間は、格差が過去最低水準にあった時代でもあった。だがもはやそんな時代は過ぎ、これらの税は時代遅れになっている。税制にイノベーションを起こす必要がある。

## 二一世紀の社会制度を支えるために——国民所得税

アメリカは付加価値税を乗り越えられる。かつて二〇世紀の税制を生み出したように、二一世紀の税制を切り開くことができる。そのための一案として提示したいのが、国民所得税である。その基本的な考え方は至ってシンプルだ。国民所得税はすべての所得に課税する。資本による所得や労働による所得、製造産業や金融産業が生み出す所得、非営利組織が生み出す所得、そのほか経済のあらゆる分野が生み出す所得すべてである。また、富裕層に集中する貯蓄にも適用される（ちなみに貯蓄は、優遇税制措置よりも政府規制〈年金制度への自動登録や金融規制など〉を利用したほうが効率的に推進できる）。さらに国民所得税は、管理を簡単にするため、単一税率を採用し、いかなる控除も提供しない。

ここではっきり述べておくが、国民所得税は、所得税などの累進税に代わるものではない。むしろ累進税を補う税、アメリカの労働者階級や中流階級に不当に重い負担を強いる逆進税に代わる税である。民間医療保険の保険料は、こうした逆進税の最たるものと言っていい。

国民所得税は、本当の意味での均等税である。一九八五年に経済学者のロバート・ホールとアルヴィン・ラブシュカが提案し、多くの保守派が支持した「均等税」は、実際には付加価値税のような定率の消費税のことなのだが、より大衆の心に訴えるため所得税にすりかえられることが多い【注14】。だが国民所得税は、そのような形で提案されている均等税より包括的で公平だ。所得の用途（消費するか貯蓄するかなど）による差別は一切ない。

この税の仕組みを理解するうえで忘れてならないのが、国民所得は労働所得と企業利益と利子所得を合わせたものという点だ。つまり、国民所得に課税すれば、これらの所得それぞれに課税することになる。

労働所得に対する国民所得税は、雇用主が管理・納付する。営利企業・非営利組織・政府いずれであれ、雇用主はすべて、あらゆる被雇用者の総労働コストに応じて税金を支払う。これは給与税と同じように見えるが、課税基盤はそれより大きく、あらゆる付加給付を含むうえに課税上限がない。被雇用者の給与はすべて国民所得税の対象になる。この被雇用者給与は、現在すでに法人税や事業税の申告書で報告されており、国民所得の六二パーセントを占めている。

さらに、家族経営のレストランから巨大企業まで、企業はすべて、その利益に対して国民所得税を支払う。課税基盤となるのは利益の総額であり、控除や適用除外は一切ない。資本資産の通常の損耗を反映するため減価償却は行なうが、いかなる税の支払いも控除されない。この企業利益も、現在すでに法人税や事業税の申告書で報告されている。

国民所得税はまた、利子所得にも課税する。企業が融資や債券に対して支払う利子は企業利益から差し引かれ、その利子を受け取る貸し手に課税される。貸し手が企業の場合、受け取る利子はすでに企業利益に含まれている。そのため、課税基盤に追加されるのは、個人や非営利組織が受け取る利子のみであり、管理が煩雑になることはない。個人や非営利組織が受け取る外国の配当も、外国から受け取るほかの所得同様、国民所得税の課税対象になる。

このようにすれば、あらゆる所得源に一度だけ課税することになるため、アメリカ国内の配当や年金所得、社会保障給付や失業給付などの移転所得に課税する必要はなくなる（配当は、すでに課税されている企業利益に含まれている。年金所得のもとになる積立金は、すでに課税されている労働所得に含まれている）。それが、付加価値税との大きな違いである。国民所得税は、所得階層の最下層に多い、移転所得で生活している人々に負担をかけない。国民所得税が付加価値税よりはるかに累進的なのはそのためだ。

筆者の試算によれば、国民所得税は国民所得の一〇〇パーセントに近い課税基盤を持つ。住宅所有者が自分に支払う家賃（これも国民所得に含まれるが、課税は難しい）は課税の対象にならないが、住宅ローンの利子支払いは課税対象から除外されない。だが実際のところ、どうしても脱税が発生するため、国民所得税の課税基盤は、国民所得の一〇〇パーセントをやや下まわることになるだろう。従業員が帳簿外の賃金を受け取る、自営業者が現金で支払いを受ける、といった非公式経済は把握が難しく、利益を過少申告する企業も後を絶たない。利用可能な推計によれば、こうした活動により、国民所得の七パーセント分ほど課税基盤が縮小するという【注15】。

それでも国民所得税は幅広く課税されるため、低税率でもかなりの税収を生み出せる。しかも、国民所得は年ごとにさほど変動がないため、安定した税収源になる。それこそ、長期にわたり社会制度の中核的事業に資金を供給していくのに欠かせない要素である。炭素税を医療や育児の資金源にすればいいという意見もあるが、これは間違っている。気候変動に対処するために、炭素税はもちろん必要だ。だがその課税目的は、気候変動への対処に限るべきだ。中期的に税収を増やすことを目的とするのではなく、将来の炭素排出をなくすことを目的とすべきであり、最終的にはその税収がゼロになるのが望ましい。

では、これほど優れた国民所得税がなぜ、これまで提案されることも導入されることもなかったのか？　それはおそらく、国際的な租税競争が激しくなっているからだ。国民所得税を導入すれば、企業利益に対する課税が増える。だが、第六章で解説したように、多国籍企業に適切に課税すれば、租税競争に関する懸念も消えてなくなるだろう。

## 国民皆保険が可能に

国民所得税を導入すると、こんな世界が可能になる。アメリカでその税収を使えば、国民全員に医療や育児を提供できる。公立大学への助成金の増加などにより、高等教育を受ける機会も均等化できる。アメリカでは現在、高等教育を受ける機会に大きな格差がある。二二歳までに大学に入学する若者の割合は、貧困層ではわずか三〇パーセントにすぎない（富裕層では一〇〇パーセント近い）【注16】。しかも、莫大なローンに頼る学生が多く、それが中流階級の財産形成の妨げになっている。また、国民所得税を利用すれば、各州でいまだに採用されているきわめて逆進的な売上税を廃止することも可能だ。連邦政府が行動しないようなら、各州でこの税を採用して、州独自の社会制度を推進する資金にしてもいい。アメリカ以外の国でも、国民所得税を導入すれば、給与税や付加価値税を減らし、税制の逆進性を和らげることができる。

たとえば、アメリカで税率六パーセントの国民所得税を導入し、さらに富裕層への課税を強化すれば、国民所得のおよそ一〇パーセント分に相当する税収が得られる。そのうちの六パーセント分を医療に、一パーセント分を育児に、〇・五パーセント分を高等教育にまわせば、二一世紀にふさわしい社会制度を確立できる。残りの税収は、現在労働者階級を苦しめている売上税（およびトランプ関税）の廃止に使えばいい。

労働者の健康水準や教育水準が高まるとどの程度の経済効果があるのかを推計するのは難しいが、プラスの成長効果が見込めることは立証されている。雇用主が提供する医療保険を失う心配がなくなれば、起業する人が増える。大学を卒業する人が多くなれば、生産性が向上する。万人

## 税収

| | 税の種類 | 収入（国民所得に対する割合） |
|---|---|---|
| 富裕税 | 5000万ドルを超える所得に2%<br>10億ドルを超える所得に3.5% | 1.2% |
| 所得税 | 配当・キャピタルゲインに完全課税<br>最高限界税率を60%に | 1.7% |
| 法人税 | 国内の実効法人税率を30%に<br>国家間の最低課税率を25%に | 1.2% |
| 国民所得税 | 6%の均等税 | 5.6% |
| **合計** | | **9.8%** |

## 支出

| | 支出項目 | 費用（国民所得に対する割合） |
|---|---|---|
| 万人に医療を | 現在保険に加入している労働者に8000ドル<br>現在無保険の労働者に8000ドル | 6.0% |
| 万人に教育を | 公的な育児や早期教育の提供<br>公立大学の無料化 | 1.0%<br>0.5% |
| 売上税の廃止 | 売上税やトランプ関税の廃止 | 2.3% |
| **合計** | | **9.8%** |

図 9-2　21 世紀の社会制度の予算

注　この改革案では、医療と教育（早期育児から大学まで）を万人に提供するとともに、時代遅れの逆進的な売上税を廃止している（ただし、主にガソリンやアルコール、たばこにかかる物品税は残している）。その資金を捻出するため、富裕層へ追加の課税を行ない（累進的な富裕税の採用、所得税の累進性や法人課税の強化）、付加価値税より公平で課税基盤が広い国民所得税を導入する。データの詳細については taxjusticenow.org を参照。

に育児サービスが提供されるようになれば、女性の労働参加率が高まる。それにより所得が増えれば、税収も増え、やがて政府の赤字も減少する。

六パーセントの国民所得税を使って医療費をまかなう点を、もう少し詳しく説明しておこう。現在雇用主を通じて保険料を支払っている労働者について、あらゆる医療ニーズに対応できる標準的な医療保険の費用をまかなうには、四・五パーセントの税率で十分である。これだけの税率で、医療費負担適正化法の保険加入助成を、世帯所得に関係なくすべての参加者に拡大することもできる。だが六パーセントまで税率を上げれば、現在無保険のアメリカ人三〇〇〇万人を保険に加入させることが可能になり、本当の意味での国民皆保険が実現する。

こうして医療費をまかなえるようになれば、大半のアメリカ国民が得をする。もちろん、国民所得税を課せば、労働所得が六パーセント減る。だが大半の労働者は現在、医療保険の保険料として所得の六パーセントを超える額を支払っている。たとえば、あなたに四万ドルの収入があり、雇用主があなたの医療保険の保険料として一万二〇〇〇ドルを支払っているとしよう。この場合、あなたの実際の労働所得は五万二〇〇〇ドルであり、保険料という人頭税としてその二三パーセントを支払っていることになる。現在保険に入っている労働者は、その保険料が総労働所得の六パーセント未満になれば得をする。この条件には、現在雇用主が提供する医療保険に入っている労働者の九〇パーセント以上があてはまる。逆に、高賃金所得者や資本所得のある人は、これまで以上に支払うことになる。

「万人に医療を」プログラムに反対し、現在保険に加入している労働者のなかには、すでになじみの民間医療保険をやめて新たな公的医療保険に入るのを望まない人もいると主張する意見もある。この問題への対処としては、たとえば、労働者に現在の保険にとどまる選択肢を与える方法が考えられる。あなたに四万ドルの収入があり、雇用主があなたの民間医療保険の保険料として一万二〇〇〇ドルを支払っており、公的医療保険には八〇〇〇ドルの価値があるとしよう。労働者が現在の保険にとどまる選択をした場合、政府は雇用主に八〇〇〇ドルを支払う。すると雇用主が支払う費用は一万二〇〇〇ドルから四〇〇〇ドルに減る。また、雇用主が政府から受け取ったこの八〇〇〇ドルを労働者にそのまま手渡すよう法律で義務づけておけば、あなたの手取り給与は八〇〇〇ドル多くなる。つまり、二〇パーセントの増加である。医療保険のコスト緩和は雇用主には関係なく、労働者の給与に直接反映される。

図9-3は、この改革案によりアメリカの税制がどうなるかを示している。ラッファー曲線の最大値まで富裕層への課税を引き上げ、付加価値税より公平で課税基盤が広い国民所得税を導入し、売上税を廃止し、巨額の医療保険料という人頭税をなくした場合の推計である。

こうすれば、上位五パーセントを除くすべての社会階層で、現在よりも税金の支払いが少なくなる（医療保険料を含めた場合）。その結果、労働者階級（売上税の割合が高い）や中流階級

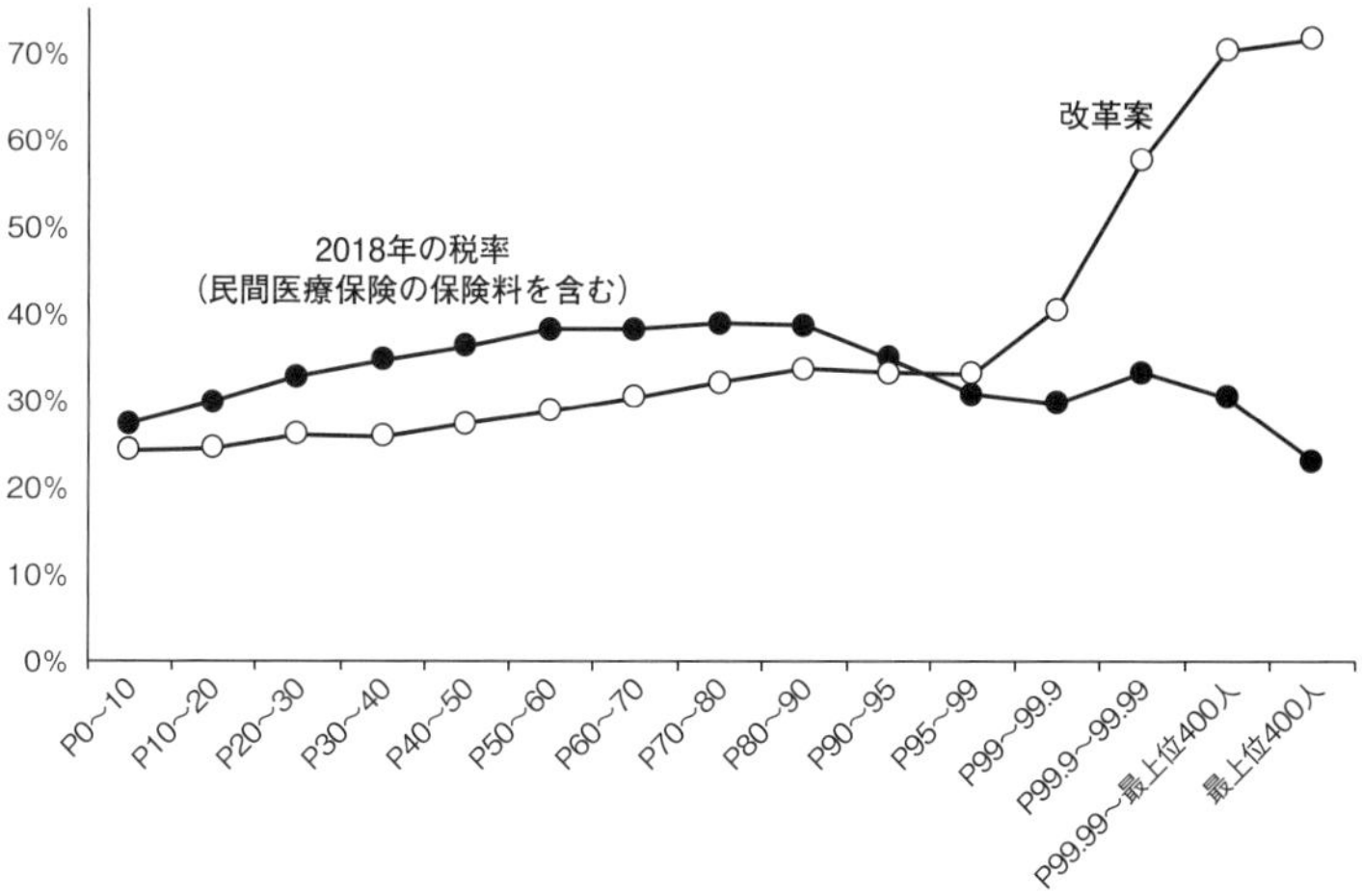


図 9-3　21 世紀の累進税制
(所得階層ごとの平均税率、税引前所得に対する割合)

注　このグラフは、2018 年における所得階層ごとの平均税率を示しており、雇用主が提供する医療保険の保険料も税に含めている。改革案では、雇用主が提供する医療保険の保険料と売上税を廃止し、6%の国民所得税を導入し、累進富裕税を採用し、法人税率を引き上げ、個人所得税の累進性を高めている。データの詳細については taxjusticenow.org を参照。

(法外な医療費を支払っている)の可処分所得は増加する。実際、所得の中央値あたりでは、平均税率が三八パーセントから二八パーセントまで下がる。およそ一三ポイントを占めていた医療保険料、三ポイントを占めていた売上税がなくなり、それらが六ポイントを占める国民所得税に代わるからだ。

この税制は経済成長を妨げることになるのか？　私たちが知るアメリカは終わってしまうのか？　歴史を見れば、そんなことにはならない。すでに述べたように、一九五〇年代の税制はこれと同レベルの累進性を実現していた。富裕層への課税が減り、医療費が爆発的に増え、給与税が引き上げられ、アメリカの税制が不公平を生み出す元凶と化したのは、その後の話である。裕福な国が豊かになれたのは、教育や医療など公益の費用を共同でまかなったからであり、ごくわずかな超富裕層を優遇したからではない。歴史の教訓に従えば、万人の成功に投資する国が豊かになるという事実は今後も変わらないだろう。

# 最終章　いまこそ公平な税制を

これまでの説明からある重要な結論を導き出せる。社会は税制の累進性のレベルを自由に選べるということだ。グローバル化により、多国籍企業や富裕層への課税をめぐる厄介な問題が生まれた。だが、グローバル化すれば税制は不公平にならざるを得ないというわけではない。脱税は一九八〇年代以降容認されてきたが、その抑制は技術的に可能だ。現在、底辺への競争が激化し、累進税は危機に瀕している。だがアメリカは、一世紀前にも先進的な累進税制を生み出した。それと同じように、二一世紀の課題に対応する新たな税制を生み出せばいい。

本書では、その課題に対処するための提案をしてきた。きわめて累進的な富裕税を課せば、莫大な富の固定化につながるさまざまなレントシーキングを抑制できる。多国籍企業に効率的に課税すれば、グローバル化の時代にも公平な税制を実現できる。国民所得税を導入すれば、現代の社会制度を支える費用がまかなえ、法外な医療コストを緩和できる。もちろん、本書が提案する解決策は完全でもなければ、唯一可能な選択肢というわけでもない。課税の未来は一つではなく、可能性はいくらでもある。歴史が示すように、人間社会には創意工夫の力が無限にある。経済学者の仕事は、克服できない制約や普遍的な法則があると主張して可能性を狭めることではない。そんなものがあると思っているのは、そう主張している人々だけだ。経済学者の仕事はむしろ、実現可能なさまざまな未来を具体的に示すことにある。

そこで開発したのが、taxjusticenow.org というサイトである。本書では一つの解決策のみを紹介したが、このウェブサイトは無限に存在する未来への道筋を示してくれる。そこにアクセスすると、まずは現在の税負担の分布が表示される。アメリカの税制が現在、最富裕層のみ逆進的な均等税になっていることは、第一章で述べたとおりである。そしてそれに続いて、どんなに分厚い本にもできないことができる。既存の税を修正したり、その一部を廃止したり、新たな税を追加したり、徴税を強化したりすれば、最低賃金労働者から大富豪まで、あらゆる階層の実効税率がどう変化するのかを教えてくれる。富裕税を導入したり、所得税の最高税率を引き上げたり、大企業への課税を強化したりすると、政府の税収や税制の累進性がどう変わるのかが、誰でもすぐにわかる。

このシミュレーターの目新しいポイントは、税制が長期的な格差の動態にどう影響を及ぼすのかを明らかにしてくれる点にある。たとえば、こんな疑問にも応えられる。一九八〇年から任意の税率で富裕税を課していたとしたら、ジェフ・ベゾスやビル・ゲイツ、ウォーレン・バフェットといった大富豪たちの財産は現在どれほどになっていたか？　所得税の最高限界税率を明日七〇パーセントまで引き上げたら、上位一パーセントの所得が国民所得に占める割合はどう変わるのか？

先に断っておくが、これらの疑問に百パーセント正確な回答はできない。経済学が進歩し、格差の推移にどんな経済の力が関係しているのか、税制により経済行動がどんな変化を受けるのか、といったことは以前より理解できるようになったが、それでもまだ、税制が格差に及ぼす影響を完璧に予測することはできないからだ。しかしそれは、現段階でできることをしない理由にはならない。税制には、経済全体の成長率に影響を及ぼす効果よりもむしろ、経済資源の分布を変える効果がある。税制が変われば、各社会階層の可処分所得が変わるだけでなく、所得を得たり富を蓄積したりしようとするインセンティブも変わる。したがって税制について考える際には常に、格差の問題を中心に据える必要がある。現在のように富の集中度が高まっている場合には特にそうだ。

それを実践しようとしたのが、taxjusticenow.org である。だがその目的は、税制と格差との複雑な相互作用を示す決定的モデルを提示することにあるのではなく、既存の知識を活用して税制に関する民主的な討論を促すことにある。このシミュレーターは透明性が高く、ソースコードを公開している。データやプログラムはオンラインで入手可能であり、どんな結果も再現でき、どんな仮定も修正でき、どんな選択肢にも最新の研究の裏づけがある。とはいえ、専門家でなければ使えないわけではない。共同行動の未来を考えるあらゆる市民が利用できる【注1】。このツールは今後も、税制やそれが格差に及ぼす影響について新たな知識が増えるたびに改良していくつもりだ。本書の読者からも感想や意見、提案をいただければ幸いである。

ぜひ、taxjusticenow.org を活用していただきたい。

# 謝辞

本書を上梓できたのは、長きにわたり作業をともにし、税制や格差に関する筆者の研究に意見を提供してくれた無数の研究者や同僚、および筆者の本拠地とも言えるカリフォルニア大学バークレー校の支援があったおかげである。そのなかでも特に、本書の原稿に目を通して詳細なコメントを提供してくれたヘザー・ブーシェイ、ルカ・シャンセル、キンバリー・クラウジング、カミーユ・ランデ、クレール・モンティアルー、トマ・ピケティ、研究助手のアクジャン・バルキス、ケイティ・ドネリー・モラン、クランシー・グリーン、エージェントのラファエル・サガリンには感謝の言葉もない。また、実に有益な仕事をしてくれたW・W・ノートン社の編集者ブレンダン・カリーやその同僚たちにも謝意を表したい。

る」という言葉がある。

12　Bakija, Cole, and Heim (2012).

13　Organisation for Economic Co-operation and Development, Revenue Statistics (2018c), Table 3.14.

14　Hall and Rabushka (1985) により「均等税」が提案された。さまざまな消費税の提案を解説している Viard and Carroll (2012) によれば、均等税を所得税にすりかえて提案しても、大衆に売り込むのは難しいという。その所得税には、利子所得、配当所得、キャピタルゲインが含まれていないからだ。これらはいずれも、富裕層に集中している所得形態である。

15　US Department of Commerce, Bureau of Economic Analysis, National Income and Product Accounts of the United States (2019), Tables 7–14, 7–16, and 7–18 を参照。2015 年に過少申告された所得は、賃金所得で 862 億ドル、非法人企業の事業所得で 6720 億ドル、企業利益で 3670 億ドルに及び、合計では 1 兆 1250 億ドルになる。これは 2015 年の国民所得の 7.2 パーセントに相当する。詳細については、Saez and Zucman (2019c) に記載している。

16　Chetty, Friedman et al. (2017) では、世帯所得ごとの大学入学率を分析している。それによれば、22 歳までに大学に入学する割合は、親の所得を百分位に分けた最下層では 32 パーセントだが、階層が上がるにつれて増え、最上層では 95 パーセントに及ぶ (Appendix, Figure I)。また、富裕層の子どもは、貧困層の子どもより質のよい学校に通っている。

## 最終章

1　税制シミュレーターは、議会予算局や財務省、両院合同税制委員会などの政府機関や、税政策センターなどのシンクタンクにもある。こうした場所にあるシミュレーターは、税法の細かい内容まで考慮しているため、連邦税制の変化を正確にシミュレーションできるが、一般大衆はアクセスできない。一方、筆者が開発したシミュレーターは誰もがアクセスできるうえに、税制と格差の相互作用に焦点を絞っている。この二つのアプローチを組み合わせればきわめて有益なため、将来的にはそれを実現していきたい。

リカやヨーロッパ諸国で、この方向へ向けた取り組みを行なっている（Fixler and Johnson 2014; Zwijnenburg et al. 2017）。

7 Garbinti, Goupille-Lebret, and Piketty (2018).

8 College Board (2019).

9 Feldstein (2017).

10 Gates (2013).

11 Aeppel (2015).

12 Mouton (2018).

13 Chetty et al. (2017).

14 Organisation for Economic Co-operation and Development (2018b).

15 OECD Health Statistics (Organisation for Economic Co-operation and Development 2019c) を参照。Case and Deaton (2015) では、死亡率の上昇傾向を立証し、アメリカにおける死亡率の上昇が、大学の学位を持たない中年の白人に集中して見られることを明らかにしている。また、この死亡率が上昇した一因は、「絶望死」の増加にあるという。これは、経済的見通しが立たず、ドラッグやアルコールにおぼれたり自殺したりすることを指す。

16 本文で述べた富裕税に関する統計の計算方法については、Saez and Zucman (2019b) で詳述している。

## 第九章

1 Kuziemko et al. (2015) によれば、アメリカでは政府への信頼が低いため、格差が拡大している状況のなかで所得を再分配しようとしても、大衆の支持があまり得られないという。

2 広範な実証研究により、公的医療保険制度が命を守るのに役立つことが証明されている（正確な数値を出すのは難しい）。たとえば、Card, Dobkin, and Maestas (2009) を参照。

3 OECD Health Statistics (Organisation for Economic Co-operation and Development 2019c) を参照。

4 税収が少ない先進国の一例として、シンガポールの名前がよく挙がる。2016 年のシンガポールの GDP に対する税収の割合は、わずか 13.5 パーセントだった。だがこの数字は、誤解を招くおそれがある。シンガポールは、医療や高齢者支援や教育の費用を捻出するため、労働者の収入から多額の負担金を強制的に徴収しているからだ。これは、「中央積立基金」と呼ばれる制度であり (www.cpf.gov.sg)、事実上給与税と変わらない。その負担率はきわめて高く、雇用者と被雇用者を合わせた負担率は、非高齢労働者の収入の 37 パーセントに及ぶ（Organisation for Economic Co-operation and Development, 2019d, Global Tax Statistics Database を参照）。

5 OECD 諸国の GDP に対する公教育・民間教育資金の割合については、OECD の統計を参照 (Organisation for Economic Co-operation and Development, Revenue Statistics, 2019e)。

6 性別・同齢集団ごとの大学卒業率については、Goldin, Katz, and Kuziemko (2006) を参照。男女格差の分析については、Blau, Ferber, and Winkler (2014) を参照。「子育てによる社会的不利益」の国ごとの推計については、Kleven et al. (2019) を参照。

7 ギャラップの調査結果（Witters, 2019）を参照。

8 たとえば、フランスの「一般社会拠出金」がこれにあたる（Landais, Piketty, and Saez, 2011 を参照）。

9 付加価値税の詳細な歴史については、Ebrill, Keen, and Perry (2001) を参照。

10 取引高税は、最終消費者に販売されたかほかの企業に販売されたかを問わず、企業が生み出した総売上高に課税される。アメリカの一部の州は、いまだに取引高税を採用している（Watson, 2019 を参照）。

11 マーティン・ルーサー・キング牧師が、1963 年に刑務所からひそかに送った「バーミンガム刑務所からの手紙」のなかに、「正義の実現をあまりに先送りするのは、正義を否定するのと同じであ

ゲイン税を回避できる。この重大な抜け穴をふさぐべきだという点では、大半の経済学者の意見が一致している。

14 Zucman (2014).

15 そうなっても、非個人株主（年金基金など）の分の利益は法人税の課税対象のままである。キャピタルゲインは累進所得税の課税対象になるが、このキャピタルゲインは二重に課税されているわけではない。その理由は以下による。本文で記した統合所得税制では、留保利益は株主からの新たな投資と見なされるため、株主の持株に応じて振り分けられる（現在のアメリカでのS法人がそうである）。その結果、キャピタルゲインは留保利益を反映しておらず、資産価値の増加分のみを反映したものになる。

16 ここでは、手取り所得に対する上位1パーセントの所得の弾性値を0.25と仮定している。現行の税制では、上位1パーセントの平均税率は30パーセント、限界税率は平均35パーセントである。この限界税率を75パーセントに変更すると、上位1パーセントの税引前所得は、{(1–0.75) ÷ (1–0.35)} ^0.25＝79% だけ減ることになる。したがって上位1パーセントの所得が国民所得に占める割合は、20% × 79%＝15.8% となる。

17 アメリカにおける累進富裕税の見通しの詳細については、Saez and Zucman (2019b) で論じている。

18 アメリカでは1950年代から1970年代にかけて、富の集中が過去最低水準にあった。累進富裕税の提案は一般的に、富の集中が高まったという実証的分析のあとに現れる。エドワード・ウルフは、1980年代にアメリカで富の格差が拡大したことを証明する研究（Wolff, 1995）の後、Wolff (1996) で累進富裕税を提案した（ただし税率は低い）。最近ではPiketty (2014) が、世界的な富の集中の高まりを受け、全世界で最大5～10パーセントの累進富裕税を課すよう提案した。Piketty (2019) では、若者一人ひとりに資金を提供する財源にするため、大富豪に最大90パーセントの富裕税を課すよう主張している。

19 Rosenthal and Austin (2016).

20 Meyer and Hume (2015).

21 小規模な会社（所有者が1人しかいない家族経営の会社など）の場合、国際的に最善とされる方法に従うのがいちばん簡単だ。スイスでは、事業資産の帳簿価格や利益の倍数に基づいた公式を用い、所有者が1人しかいない小規模な非公開会社の株式への課税に成功している。アメリカでは、内国歳入庁がすでに、事業税や法人税の徴収のため非公開会社の資産や利益に関するデータを収集している。そのためすぐにでも同様の公式を適用できる。

## 第八章

1 評論家はよく、経済成長を考慮せず、インフレ調整のみを使って過去の所得の換算を行なう。だがそうすると、過去の税負担が実際よりも大きく見えてしまう。当時の実際の所得はもっと少なかった。

2 US Treasury Department, Internal Revenue Service (1962), p. 32 を参照。

3 Madison (1792).

4 Madison (1795).

5 Piketty, Saez, and Stantcheva (2014) では、こうした方針に沿った課税モデルを構築している。この論文によれば、最高税率の引き上げにより最上位層のレントシーキングが抑制されるのであれば、ラッファー・レートを超える100パーセント近い最高税率のほうが望ましいという。また、CEOの報酬に関する国際的データを用い、最高税率の引き上げが実際に、トップ幹部の報酬の抑制に重要な役割を果たしていることも証明している。

6 Piketty, Saez, and Zucman (2018) ではアメリカの国民経済計算分布を、Alvaredo et al. (2016) では全体的な方法論を紹介している。アメリカ国勢調査局や経済協力開発機構もまた、それぞれアメ

8 2017年に2850億ドルあった連邦法人税の税収は、2018年には1580億ドルに激減した（US Department of Commerce, 2019, Table 3.2）。州法人税の税収も35パーセント減少している（2017年は3380億ドル、2018年は2180億ドル。ibid. Table 3.1）。
9 アメリカは2018年からの税制改革でGILTI（「米国外軽課税無形資産所得」）条項を組み込み、矯正税に近い制度を導入した。この条項によれば、異常に多いと見なされたアメリカの多国籍企業の海外利益（有形資本に対する利益率が10パーセントを超えた場合）には、アメリカで10.5パーセントの最低課税率が適用される。だがこの規定は、主に二つの理由により不十分と言える。第一に、10.5パーセントという税率が低すぎる。第二に、この矯正税は、国ごとの利益に対してではなく、連結利益に対して適用される（この場合、バミューダ諸島に利益を計上しているが日本にも多額の税金を支払っているという企業は、矯正税を回避できる）。詳細については、Toder (2018) を参照。
10 Bloomberg (2017).
11 Forbes (2019)、2019年7月4日にアクセス。
12 これまでにアメリカが採用してきた企業利益の振り分け方については、Clausing (2016b) を参照。
13 Organisation for Economic Co-operation and Development (2019b).

## 第七章

1 Barstow, Craig, and Buettner (2018) and Buettner and Craig (2019).
2 Rawls (1971).
3 経済学者は主に、社会における個人の効用の総計を最大化するという実利主義的原則を採用している。しかし個人の効用は、所得とともに増えていくものの、その増える割合は次第に小さくなり、所得がかなり多くなると、余分な収入により得られる効用はほぼゼロになる。Piketty and Saez (2013b) を参照。
4 Ramsey (1927).
5 Diamond (1998) and Saez (2001).
6 1986年税制改革法をめぐる租税回避反応については、Slemrod (1990) および Saez (2004) を参照。Moffitt and Wilhelm (2000) によれば、この税制改革による高所得者の課税対象所得の増加には、労働時間の増加が伴っていない。
7 この理論的解析の概要については、Diamond and Saez (2011) を参照。
8 Saez, Slemrod, and Giertz (2012) では、実証的文献を検証し、税率の変化に対する大きな行動反応は常に租税回避に起因していることを証明している。デンマークのように租税回避の機会がほとんどない税制の場合、税率の変化に対する行動反応はほとんどなく、最上層の課税対象所得の弾性値は0.2から0.3までの範囲に収まる（Kleven and Schultz, 2014）。
9 年間所得が50万ドルを超える者の平均所得は、およそ150万ドルである（Piketty, Saez, Zucman 2018）。そのため、最高税率区分の納税者は、そのなかの100万ドルに対しては75パーセントの税率が、残りの50万ドルに対してはもっと低い税率が課されることになる。この50万ドルに対する税率が、マクロ経済の平均税率である30パーセントだと仮定すると、最高税率区分の納税者の平均税率は、(2/3) × 75% + (1/3) × 30% = 60% になる。
10 Kiel and Eisinger (2018) によれば、2010年以来、内国歳入庁の予算や執行活動が骨抜きにされているという。
11 たとえば、Kiel and Eisinger (2019) を参照。
12 Zucman (2015).
13 現在のアメリカの税法では、資産が相続人に譲渡されると、その資産の購入価格は譲渡時の時価にリセットされる。この悪名高い抜け穴により、死ぬまで資産を手放さないでいればキャピタル

9 2017年、雇用主が提供する保険に支払われた保険料の総額は、国民所得の6.2パーセントを占めていた（国民所得16兆7560億ドルに対して1兆440億ドル。US Centers for Medicare and Medicaid Services, 2019, Table 05–06 of the National Health Expenditure Accounts, US Department of Commerce, 2019, Table 1.12を参照）。医療保険のコストは国民所得を上まわるペースで増加しているため、2019年には6.2パーセントをやや上まわっている。

10 OECD各国のマクロ経済の税率については、Organisation for Economic Co-operation and Development（2018c）を参照。

11 Piketty, Saez, and Zucman（2018）.

12 資本への課税、資本利益率、長期的な富の不平等、これら三者の相互関係の分析については、Piketty（2014）を参照。

13 最上位層の富の割合は、所得税の申告書に記載された資本所得を利用して推計している。Saez and Zucman（2016）、およびその後の最新データについてはPiketty, Saez, and Zucman（2018）を参照。

14 これら資本税をゼロにした場合の結果は、アトキンソン・スティグリッツの定理（Atkinson and Stiglitz, 1976）およびシャムレイ＝ジュッドのゼロ資本所得課税の結論（Chamley, 1986, and Judd, 1985）として知られている。だがこれらの結果は、きわめて強い非現実的な思い込みに基づいている。より現実に即した状況では、資本税はむしろあったほうがいい（たとえば、Piketty, and Saez, 2013およびSaez and Stantcheva, 2018を参照）。

15 Piketty and Zucman（2014）.

16 下位90パーセントの貯蓄や財産の過去1世紀にわたる推移の詳細については、Saez and Zucman（2016）を参照。

17 行動経済学の文献の概要を説明し、国政におけるその意味をまとめている書籍としては、以下の2冊が多大な人気を博している。Thaler and Sunstein（2008）and Thaler（2015）.

18 この結果は、Madrian and Shea（2001）で最初に明らかにされた。同様の結果は、その後のさまざまな研究（たとえばBeshears et al., 2009を参照）により確認されている。

19 Chetty et al.（2014）.

20 これは、たとえばデンマークを見れば明らかだろう。デンマークでは、1997年に累進的な富裕税が廃止されたが、それでも富の格差は拡大していない。年金制度の変更により中流階級の貯蓄が増加し、それにより富裕層の高い貯蓄率が相殺されるどころか、それ以上の効果をもたらしたからだ。Jakobsen et al.（2018）を参照。

21 実証的文献の概要については、De Mooij and Ederveen（2003）を参照。

22 McCormick（2018）.

23 Agostini et al.（2018）.

24 イスラエルについてはRomanov（2006）、スウェーデンについてはEdmark and Gordon（2013）、ノルウェーについてはAlstadsæter（2010）、フィンランドについてはPirttila and Selin（2011）を参照。

## 第六章

1 International Monetary Fund（2019）, Appendix 1, p. 47.

2 Tørsløv, Wier, and Zucman（2018）.

3 複数の推計によれば、移転価格操作のプロの現在の報酬は、世界全体で年間およそ200億ドルに上るという。Tørsløv, Wier, and Zucman（2018）を参照。

4 Brennan and Buchanan（2000）.

5 たとえば、Atkinson, Piketty, and Saez（2011）やPiketty（2014）を参照。

6 Organisation for Economic Co-operation and Development（2018）.

7 taxjusticenow.orgの「Online Appendix」を参照。

12 減税・雇用法が成立する前に大企業がオフショアに保有していた利益の推計については、たとえば Phillips et al. (2017) を参照。
13 たとえば Hodge (2018) を参照。
14 Cook (2016).
15 Wearden and Elliott (2018).
16 国家主権の商品化については、Palan (2002) を参照。
17 Tørsløv, Wier, and Zucman (2018).

## 第五章

1 自営業者の所得は概念上、労働所得（患者の治療や法律業務の提供）も資本所得（医療機器や、法律事務所のブランド価値などの無形資産）も含むため、混合所得と呼ばれる。この混合所得の70パーセントを労働所得に割り当てるのはやや厳密さに欠けるが、大半の労働者は被雇用者（自営業者ではない）なので、この数値が違っていたとしても大きな影響はない。
2 公開されている財務諸表には、総労働コストの数字は記載されていない（「販売製品コスト」の項目に、ほかのコストとまとめて記載されている）。だが、2018年のアップルの正規職員数はおよそ13万2000人だった。また、2018年には証券取引委員会が、CEOの報酬と従業員の報酬の中央値との比を公開するよう企業に義務づける新たな制度を実施している。それによれば、アップルの従業員の報酬の中央値は5万5000ドル（医療保険などの付加給付を除く）だった。これらのデータから、従業員の平均給与を9万5000ドルと推計し、それに医療保険や年金の給付金2万ドルを加え、総労働報酬をおよそ150億ドルとした。そしてこの額に、アップルが2018年の年次報告書の38ページに記載していた「営業利益」709億ドルを加え、アップルの付加価値を850億ドルと推計した。
3 マクロ経済レベルにおける資本所得と労働所得の割合の推移については、Piketty and Zucman (2014) が数カ国を対象に体系的に分析している。
4 完全を期すため、売上税についても、国民所得に占める労働所得と資本所得の割合に応じて、労働税と資本税に分配している。これにより、総税収は資本税と労働税の和に等しくなるようにしている。
5 カイザー家族財団によれば、アメリカでMRIスキャンを受けると、オーストラリアの5倍の費用がかかる（2014年時点でアメリカでは平均1119ドル、オーストラリアでは215ドル）。虫垂切除手術には1万5930ドルの費用がかかるが、これは所得階層の下位50パーセントの平均税引前所得1年分に相当する（Kamal and Cox, 2018）。
6 Kaiser Family Foundation Employer Health Benefits Survey, 2018. 1997年から2017年までに雇用主が提供した医療保険の統計については、Kaiser/HRT Surveyも参照。労働統計局の従業員保険調査によれば、2017年には労働者の58パーセントが医療保険を受けていた（US Bureau of Labor Statistics. National Compensation Survey, 2018, Table 9）。同年のアメリカの常勤・非常勤従業員は1億5050万人だから（US Department of Commerce, Bureau of Economic Analysis, 2019, Table 6.4Dを参照）、医療保険に入っていた労働者は8730万人である。これだけの労働者が1人あたり平均1万2000ドルの保険料を支払っていたため、雇用主が提供する保険に支払われた保険料の総額は、1兆440億ドルということになる（US Centers for Medicare and Medicaid Services, 2019, Table 05–06 of the National Health Expenditure Accountsを参照）。また、2017年から2019年までの保険料の名目成長率を4パーセントと仮定すると、2019年の労働者1人あたりの保険料は1万3000ドルとなる。
7 Dafny (2010).
8 Organisation for Economic Co-operation and Development (2018c, 2019c).

Revenue Service, 1975, Table 2, p. 89 を参照)。アメリカの報道機関 ProPublica の報道シリーズ「Gutting the IRS」(ProPublica, 2018–2019) は、この統計を利用し、ここ数十年の間に内国歳入庁の徴税活動が著しく衰退したことを証明している。

20 遺産乗数法を使えば、遺産税の統計から資産の分布状況を推計できる。遺産乗数法とは、年齢・性別・資産を条件とする死亡率の逆数により、死亡時の資産に重みづけを行なう手法である。その考察や評価の詳細については、Saez and Zucman (2016) を参照。

21 Raub, Johnson, and Newcomb (2011).

22 1960 年代および 1970 年代の遺産税の租税回避については、Cooper (1979) を参照。

23 Kopczuk and Saez (2004), Table 1, column 2.

24 遺産税回避者の好例がドナルド・トランプである。New York Times (Barstow, Craig, and Buettner, 2018) で証明されている。

25 脱税に関するさまざまな学術論文によれば、限界税率は脱税にわずかな影響を与えるにすぎず、脱税に対する取り締まりのほうが多大な影響を与えるという。たとえば、Kleven et al. (2011) を参照。

26 これは、内国歳入庁全国調査プログラムと呼ばれる。以前は、納税者コンプライアンス測定プログラムと呼ばれていた。たとえば、US Treasury, Internal Revenue Service (1996) を参照。

27 Guyton et al. (2019).

28 アメリカについては、内国歳入庁全国調査プログラムにより実証されている(たとえば US Treasury, Internal Revenue Service, 1996 を参照)。デンマークについては、Kleven et al. (2011) がこの問題を詳細に分析している。

29 Alstadsæter, Johannesen, and Zucman (2019) and Zucman (2019).

30 International Consortium of Investigative Journalists (2016).

31 Zucman (2013, 2015) and Alstadsæter, Johannesen, and Zucman (2018).

32 Johannesen and Zucman (2014) によれば、銀行情報が自動交換される以前は、情報交換体制がきわめて脆弱だった。国際的な情報交換協定によるネットワークも不完全で、脱税者たちはそれに従わないタックスヘイブンのオフショア口座を利用して回避していた。

## 第四章

1 Zucman (2014).

2 Organisation for Economic Co-operation and Development (2017).

3 アメリカの企業でも第一次世界大戦から 1930 年代半ばまでは、従業員代表制度と企業別組合(従業員の選挙で選ばれた、職場の問題を経営陣と協議する機関)が重要な役割を担っていた(たとえば Wartzman 2017 を参照)。

4 Wright and Zucman (2018).

5 Zucman (2014).

6 https://www.sec.gov/Archives/edgar/data/1288776/000119312504143377/d424b4.htm.

7 Drucker (2010), Kleinbard (2011), pp. 707–714. アイルランドは、同国に企業を設立しながら税法上はバミューダ諸島の居住企業とすることが可能な現行制度を、2020 年までに段階的に廃止することを公約している。

8 Bowers (2014).

9 Wright and Zucman (2018).

10 US Treasury, Internal Revenue Service, Country-by-Country Report (Form 8975) (2018, Tax Year 2016, Table 1A) を参照。

11 Tørsløv, Wier, and Zucman (2018) and Clausing (2016, 2019).

# 第三章

1 1986年末にABCとギャラップが4回行なった世論調査を見るかぎり、1986年税制改革法が大衆の熱狂的支持を受けていたとは言いがたい。支持率は22～40パーセントで、大半の市民が何の意見も持っていなかった。4回の世論調査の「支持する」/「支持しない」/「わからない」の割合はそれぞれ、22/15/63、22/15/63、38/36/26、40/34/26だった（Kertcher, 2017）。

2 Crystal（1992）によれば、1986年税制改革法の成立後、企業幹部の報酬が急増したという。Hubmer, Krusell, and Smith（2016）も、1986年税制改革法がアメリカの富の集中を進めるうえで重要な役割を果たしたと述べている。Piketty, Saez, and Zucman（2018）も参照。

3 たとえば、1987年の《Journal of Economic Perspectives》誌に掲載された1986年税制改革法シンポジウムの記事を参照（https://www.aeaweb.org/issues/256）。ジョセフ・ペックマンやリチャード・マスグレイヴといった累進課税を支持する学者でさえ、最終的にはこの税制改革を支持するか、そのような改革が避けられないことを認めた（Pechman, 1987; Musgrave, 1987）。

4 モンペルラン協会についてはBurgin（2012）を、富裕層の納税反対運動についてはMartin（2015）を、ゴールドウォーターについてはPerlstein（2001）を、保守的な財団の役割についてはMayer（2017）およびTeles（2012）を参照。

5 1987年9月にマーガレット・サッチャーが《Woman's Own》誌に語った言葉。

6 脱税や徴税については、Slemrod（2007）およびSlemrod and Bakija（2017）, Chapter 5を参照。

7 キャピタルゲインに対する優遇税率が初めて導入された1922年以来、長期キャピタルゲインに対する最高税率が40パーセントを超えたことはない。そのほかの所得税の最高限界税率が100パーセント近いレベルにあった1942年から1964年までの間、長期キャピタルゲインに対する最高税率は25パーセントだった。

8 この社会規範に気づかない経済学者は、企業がなぜ配当を支払っているのか理解できず、これを「配当パズル」と呼んだ（たとえばBlack, 1976を参照）。

9 Hall（1951）, p. 54. 1960年代の幹部報酬の古典的研究とされるLewellen（1968）でも、企業特典を微々たるものと見なし、完全に無視している。

10 1955年の《フォーチュン》誌には、企業幹部の生活ぶりを記した長い記事がある（Ducan-Norton, 1955）。そこには企業特典の記述がこれだけしかない。「ある企業の社長はよく、ニューヨークへ行くのに社用機を利用する。空いている席には家族や友人を乗せ、帰りにはカナダに寄って釣りを楽しむ」。これを、現在の企業特典と比較してみるといい。たとえば、自動車メーカーのルノーは2014年、当時CEOだったカルロス・ゴーンの60回目の誕生日に、ベルサイユ宮殿で祝賀会を開催している（その費用は60万ユーロ以上だった。公式には、ルノーと日産の提携15周年を祝う催しとされている）。

11 US Joint Committee on Tax Evasion and Avoidance（1937）.

12 Fack and Landais（2016）, Figures 4.5 and 4.7.

13 Wang（2002）, p. 1252.

14 この計算は、内国歳入庁の所得統計局が公表している所得税データを利用して筆者が行なった。

15 さらに、消極的活動（納税者が事業の一部を所有しているだけで、事業を運営する有意な活動に従事していない場合）から生まれた事業損失を差し引けるのは、同じ消極的活動から生まれた事業利益からのみとなった。詳細についてはAuerbach and Slemrod（1997）を参照。

16 Thorndike（2003）.

17 デヴィッド・ケイ・ジョンストンの2003年の著書『Perfectly Legal』には、1970年代半ばから富裕層の租税回避が急増している様子が描写されている。

18 Ventry（2006）.

19 この監査統計は、内国歳入庁が毎年公表しており、オンラインでも閲覧できる（2018年についてはUS Treasury, Internal Revenue Service, 2018, Table 9aを、1975年についてはUS Treasury, Internal

によれば、北部植民地はイギリスよりはるかに格差が小さかった（Lindert, 2000）。

3 Einhorn (2006).

4 Einhorn (2006).

5 カナダの作家ロナルド・ライトは、ジョン・スタインベックがそう言ったと述べている（Wright, 2004）が、言い換えていると思われる。

6 1861年歳入法により、800ドルを超える所得に3パーセントの税率を課す最初の連邦所得税が法制化されたが、徴税の仕組みが整っていなかったため適用されなかった。後にこれは撤回され、代わりに1862年歳入法が施行された。

7 1860年には、アメリカ本土におよそ3100万人の住民がおり（US Bureau of the Census, 1949, series B2）、国民所得は現行米ドル換算でおよそ50億ドルだった（Historical Statistics of the United States のseries A154には、1859年の「民間生産所得」の総計は41億ドルとあるが、これは推定される値の下限に近く、少額の政府生産所得もあるため、上方修正する必要がある）。したがって、1860年の1人あたり平均所得は150ドル前後、つまり非課税の上限となる600ドルの4分の1となる。1860年から1864年までの間に、物価指数はおよそ75パーセント上昇した（Atack and Passell, 1994, p. 367, Table 13.5）。そのため1864年には、1人あたり平均所得はおよそ250ドルに達した。

8 Huret (2014), p. 25.

9 1860年から1864年までの間に、南部の物価指数はおよそ40倍に急増したが、北部では75パーセントほど上昇しただけだった。南部：Lerner (1955)、北部：Atack and Passell (1994), p. 367, Table 13.5.

10 Huret (2014, p. 40–41).

11 US Bureau of the Census (1975), series Y353–354.

12 Holmes (1893).

13 Sparh (1896), Pomeroy (1896), and Gallman (1969).

14 Lindert (2000).

15 Seligman (1894).

16 Huret (2014), p. 85.

17 Mehrotra (2013) およびScheve and Stasavage (2017) を参照。

18 利用可能な推計によれば、第一次世界大戦前のヨーロッパでは、最上位10パーセントが国富の90パーセントを所有していた。アメリカでは75パーセント程度である（Piketty, 2014; Piketty and Zucman 2015）。

19 Fisher (1919).

20 Einhorn (2006), Chapter 6.

21 Plagge, Scheve, and Stasavage (2011), p. 14.

22 その理論モデルに関する説明や、最新データを使った推計については、Piketty, Saez, and Stancheva (2014) を参照。

23 個人所得税の統計を使って富裕層の所得の割合を推計する先駆けとなったのがKuznets (1953) である。富裕層の課税対象所得の割合に関する最新の推計については、Piketty and Saez (2003) を参照。ここで紹介した数値は、所得階層の最上位0.01パーセントの所得の割合を示しているが、キャピタルゲインは含まれていない。

24 非課税所得を考慮する方法や最終的な結果の詳細については、Piketty, Saez, and Zucman (2018) を参照。

25 Norton-Taylor (1955).

# 原注

## 第一章

1　本章で取り上げた統計の詳細については、taxjusticenow.orgの「Online Appendix」を参照。
2　Barbier (2014).
3　Reeves (2017).
4　Alveredo et al. (2018). ここに記載したデータはすべて、世界格差データベースのウェブサイト(wid.world)で確認できる。
5　このままのペースでいけば、2019年の関税による税収は750億ドルに達すると予想され、380億ドルだった2017年から倍増している(US Department of Commerce Bureau of Economic Analysis, National Income and Product Accounts of the United States, Table 3.2, 2019-Q1)。それでも、さまざまな政府により徴収される消費税の総額は、8000億ドルを超える(ibid., Table 3.5, 2017, 生産物や輸入品に対する税の総額から財産税を除いた額)。
6　US Treasury (2018).
7　Okner and Pechman (1974). 連邦政府機関(議会予算局や財務省、両院合同税制委員会)やシンクタンク(税政策センターなど)が、所得階層ごとの連邦税の分布に関する統計を作成しているが、これには州税や地方税が含まれていない。US Congressional Budget Office (2018)などを参照。税制・経済政策研究所は、過去数年の州税や地方税の分布に関する推計を作成している(Institute on Taxation and Economic Policy, 2018)。Piketty, Saez, and Zucman (2018)ではあらゆる税の分布を推計しており、本章で紹介したデータは、この研究を修正・更新したものである。
8　この点の詳細については、Saez and Zucman (2019)で論じている。
9　所得階層の最下層の人々には、労働所得も資本所得も年金所得もなく、移転所得があるだけであり、そこから消費税を支払っている。そのため、税引前所得に対する税金の割合として見ると、税率が異常に高くなってしまう。この問題を回避するため、調査対象を、連邦政府が定めた年間最低賃金の半分(7250ドル)以上の税引前所得がある成人に限定した。この対象全体の平均税率は、マクロ経済の税率とほぼ同じである。
10　1950年の最低賃金は、時給0.75ドルもしくは年間1500ドル(50週×40時間×0.75ドル)だった。この年の成人1人あたりの平均国民所得は2660ドルである。
11　フランスの給与税の詳細については、Organisation for Economic Co-operation and Development (2019)を参照。
12　州税や地方税の累進性に関する総合的な推計については、Institute on Taxation and Economic Policy (2018)を参照。
13　国民経済計算によれば、連邦政府の法人税収は2017年が2850億ドル、2018年が1580億ドルだった(US Bureau of Census, 2019, Table 3.2)。
14　事業主は、資本ストック(土地・無形資産・棚卸資産は含まない)の購入価格の2.5パーセントを控除できる(所得の20パーセントが上限)。つまり、資本利益率(資本ストックの価値に対する事業所得の割合)が12.5パーセント(2.5パーセント÷20パーセント)を下まわっているかぎり、控除に制限はない。
15　Landais, Piketty, and Saez (2011) and Bozio et al. (2018).

## 第二章

1　1952年と1953年の最高限界税率は92パーセントだった。
2　各植民地の財産税の記録は、南北戦争以前のアメリカの格差統計の作成に利用されてきた。それ

つくられた格差《かくさ》　不公平税制《ふこうへいぜいせい》が生《う》んだ所得《しょとく》の不平等《ふびょうどう》

2020年9月30日　初版1刷発行
2020年12月30日　2刷発行

著者 ―――― エマニュエル・サエズ／ガブリエル・ズックマン
訳者 ―――― 山田美明《やまだよしあき》
翻訳協力 ―――― 株式会社リベル
カバーデザイン ―――― 長坂勇司（nagasaka design）
発行者 ―――― 田邊浩司
組版 ―――― 近代美術
印刷所 ―――― 近代美術
製本所 ―――― ナショナル製本
発行所 ―――― 株式会社光文社
〒112-8011　東京都文京区音羽1-16-6
電話 ―――― 新書編集部 03-5395-8289
書籍販売部 03-5395-8116
業務部 03-5395-8125

落丁本・乱丁本は業務部へご連絡くだされば、お取り替えいたします。

©Emmanuel Saez, Gabriel Zucman / Yoshiaki Yamada 2020
ISBN978-4-334-96243-2 Printed in Japan

本書の一切の無断転載及び複写複製（コピー）を禁止します。
本書の電子化は私的使用に限り、著作権法上認められています。
ただし代行業者等の第三者による電子データ化及び電子書籍化は、
いかなる場合も認められておりません。

■好評既刊

J.D.ヴァンス 著
関根光宏・山田文 訳

# ヒルビリー・エレジー
## アメリカの繁栄から取り残された白人たち

四六判・ソフトカバー

**トランプ支持者の実態、**
**アメリカ分断の深層とは？**

「ラスト・ベルト（さびついた工業地帯）」と呼ばれる地域で、白人ではあるがいわゆるWASPではなく、大学には行かず、地元の労働者として生計を立てる「ヒルビリー」たち。貧困が常態化しているそんな社会から幸運にも抜け出した著者が、これまで注目されなかった彼らの生活を赤裸々に綴り、全世界に衝撃を与えたベストセラー！

■好評既刊

ヒラリー・ロダム・クリントン 著　髙山祥子 訳

# WHAT HAPPENED

## 何が起きたのか?

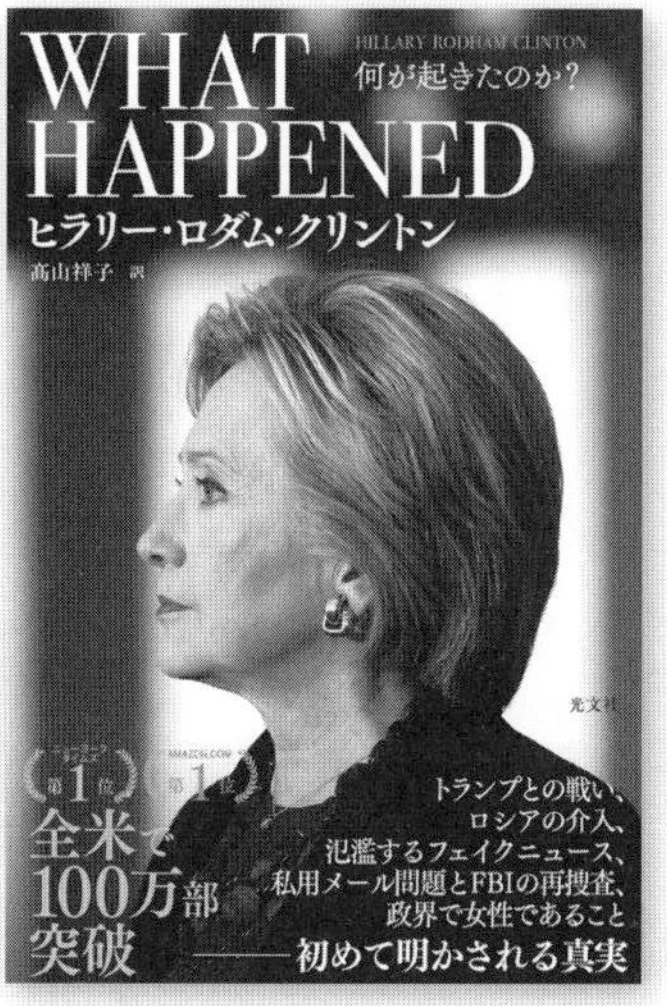


四六判・ソフトカバー

**全米で100万部突破の大ベストセラー、待望の翻訳。**
**今、初めて明かされる、あの選挙戦の真実!**

歴史上、最も論争的で結果が予想できない大統領選の最中に、彼女は何を考え、感じていたのか?憤怒、男性上位主義、フィクション以上の不可解さ、ロシアの妨害、そして全てのルールを破る対抗者ドナルド・トランプ――。嵐のような日々から解き放たれた今、初めて大政党の大統領候補となった女性としての強烈な体験を白日の下に晒す。

■好評既刊

# ジェームズ・ブラッドワース 著
# アマゾンの倉庫で絶望し、ウーバーの車で発狂した

濱野大道 訳

**潜入・最低賃金労働の現場**

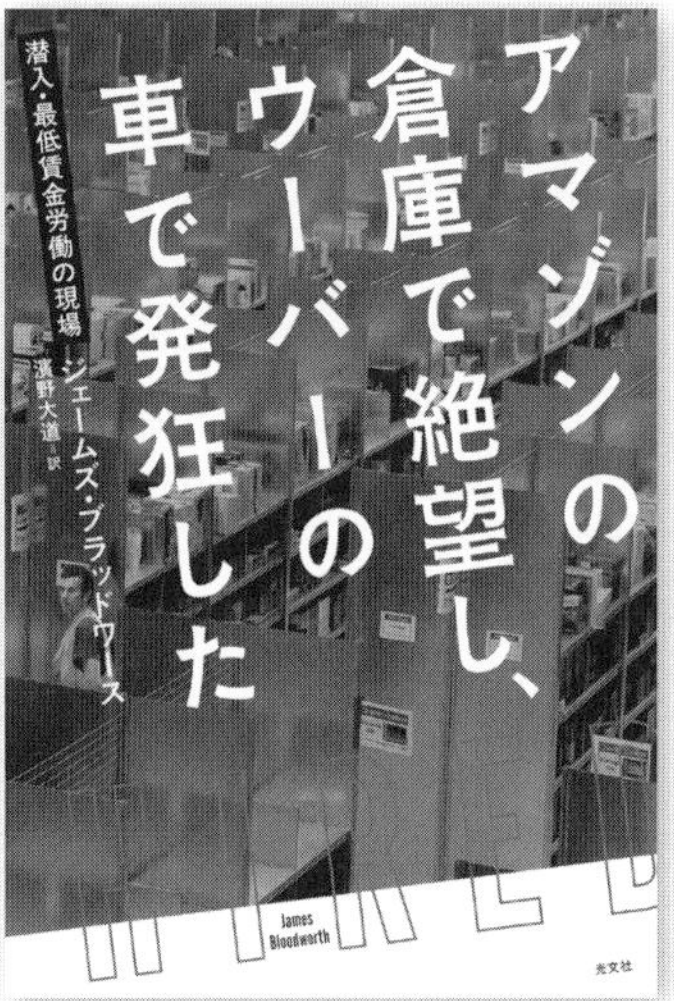


四六判・ソフトカバー

**「移民政策で先を行く英国は日本の明日《みらい》だ」**
**横田増生氏（『ユニクロ潜入一年』）**

英国で最底賃金とされるアマゾンの倉庫、訪問介護、コールセンター、ウーバーのタクシーで著者が自ら働き、体験を報告。私たちのワンクリックに翻弄される無力な労働者たちの姿から見えてきたのは、資本主義、管理社会の極地だ。グローバル企業による搾取、移民労働者への不満、一層の格差拡大は、〝異国の話〟ではない。

■好評既刊

メリンダ・ゲイツ 著　久保陽子 訳

# いま、翔び立つとき

## 女性をエンパワーすれば世界が変わる

**オバマ前大統領、マララ・ユスフザイ推薦！**

女性の包括的な地位向上こそが重要！　世界最大の慈善団体「ビル＆メリンダ・ゲイツ財団」の共同議長を務める著者が、避妊手段の提供、教育機会の創出、児童婚廃止に向けた取り組み、無償労働の是正、職場での不平等解消など、問題の現状と解決策を提示。自身の半生や、夫であるビル・ゲイツとの結婚生活も惜しみなく明かす。

四六判・ソフトカバー

■好評既刊

マルコム・グラッドウェル 著　濱野大道 訳

# トーキング・トゥ・ストレンジャーズ

## 「よく知らない人」について私たちが知っておくべきこと

**〝わかりあえない〟時代を乗り越えるための必読書**

なぜ黒人女性と警官の口論は起こったのか？　有名コーチの少年への性犯罪が長年発覚しなかった理由は？　誰もがある女性を殺人事件の犯人だと思い込んだのはなぜか？　他人の感情や意図を推し量る能力の欠陥を暴き、「他者といかにつきあうか」という人間の根源的な営みに新しい光を当てる全米ベストセラー。

四六判・ソフトカバー